Ortografía
Lengua
Española

REGLAS Y EJERCICIOS

LAROUSSE

Ortografía
Lengua
Española

REGLAS Y EJERCICIOS

LAROUSSE

Mallorca 45
08029 Barcelona

Londres 247
México 06600, D. F.

21 Rue du Montparnasse
75298 París Cedex 06

Valentín Gómez 3530
1191 Buenos Aires

La **Ortografía de la Lengua Española Reglas y Ejercicios**
ha sido concebida y realizada por el equipo editorial de Larousse.

Equipo editorial de Larousse

Redactores
Mercè Romaní Alfonso
Francisco Gallardo Díaz
Raquel Luzárraga Alonso de Ilera

Equipo editorial Larousse Latinoamérica

Director editorial
Aarón Alboukrek

Redactoras
Gloria Fuentes
Gabriela Pérez Tagle

Revisora
Ma. de Jesús Hilario

NI UNA FOTOCOPIA MÁS

D. R. © MCMXCVIII, por Ediciones Larousse S. A. de C. V.
Londres núm. 247, México 06600, D. F.

ISBN 970-607-814-2

PRIMERA EDICIÓN — 20ª reimpresión

Impreso en México — Printed in Mexico

Índice

Prólogo

L A *Ortografía de la Lengua Española Reglas y Ejercicios* puede ayudar a quienes tengan problemas ortográficos a pesar de haber superado la escolarización elemental. De hecho, el aprendizaje de la ortografía es un proceso continuo. Siempre pueden plantearse nuevas dudas sobre la escritura de ciertas palabras, su acentuación, etc. La misma elaboración de un estilo de redacción propio requiere la consulta de modelos de escritura, sobre todo por lo que se refiere a los signos de puntuación y entonación.

Esta obra comienza exponiendo las reglas de la ortografía de las letras, tanto por ser de obligado cumplimiento como por afectar a un mayor número de palabras. A continuación se atiende a las normas de acentuación. En este caso la normativa es sistemática y exhaustiva, por tanto, incluye todos los casos particulares como puede ser la acentuación de los monosílabos. Respecto a las reglas de los signos de puntuación, se regulan los usos imprescindibles por ser obligatorios y se dan orientaciones sobre los que quien escribe tiene una cierta libertad de elección.

Otros problemas menos generales, pero que no dejan de tener su importancia, también tienen cabida aquí. Las mayúsculas, los numerales, las palabras que se escriben unidas o separadas, los términos que presentan dificultades por similitud con otros, la separación de sílabas al final del renglón, la adaptación de voces extranjeras, las abreviaturas, siglas y acrónimos más habituales, etc.

Cada tipo de problema va precedido de una explicación inicial. Todas las reglas van ilustradas con numerosos ejemplos. Se evitan las reglas que tienen más excepciones que aplicaciones y, por consiguiente, poco productivas. Raramente se recurre en los ejemplos a los nombres propios, por tener éstos una ortografía no sometida a regulación. Los ejercicios se presentan al final de cada apartado, pero no de cada regla, precisamente para evitar su resolución de forma mecánica e inmediata. Los modelos de ejercicios son muy variados para evitar la monotonía del usuario y facilitar la asimilación por distintos caminos. En este sentido hay un amplio abanico de posibilidades, desde los textos de autores consagrados hasta los procedentes de los medios de comunicación, pasatiempos, juegos de sustitución, etc. Se ha procurado evitar los ejercicios de corrección pues se ha comprobado que pueden inducir a malos hábitos ortográficos. Al fin y al cabo, la asimilación de la ortografía depende en gran medida de la memoria visual y ésta podría verse afectada por las grafías incorrectas.

Uno de los aspectos más importantes de esta obra es la posibilidad de que cada usuario pueda reconocer sus dificultades ortográficas mediante los ejercicios y detectar y corregir sus errores con las soluciones. El apartado de las soluciones aparece al final de cada unidad, para consultarlo una vez resueltos todos los ejercicios. Para aquellas personas que opten por practicar el dominio de una cuestión particular, también es útil no tener las soluciones a la vista.

Introducción

L A ortografía es la parte de la gramática que se ocupa de la manera correcta de escribir las palabras. Las normas ortográficas regulan el uso de las letras, de las mayúsculas, de la tilde de acentuación y de los signos de puntuación y entonación.

En español existe una gran correspondencia entre la pronunciación de las palabras y su representación en la escritura, entre los sonidos y las letras, de tal manera que a cada signo escrito le corresponde con bastante aproximación un sonido. Esta correspondencia no es total. La *h*, por ejemplo, que en otro tiempo se pronunciaba como una *j* suave (se decía *jierro* por *hierro*), es actualmente una letra que no representa ningún sonido; la *b* y la *v*, y en algunos casos la *w*, representan el mismo sonido (suena igual *baca* que *vaca*; *wáter* que *váter*). Las faltas de correspondencia entre el habla y su representación escrita no terminan aquí.

Las letras *c, k, q* tienen el mismo sonido en determinados casos (*cosa, kilómetro, quirófano*). La *c* y la *z*, si van delante de *e, i*, se pronuncian igual (*ácimo* y *ázimo*). La *g*, ante *e, i*, suena como *j* (*gemir/tejer, rugir/crujir*). La *x* representa dos sonidos seguidos en algunos casos (por ejemplo, en *examen*, pronunciado *eksamen*) y en otros uno (*extranjero*, pronunciado *estranjero*). En los territorios donde es habitual el seseo —mayoritarios entre los de habla española—, las sílabas *za, ze/ce, zi/ci, zo, zu* se pronuncian como *sa, se, si, so, su* (se dice *sielo* aunque se escriba *cielo*). El ceceo —práctica menos corriente y más localizada que el seseo— consiste en pronunciar las sílabas *sa, se, si, so, su* como *za, ze/ce, zi/ci, zo, zu* (el hablante que cecea dice *zala* por *sala*). Otra confusión muy extendida se produce con el yeísmo, que consiste en pronunciar la *ll* como si fuera *y* (*gallina* se dice *gayina*).

Respecto a las vocales, la representación se ajusta a la pronunciación en todos los casos menos en algunos que afectan a las letras *i* y *u*. La *i* puede escribirse como *y* en algunos casos. En cuanto a la *u*, presenta problemas cuando es muda; si va detrás de *q* o *g* y seguida de *e, i*, la *u* no suena (*queso, guiso*); si se quiere indicar su pronunciación tras la *g*, se colocan sobre ella los dos puntos de la diéresis (*cigüeña, pingüino*).

Estos desajustes entre la pronunciación y la escritura tienen, en algunos casos, su explicación. Determinadas palabras llevan *h* por razones etimológicas, porque en su origen latino también la llevaban; la distinción gráfica entre *b* y *v* se explica por razones históricas, porque en la Edad Media representaban sonidos distintos, etc. Otras palabras han sufrido cambios en su pronunciación, por lo que su escritura —reflejo de esos cambios— también ha variado con respecto a su origen latino.

En cualquier caso se trata de desajustes que han llevado a muchos a preguntarse por qué no se simplifica la ortografía, esto es, por qué no se ajusta totalmente el abecedario a los sonidos, suprimiendo la letra *h*, que no corresponde a ningún sonido, unificando la *j* y la *g* cuando representan el mismo sonido, reduciendo a una sola las letras *b* y *v*, etc.

La reforma ortográfica es una tarea que periódicamente se han ido planteando y abordando los gramáticos. No se escribe hoy como se escribía en la Edad Media. La primera *Gramática de la lengua castellana*, de Antonio de Nebrija (1492), dedica una amplia atención a la ortografía. Posteriormente, a partir de la publicación de su primera *Ortografía* en 1741, la Academia de la Lengua ha ido introduciendo sucesivas modificaciones. Así que no puede afirmarse que la ortografía no vaya renovándose. Basta comparar un texto del siglo XVIII con uno actual para comprobar las diferencias.

A veces se plantea la necesidad de reformar las reglas ortográficas con la pretensión de simplificar la escritura y eliminar, de paso, los errores ortográficos. Sin embargo, ni las propuestas resultan unánimes ni es seguro que su aplicación resultara un éxito, pues se originaría otro tipo de faltas.

Aparte de que no se debe —ni se puede— prescindir de toda una larga tradición, la escritura con arreglo a unas normas cumple un papel que va más allá de la representación de los sonidos. Implica consecuencias morfológicas y léxicas y sirve para suprimir ambigüedades (por ejemplo, las diferencias de significado entre *ha*, del verbo *haber*, y *a*, preposición). Hay que pensar asimismo que la escritura actúa como un medio de contención de la evolución fonética. Si no se fijasen reglas ortográficas muy claras y de uso común, la fragmentación del idioma resultaría un hecho inevitable, pues en cada comunidad se escribiría con arreglo a sus peculiaridades fonéticas. Esto no significa que no haya que abordar nuevas reformas. Todo sistema ortográfico es susceptible de mejoras. Algunas novedades ortográficas podrían —y deberían— regularse de manera muy sencilla; por ejemplo, reduciendo a una sola las dos formas de representación que admiten algunas palabras: *ácimo/ázimo*, *cebra/zebra*, *kiosco/quiosco*, etc., podrían simplificarse, respectivamente, como *ácimo*, *cebra*, *quiosco*, etc., sin oposición ninguna. Pero en otros casos más complejos las innovaciones deben establecerse con prudencia y sin olvidar nunca que, por ser la lengua un patrimonio común y su ortografía un mecanismo de cohesión entre los hablantes, no puede ser ésta reformada sin un amplio consenso.

Para cualquier persona el conocimiento de la ortografía es una necesidad inseparable de su bagaje cultural. Igual que consideramos vulgarismos propios de la lengua oral *carnecería* en lugar de *carnicería* o *arradio* en lugar de *radio*, debemos considerar vulgarismos propios de la lengua escrita todo tipo de faltas de ortografía, tanto las que atañen al buen uso de las letras, como las que suponen errores u omisiones de acentuación y puntuación. Puesto que la ortografía enseña a escribir correctamente las palabras y las palabras son un medio para expresar nuestro pensamiento, mostrar interés por corregir las propias faltas ortográficas no es sino un medio de mejorar nuestras posibilidades de comunicación con los demás.

Aunque la ortografía española sea más fácil que la francesa o que la inglesa, su aprendizaje no siempre resulta tarea rápida. Los maestros que enseñan gramática suelen decir que la ortografía se aprende leyendo con atención y se conserva con la práctica reiterada de la escritura. Y tienen razón, pues las formas de las palabras escritas *entran a la memoria por los ojos*. Pero como no todos los individuos leen con la misma frecuencia ni con el mismo interés, muchos tienen problemas ortográficos.

Las reglas ortográficas constituyen una ayuda para todos aquellos que tengan errores de ortografía. Una ayuda relativa, pues si bien representan un intento de reducir a normas generales el uso correcto de las letras, no todos los problemas ortográficos pueden ser sistematizados. Es decir, hay muchas palabras cuya escritura no se atiene a regla alguna. Por ejemplo, los nombres propios; por eso podemos encontrar escrito igual *Jiménez* que *Giménez*, *Helena* y *Elena*, *Iriarte* e *Yriarte*, etc.

Si bien en el caso de las letras puede hablarse de ortografía *arbitraria* para aludir a aquella que no tiene ninguna justificación —ni etimológica ni histórica—, en otros aspectos, sin embargo, las reglas ortográficas son más exactas, por ejemplo en la acentuación. Respecto a la ortografía de las mayúsculas y de los signos de puntuación, aunque algunas reglas de su uso sean muy claras, otras dependen de la intención o del estilo de cada uno.

Pensemos, a modo de resumen de lo dicho, en esta contradicción: las normas ortográficas tienden a la estabilidad, como toda norma si quiere ser útil, a pesar de que algunas de ellas puedan ser cambiadas a lo largo de la historia, pero regulan un ente dinámico, vivo, cambiante por naturaleza como es una lengua. Los hablantes constantemente inventamos nuevas palabras o deformamos algunas de las existentes, los medios de comunicación introducen a menudo vocablos extranjeros, los nuevos aparatos técnicos exigen nuevas palabras, etc. Todo ello crea problemas ortográficos. ¿Debemos aceptar como correctas palabras como *sociata* por *socialista*, *bocata* por *bocadillo*? Cada vez hay más gente que tiene problemas para distinguir palabras como *pollo* y *poyo*, pues se va extendiendo la igualación fonética entre la *ll* y la *y* intervocálicas. ¿Cómo adaptar las palabras extranjeras? Algunas se siguen escribiendo con la grafía de su lengua original, como *whisky*, a pesar de los reiterados intentos de generalizarla en su forma adaptada, *güisqui*. Por suerte, algunos vocablos nuevos son de fácil adaptación, como el del aparato informático llamado *módem*. Ante esta avalancha de presiones, ¿es conveniente un cambio constante de normas o hay que mantenerlas dejando la libertad de adaptar las novedades a los usuarios de la lengua?

Los académicos de la lengua española han optado por la actitud flexible y prudente de mantener las normas básicas (nos referimos a reglas como la del empleo de *m* delante de *b* y de *p*, por ejemplo) y dar orientaciones periódicas de cómo adaptar o regular las novedades que se producen. Hay que tener en cuenta que el aprendizaje de la ortografía es un proceso lento en la historia personal. Una vez asimiladas las normas por una persona, sería desconcertante tener que interiorizar cambios frecuentes y si éstos se dieran cabría el peligro de que cayeran en la desalfabetización personas que habían sido competentes en este terreno. Por otra parte, como se ha dicho anteriormente, la adecuación total entre fonética y escritura, entre palabras admitidas y formas novedosas, nunca puede ser total en razón de la naturaleza dinámica de la lengua y de su diversidad regional, social e, incluso, individual.

El usuario de la lengua puede tener la tranquilidad de que su esfuerzo por asimilar la ortografía no es baldío, pero debe adquirir el hábito de consultar, cada vez que le asalte la duda, un buen diccionario para cerciorarse de las formas admitidas y, en último término, siempre queda el recurso de usar comillas o letra cursiva para señalar vocablos o modismos no regulados. Sólo con respeto a las convenciones de la lengua escrita se evita la disgregación de un patrimonio común y se facilita la comunicación y el buen entendimiento entre los hablantes de una lengua.

La ortografía de las letras

L A ortografía de las letras no siempre está justificada. Unas veces responde a razones históricas o etimológicas, otras obedece a la necesidad de simplificar algunos conjuntos consonánticos, pero en ocasiones la solución ortográfica es inmotivada. Esto exige una clarificación entre palabras que se atienen a reglas y las excepciones y, por tanto, un mayor esfuerzo para memorizar las distintas grafías.

En este apartado se incluye la regulación de los usos de aquellas letras que presentan habitualmente más problemas ortográficos. Como la ortografía de las vocales responde a la representación de los sonidos respectivos y sólo ofrecen alguna dificultad la *i* —que puede representarse en la escritura por *i* o *y*, según los casos— y la *u* —en la distinción de *gue/gui* respecto a *güe/güi*—, no tiene que extrañar que empecemos con la ortografía de las consonantes, ordenadas de mayor a menor complejidad. Así que empezamos por la distinción entre *b*, *v* y *w*, letras que por no diferenciarse en la pronunciación, crean numerosas dudas respecto a cuál debe escribirse en cada caso. La *h*, en cambio, puede inducir a falta ortográfica por no representar ningún sonido (suena igual una palabra con *h* que sin ella). Las dificultades entre la *g* y la *j* derivan del hecho de que ambas letras coinciden en el mismo sonido delante de algunas vocales: *e*, *i*. La confusión entre *ll* e *y* (fenómeno llamado *yeísmo*) está cada vez más extendida, por lo que conviene asimilar sus usos diferentes.

Otras fuentes de problemas son el *seseo* y el *ceceo*. Consiste el primero en pronunciar *s* en vez de *z* y de *c*, cuando va delante de *e* y de *i*, y el segundo, en asimilar la *s* al sonido de la *z*. Asimismo la identificación de la *x* con la *s* puede causar confusiones ortográficas. Las letras *m* y *n*, por una parte, la *r* y la *rr*, por otra, así como los usos de *b/p*, *d/t/z* y *c/k/q*, son también objeto de regulación por prestarse a errores. En cuanto a la ortografía de los grupos consonánticos iniciales poco corrientes en nuestro idioma (*gn* de *gnomo*, *mn* de *mnemotecnia*, *pt* de *pterodáctilo*, etc.), como todos tienden a simplificarse en la pronunciación y muchos de ellos en la escritura, debe señalarse que se tratan en un apartado específico (→ *Palabras con dos grafías*).

Hay que tener en cuenta que las reglas sobre las letras no siempre abarcan todos los casos posibles, por lo que recomendamos una vez más la necesidad de leer prestando siempre atención a la forma de las palabras y de consultar las reglas o el diccionario ante las dudas.

La coincidencia de *b, v,* y a veces *w,* en un mismo sonido hace que ésta sea una de las principales dificultades ortográficas del español. En la Edad Media el sonido representado por *v* era fricativo, pero ya en el siglo XVI pasó a ser oclusivo y, por tanto, a confundirse con *b.* En algunas zonas de América se conserva todavía la antigua distinción fonética. Aquí presentamos las reglas más útiles por su enunciado sencillo y el escaso número de excepciones.

1 ▶ Se escriben con *b* los verbos *haber, deber* y *beber* y todos los que acaban en *-buir* y *-bir,* menos *hervir, servir* y *vivir* y sus derivados:

atribuir	incumbir	sucumbir
distribuir	inhibir	transcribir
imbuir	escribir	prohibir
retribuir	subir	percibir
contribuir	recibir	concebir
redistribuir	cohibir	exhibir

2 ▶ Se escriben con *b* las formas verbales acabadas en *-aba, -abas, -ábamos, -abais, -aban* del pretérito imperfecto de indicativo de los verbos terminados en *-ar* y el mismo tiempo del verbo *ir:*

cantaba	esperaba	iba
bailábamos	consultaban	ibas
luchaba	tomabas	iba
cambiaba	propulsaban	íbamos
combinaba	tocabais	ibais
considerabais	pensabas	iban

3 ▶ Se escriben con *b* las palabras acabadas en *-bilidad, -bundo* y *-bunda:*

contabilidad	imposibilidad	meditabundo
debilidad	responsabilidad	moribundo
disponibilidad	visibilidad	nauseabundo
estabilidad	errabundo	pudibunda
fiabilidad	furibundo	vagabunda
amabilidad	tremebundo	cogitabundo

4 ▶ Se escriben con *b* todas las palabras en las que este sonido va seguido de cualquier consonante *(bl, br, bs, bd, bj, bt, bv):*

asamblea	obsceno	obtención
cable	abdicar	obtuso
cumbre	súbdito	obvio

nombrar	objeción	subvencionar
abstracto	subjetivo	subvertir

▶ 5 Se escriben con *b* las sílabas iniciales *bu-*, *bur-* y *bus-*, excepto *vudú*:

bucle	buche	burgués
buque	bufanda	burla
búho	bufar	burdo
bujía	buzo	buscar
bula	bulimia	busto

▶ 6 Se escriben con *b* las palabras que empiezan por los sonidos *bea-*, *abo-* y *abu-*, menos *vea*, etc., del verbo *ver*, el término jurídico *avocar* y los nombres de ave *avoceta*, *avutarda* y *avucasta*:

beato	abochornar	abuelo
beatería	abofetear	abubilla
abortar	abogacía	abúlico
abocetar	abolengo	abundancia
abominar	abolición	aburrido

▶ 7 Se escriben con *b* las palabras con los prefijos *bibli-* y *biblio-*, que significan 'libro', y *bio-*, que significa 'vida':

biblioteca	biodegradable	biopsia
bibliófilo	biofísica	bioquímica
bíblico	biogénesis	biorritmo
bibliografía	biografía	biosfera
biblioteconomía	biología	biotopo

▶ 8 Se escriben con *b* los prefijos *bien-*, *bene-* y *ben-*, que significan 'bien':

bienaventurado	beneficencia	beneplácito
bienestar	beneficiar	benevolencia
bienhechor	beneficio	benévolo
bienvenido	benéfico	bendecir
benefactor	benemérito	bendición

▶ 9 Se escriben con *b* los prefijos *bi-*, *bis-* y *biz-*, que significan 'dos' o 'dos veces'. Quedan excluidas palabras como *virrey* o *vizconde* por provenir del prefijo *vice-*, que significa 'en lugar de':

bicameral	bífido	bisabuelo
bíceps	bigamia	bisojo
bicicleta	bilabial	bisnieto

bicolor	bilingüismo	biznieto
bienio	bimotor	bizcocho

10 ▶ Se escriben con *v* las formas verbales con este sonido cuyo infinitivo no lo contenga, como *ir*, *andar*, *estar*, *tener* y sus derivados, salvo las del pretérito imperfecto de indicativo: *iba*, *andaba*, etc.:

estuve	sostuviese	voy
anduve	anduviéramos	vas
tuve	mantuviera	va
contuve	retuviese	vaya
entretuve	contuviere	ve

11 ▶ Se escribe *v* después de las consonantes *d*, *b* y *n*:

advenedizo	adversativo	subvención
advenimiento	adverso	envidia
adventicio	advertir	invariable
adverbial	advocación	invasión
adversario	obvio	invención

12 ▶ Se escriben con *v* las palabras que empiezan por la sílaba *di-* seguida del sonido *b*, excepto *dibujo* y sus derivados:

diva	diversificar	divino
diván	diversión	divisa
divagar	división	divisar
divergir	dividir	divorcio
diverso	divieso	divulgador

13 ▶ Se escriben con *v* las palabras que empiezan por *eva-*, *eve-*, *evi-*, *evo-*, menos *ébano*, *ebanista*, *ebonita* y otras de escaso uso:

evasión	evento	evitar
evaporación	eventual	evocar
evanescente	evidencia	evo
evacuar	evitable	evolución
evangelio	evidenciar	evolutivo

14 ▶ Se escriben con *v* las palabras que llevan el prefijo *vice-*, *viz-*, *vi-*, que significa 'en lugar de':

vicerrector	vicesecretario	vizconde
vicepresidente	vicecónsul	vizcondado

vicedirector	vicecanciller	virrey
vicealmirante	vicetiple	virreinato
vicetesorero	viceversa	virreinal

15 ▶ Se escriben con *v* los adjetivos que acaban en *-ave, -avo, -eva, -eve, -evo, -iva* e *-ivo*, menos los derivados de *sílaba*: *monosílabo, bisílabo, trisílabo*, etc.:

grave	onceavo	longevo
suave	quinceavo	ofensiva
bravo	breve	pensativa
eslavo	leve	comprensivo
octavo	nueve	compasivo

16 ▶ Se escriben con *v* las palabras llanas terminadas en *-viro, -vira* y las esdrújulas terminadas en *-ívora, -ívoro*, menos *víbora*:

triunviro	herbívoro	piscívora
decenviro	granívoro	insectívoro
carnívoro	omnívora	frugívoro

17 ▶ Se escriben con *v* los verbos acabados en *-ervar* y *-olver*, menos *desherbar* y *exacerbar*:

reservar	volver	resolver
envolver	conservar	preservar
revolver	devolver	disolver
enervar	observar	absolver

18 ▶ Llevan *v* las palabras derivadas y compuestas de las que se escriben con *v*:

villa	venir	viejo
villano	avenida	vejez
villanía	sobrevenir	envejecer
villancico	desavenencia	vejestorio
villorrio	avenirse	ropavejero

19 ▶ Se escriben con *w* algunas palabras de origen extranjero (→ el apartado *Adaptación de palabras extranjeras*). Las hay que han sido adaptadas con *v*, como *váter, vatio, vagón* del inglés, o *vals* del alemán. Las palabras alemanas suelen leerse con el sonido *b*: *Wagner, Wamba, wolframio, Weimar*; las inglesas, con el sonido *u* semiconsonántico: *whisky, Washington*:

| wagneriano | westfaliano | walón |
| washingtoniano | wolframio | wellingtonia |

weberio	twist	whisky
weimarés	cowboy	kiwi
sándwich	windsurf	clown

20 ▶ Muchas palabras pueden escribirse con *b* o con *v*, según lo que signifiquen (→ el apartado *Palabras que se pronuncian igual*):

acerbo	acervo
baca	vaca
bacante	vacante
bacía	vacía
balón	valón

RECUERDE que las reglas sobre la escritura de las letras *b*, *v* y *w* no abarcan, ni de lejos, todas las palabras en las que estas letras están presentes. Por tanto, es necesario leer mucho y consultar el diccionario en caso de duda. Para fijar lo aprendido, repase las reglas y haga los ejercicios siguientes.

▷ **1** Corrija las faltas de ortografía que el poeta César Vallejo atribuye al obrero Pedro Rojas, persona poco letrada:

> Solía escribir con su dedo grande en el aire:
> «¡Viban los compañeros! Pedro Rojas»,
> [...]
> Papel de viento, lo han matado: ¡pasa!
> Pluma de carne, lo han matado: ¡pasa!
> ¡Abisa a todos los compañeros pronto!
> [...]
> ¡Viban los compañeros!
> ¡a la cabecera de su aire escrito!
> ¡Viban con esta b de buitre en las entrañas
> de Pedro
> y de Rojas, del héroe y del mártir!

▷ **2** Sustituya la raya por *b* o *v*, según corresponda:

__i__liografía	__iodegrada__le	__ífido
__illano	__iceministro	__urladero
carní__oro	__izcocho	en__idia
sua__e	__izconde	canta__a
relie__e	__irrey	di__ertido

▷ **3** Sustituya la raya por *b* o *v*, según corresponda:

Cuando tú me decías, hijo mío, ¿a __er, a __er? poniendo un __eatífico gesto de resquemor, a mí me entra__an deseos de ahogarte o, por lo menos, de echarte de casa a que te enfrentases con la dura realidad de la __ida. Te sal__a__a siempre de una ejemplar sanción el mucho cariño que tu madre siempre te demostró, a __eces incluso contra nuestro propio y común interés, eso que para am__os de__iera estar por encima de todas las cosas de este mundo.

C. J. CELA, *Mrs. Caldwell habla con su hijo.*

▷ **4** Escriba el pretérito indefinido de los verbos *haber, estar, tener* y *andar.*

5 ▷ Clasifique las siguientes palabras, según su raíz común, en tres familias:

conllevaba	obtuvieron	llevó
convenía	venir	sostuviese
sobrevenir	llevadero	devinieron
sobrellevó	avenir	contuvo
avenida	detuviste	venidero

6 ▷ Sustituya la raya por *b* o *v*, según corresponda:

a__úlico	__uñuelo	lla__ero
conce__ir	e__ita__le	__ipolar
perci__ió	imposi__ilidad	di__erso
ser__ir	ra__o	i__an
furi__unda	__eneplácito	a__ochornar

7 ▷ Sustituya la raya por *v* o *w*, según corresponda, y señale el origen y pronunciación de las palabras:

__eimarés	__olframio	__hisky
__als	__áter	__agón
t__ist	__ellingtonia	__atio
__indsor	__agner	__ashington

8 ▷ Ponga a continuación de los dos puntos el significado de los siguientes prefijos:

bio-:	bi-:	bis-:
vice-:	bene-:	vi-:
bien-:	viz-:	ben-:

9 ▷ Encadene las palabras rellenando los vacíos. La última letra de cada palabra coincide con la primera de la siguiente:

ám__ito
__ __ __i__
o__ __ener
__ __v__s__ __ __
noc__ __o

10 ▷ Sustituya la raya por *b* o *v*, según corresponda:

__er__al	exhi__ición	incu__adora
em__ajador	__ene__olencia	__ucal

21

__ocal

cier__o

rim__om__ante

tene__roso

__aronil

ri__ereño

__ocación

ha__ilidad

contri__ución

a__eja

am__iente

reno__a__le

__ientre

am__i__alente

__enda__al

▷ 1 Las palabras que en el texto de César Vallejo están mal escritas son: *vivan* y *avisa*.

▷ 2 El resultado de sustituir correctamente la raya por *b* o *v* es el siguiente:

bibliografía	biodegradable	bífido
villano	viceministro	burladero
carnívoro	bizcocho	envidia
suave	vizconde	cantaba
relieve	virrey	divertido

▷ 3 Las palabras que llevan *b* o *v* en el texto de C. J. Cela son las siguientes: *ver*, *beatífico*, *entraban*, *vida*, *salvaba*, *veces*, *ambos*, *debiera*.

▷ 4 El pretérito indefinido de *haber* es *hube*, *hubiste*, *hubo*, *hubimos*, *hubisteis*, *hubieron*; el de *estar* es *estuve*, *estuviste*, *estuvo*, *estuvimos*, *estuvisteis*, *estuvieron*; el de *tener* es *tuve*, *tuviste*, *tuvo*, *tuvimos*, *tuvisteis*, *tuvieron*; el de *andar*, es *anduve*, *anduviste*, *anduvo*, *anduvimos*, *anduvisteis*, *anduvieron*.

▷ 5 El resultado de la clasificación en tres familias de palabras es el siguiente:

convenía	sostuviese	conllevaba
sobrevenir	contuvo	sobrellevó
avenida	obtuvieron	llevadero
venir	detuviste	llevó
devinieron		
avenir		
venidero		

▷ 6 El resultado de sustituir correctamente la raya por *b* o *v* es el siguiente:

abúlico	buñuelo	llavero
concebir	evitable	bipolar
percibió	imposibilidad	diverso
servir	rabo	iban
furibunda	beneplácito	abochornar

▷ 7 Las palabras de este ejercicio, siguiendo las columnas, son: *weimarés*, *vals*, *twist*, *Windsor*, *wolframio*, *váter*, *wellingtonia*, *Wagner*, *whisky*, *vagón*, *vatio*, *Washington*. Proceden del alemán *vals*, *weimarés*, *wolframio* y *Wagner* (se leen con el sonido *b*), las demás proceden del inglés. La *w* de *twist*, *Windsor*, *wellingtonia*, *whisky* y *Washington* se lee *u* semiconsonántica.

▷⁸ El significado de los prefijos es el siguiente: *bio-*: 'vida'; *vice-*, *viz-* y *vi-*: 'en lugar de'; *bien-*, *bene-*, *ben-*: 'bien'; *bi-*, *bis-*: 'dos'.

▷⁹ La solución al ejercicio de palabras encadenadas es la siguiente:

> ámbito
> obvio
> obtener
> revisión
> nocivo

▷¹⁰ El resultado de sustituir correctamente la raya por *b* o *v* es el siguiente:

verbal	exhibición	incubadora
embajador	benevolencia	bucal
vocal	ribereño	ambiente
ciervo	vocación	renovable
rimbombante	habilidad	vientre
tenebroso	contribución	ambivalente
varonil	abeja	vendaval

La letra _h_ _(hache)_ no se pronuncia; es, por tanto, una letra muda. Se mantiene en la escritura por razones etimológicas. Puede preceder a cualquier vocal, pero a ninguna consonante. Su presencia entre vocales no impide la formación de diptongos _(ahu-ma-do)_ ni su ruptura _(a-hú-ma)_. Unida a la letra _c_ sirve para representar el sonido _ch_.

1 Se escriben con _h_ todas las formas de los verbos cuyo infinitivo empiece por esta letra, con sus correspondientes derivados y términos de la misma familia:

haber	habidero	herir
hacer	hacienda	hostigar
hablar	habladuría	honrar
hallar	hallazgo	halagar
habitar	hervir	hurgar
habituar	heredar	hurtar

2 Se escriben con _h_ las palabras que empiezan por los diptongos _ia_, _ie_, _ue_ y _ui_:

hiato	hierba	hueco
hielo	huelga	huevo
hiena	huella	huésped
hierro	huerto	huida
hierático	hueste	huizache
hiedra	huérfano	huisquil

3 Se escriben con _h_ los compuestos, derivados y términos que se emparenten por su origen con las palabras que se incluyen en la regla anterior, menos algunos emparentados con _hueso_, _huevo_, _hueco_ y _huérfano_, que no presentan diptongación en la sílaba inicial, como _osario_, _oval_, _oquedad_ y _orfanato_:

hiante	herbívoro	ahuecar
helado	holgar	huevera
hiénido	hollado	hospedar
herrero	hortelano	huidizo
hieratismo	hostil	rehuir
hierbabuena	herradura	hospicio

4 Se escriben con _h_ las palabras que llevan los siguientes prefijos griegos:

hecto-, significa 'cien': hectárea.
helio-, significa 'sol': heliocéntrico.
hema-, _hemato-_, _hemo-_, significa 'sangre': hemorragia.
hemi-, significa 'medio': hemisferio.
hepat-, significa 'hígado': hepatitis.
hepta-, significa 'siete': heptaedro.

25

hetero-, significa 'diferente': heterosexual.
hexa-, significa 'seis': hexasílabo.
hial-, significa 'vidrio': hialino.
hidro-, hidra-, significa 'agua': hidráulico.
higro-, significa 'humedad': higrómetro.
hip-, hipo-, significa 'caballo': hípica.
hiper-, significa 'superioridad, exceso': hipertensión.
hipo-, significa 'por debajo de': hipodermis.
holo-, significa 'entero': holocausto.
homeo-, significa 'parecido': homeopatía.
homo-, significa 'igual': homogéneo.

5 Se escriben con *h* las palabras que empiezan por los grupos *hum-, horm-* y *horr-* seguidos de vocal (a excepción de *uma, umero, umí, ormesí, orre* y otras igualmente poco habituales) y las que empiezan por *herm-, hern-* y *holg-* (a excepción de *ermita* y sus derivados):

humanidad	hermético	holgazán
hormiga	hermoso	hermafrodita
horror	hermano	horrible
humor	hernia	hormona

6 Se escriben con *h* las palabras que empiezan por los sonidos *histo-* y *hosp-*:

historia	hospital	historieta
historicismo	historiografía	hospitalario
hospicio	histología	histozima
hospedería	historiado	histoplasmosis

7 Se escriben con *h* las interjecciones siguientes:

¡ah!	¡eh!	¡oh!
¡hala!	¡hola!	¡hale!
¡uh!	¡bah!	¡hurra!
¡huy!	¡hi, hi, hi!	¡hospa!

8 Muchas palabras pueden escribirse con *h* o sin ella, según lo que signifiquen (→ el apartado *Palabras que se pronuncian igual*):

hatajo/atajo	hasta/asta	hay/ahí/ay
azahar/azar	hojear/ojear	he/eh/e
hierro/yerro	huso/uso	haya/halla/aya
honda/onda	hora/ora	haré/aré

9 ▶ Se escriben con *h* intercalada las palabras que llevan el diptongo -*ue*- precedido de una vocal:

cacahuate	vihuela	aldehuela
correhuela	parihuela	quebrantahuesos
alcahuete	cacarahue	crehuela
ahuevado	ahuehuete	picardihuela

10 ▶ Se escriben con *h* intercalada las palabras derivadas de la palabra latina *haerere*, que significa 'estar unido':

adherencia	coherencia	inherencia
adhesión	cohesión	incoherencia
adhesivo	coherente	inherente
adherir	cohesivo	incoherente

11 ▶ Se escriben indistintamente con *h* o sin ella, sin que cambie el significado, algunas palabras (→ el apartado *Palabras con dos grafías*):

¡ale!	¡hale!
armonía	harmonía
desarrapado	desharrapado
harrear	arrear
hierba	yerba
baraúnda	barahúnda
sabiondo	sabihondo
arpa	harpa
harriero	arriero
harpía	arpía

12 ▶ La *h*, como excepción, puede encontrarse antes de una consonante o al final de la palabra en el caso de palabras provenientes de las lenguas indígenas:

Cuauhtémoc: del náhuatl, designa al último emperador azteca.
Coyolxauhqui: del náhuatl, designa una deidad del panteón náhuatl.
Mahdia: del árabe, ciudad y puerto de Túnez.
Chandīgarh: del hindi, ciudad de la India, capital de los estados de Panjāb y Haryana

RECUERDE que la *h* puede ir delante de cualquier vocal y que la principal dificultad en la escritura de las palabras que la llevan reside en el hecho de que esta letra no representa ningún sonido.

▷1 Todas las palabras que se citan a continuación siguen alguna de las reglas anteriores. ¿Cuál es la que se aplica en cada caso?

horrendo	húmero	huida
deshonroso	hizo	huichol
huele	hialógrafo	homeopatía
homosexual	holocausto	habitáculo
hormonal	humorístico	heterogéneo

▷2 Utilizando alguna forma de los verbos señalados entre paréntesis, complete las siguientes oraciones:

a) A mi tío le _____ (haber) regalado bombones.

b) _____ (hablar) se entiende la gente.

c) Hoy no _____ (haber) _____ (hacer) los deberes.

d) No _____ (haber) _____ (hallar) el libro por ninguna parte.

e) Que no _____ (haber) venido no quiere decir que no vaya a venir.

f) Aunque tú no lo creas, tal vez ella _____ (haber) estudiado las lecciones.

▷3 Conjugue el presente de indicativo, el presente de subjuntivo y el imperativo del verbo *oler*.

▷4 Escriba cinco palabras que empiecen por el diptongo *hie-* y otras cinco que empiecen por *hue-*.

▷5 Complete las frases siguientes con *a* (preposición), *ha* (forma del verbo *haber*), *ah* (interjección), *e* (conjunción), *he* (forma del verbo *haber*) o *eh* (interjección), según corresponda en cada caso:

a) Hoy la _____ visto paseando por la calle de Alcalá.

b) No iré _____ la fiesta de Carlos, pues no me _____ invitado.

c) «_____, qué calor hace», dijo Ernesto secándose el sudor.

d) «¿Qué dice usted, _____? Repítamelo otra vez.»

e) Pon una aguja _____ hilo en el costurero.

f) ¡_____! ese niño _____ roto un vidrio.

g) Aún no _____ terminado de leer ese libro.

h) Inés dice que jamás _____ asistido _____ un concierto.

i) Atónito _____ impresionado, así _____ visto salir al público de ese espectáculo.

6▷ Relacione adecuadamente los términos de las tres columnas:

huevo	oquedad	orfanato
hueso	ovario	osamenta
hueco	hostilidad	óvulo
huérfano	oval	óseo
hueste	orfandad	hostil

7▷ Forme derivados de las siguientes palabras mediante diferentes prefijos:

honor	honesto	hacer
honrar	hilar	huesar
huir	hilvanar	hinchar
habitar	hospitalario	humano

8▷ Hágase dictar (o en su defecto, copie) las siguientes palabras:

halterofilia	hemorroide	humorada
herida	humedad	hastío
hipnotizar	hospedar	hipopótamo
halagos	cacahuate	cohesión
inhibición	incoherencia	Orihuela
exorbitante	truhán	exuberancia
cohete	alhaja	ahuehuete
hojalatero	exhorto	zanahoria
enhebrar	huipil	holgazán
homeopatía	inhumación	honestidad

9▷ Consultando la regla 4 o un diccionario si es preciso, escriba qué significado aporta el prefijo a cada una de las siguientes palabras:

heterogéneo: _____

helioterapia: _____

hemistiquio: _____

hexasílabo: _____

hipódromo: _____

homeopatía: _____

homogéneo: _____

hidromiel: _____

higrómetro: _____

hipotenso: _____

10▷ Ponga *h* a las palabras que tengan que llevarla:

___istrión	___isotermo	___arina
___aria	___achís	___achicar

___aría   ___elecho   ___echó
___espagueti   ___ispano   ___esmoquin
___errumbre   ___exámetro   ___exabrupto

11 ▷ Cada palabra se relaciona por su origen o por su significado con otra de la columna opuesta. Emparéjelas debidamente:

aprensión	ondulado
atajar	herradura
desecho	usual
herrar	saludo
hiendo	hondonada
hola	hilar
huso	aprensivo
uso	prendimiento
honda	descarto
aprehensión	cortar
onda	hender

▷1 Palabras que siguen la regla 1: *hizo*, *deshonroso* y *habitáculo*; la regla 2: *huele*, *huichol* y *huida*; la regla 4: *homosexual*, *heterogéneo*, *hialógrafo*, *holocausto* y *homeopatía*; la regla 5: *húmero*, *hormonal*, *humorístico* y *horrendo*.

▷2 Formas verbales que se pueden utilizar: *a*) *he*, *has*, *ha*, *hemos*, *habéis*, *han*; *b*) *hablando*; *c*) *he*, *has*, *ha*, *hemos*, *habéis*, *han hecho*; *d*) *he*, *has*, *ha*, *hemos*, *habéis*, *han hallado*; *e*) *haya*; *f*) *haya*.

▷3 Presente de indicativo: *huelo*, *hueles*, *huele*, *olemos*, *oléis*, *huelen*; presente de subjuntivo: *huela*, *huelas*, *huela*, *olamos*, *oláis*, *huelan*; imperativo: *huele*, *oled*.

▷4 He aquí cinco de *hie-*: *hiedra*, *hiel*, *hielo*, *hiena*, *hierba*. Y cinco de *hue-*: *hueco*, *huero*, *huelga*, *huertano*, *hueste*.

▷5 Las formas que corresponden son, con este orden: *a*) *ha*; *b*) *a*, *ha*; *c*) *ah*; *d*) *eh*; *e*) *e*; *f*) *ah*, *ha*; *g*) *he*; *h*) *ha*, *a*; *i*) *e*, *he*.

▷6 La relación entre los términos es esta: *huevo*: *ovario*, *oval*, *óvulo*; *hueso*: *osamenta*, *óseo*; *hueco*: *oquedad*; *huérfano*: *orfandad*, *orfanato*; *hueste*: *hostilidad*, *hostil*.

▷7 Siguiendo el orden de las columnas, he aquí algunos derivados: *deshonor*; *deshonrar*; *rehuir*; *deshabitar*; *deshonesto*; *rehilar*; *deshilvanar*; *inhospitalario*; *rehacer*; *deshuesar*; *deshinchar*; *inhumano*.

▷8 En el caso de haberse hecho dictar las palabras, si ha tenido alguna falta, vuelva a copiar la palabra corregida y trate de repetírsela mentalmente hasta tener la seguridad de haber asimilado su ortografía.

▷9 La solución es la siguiente: *Heterogéneo*: significa 'formado por elementos diferentes' y el prefijo *hetero-* significa 'diferente'. *Helioterapia*: significa 'tratamiento de ciertas enfermedades mediante la exposición a los rayos del sol' y el prefijo *helio-* significa 'sol'. *Hemistiquio*: significa 'cada una de las mitades en que se divide un verso compuesto' y el prefijo *hemi-* significa 'mitad'. *Hexasílabo*: significa 'verso de seis sílabas' y el prefijo *hexa-* significa 'seis'. *Hipódromo*: significa 'recinto donde se hacen carreras de caballos' y el prefijo *hipo-* significa 'caballo'. *Homeopatía*: significa 'tratamiento de enfermedades con las mismas sustancias que las provocaron, tomadas en dosis controladas' y el prefijo *homeo-* significa 'mismo'. *Homogéneo*: significa 'formado por elementos iguales' y el prefijo *homo-* significa 'igual'. *Hidromiel*: significa 'bebida en que se mezclan agua y miel' y el prefijo *hidro-* significa 'agua'. *Higrómetro*: significa 'aparato para medir la humedad' y el prefijo *higro-* significa 'humedad'. *Hipotenso*: significa 'de tensión sanguínea baja' y el prefijo *hipo-* significa 'bajo'.

Tienen que llevar *h* siguiendo el orden de las columnas: *histrión*, *haría* (del verbo *hacer*), *herrumbre*, *hachís*, *helecho*, *hispano*, *hexámetro*, *harina*.

 Las parejas de palabras relacionadas son estas:

> aprensión-aprensivo
> atajar-cortar
> desecho-descarto
> herrar-herradura
> hiendo-hender
> hola-saludo
> huso-hilar
> uso-usual
> hondo-hondonada
> aprehensión-prendimiento
> onda-ondulado

La principal dificultad en el uso de la g y de la j reside en el hecho de que, ante las vocales e, i, estas consonantes representan el mismo sonido j. Para mantener el sonido de ga, go, gu, delante de las vocales e, i, se escribe gue, gui, con u muda: guerra, guiso. Para que suene la u en esta situación debe llevar diéresis: paragüero, pingüino. La jota siempre representa el mismo sonido: ajo, lejía.

1 Se escriben con g las palabras que empiezan por gest-, gene- o geni-, menos jenízaro y jeniquén:

gesto	gestatorio	género
gestar	gestoría	general
gesticular	genésico	genitivo
gestual	generoso	genital
gestante	génesis	genial

2 Se escriben con g las palabras que empiezan por leg-, menos lejía:

legendario	legislar	legítimamente
legionario	legislativo	legitimidad
legible	legislador	legitimista
legión	legislatura	legítimo
legionense	legislación	legitimar

3 Se escribe con g el prefijo o compuesto griego geo:

geocéntrico	geomancia	geómetra
geodesia	geometría	geógrafo
geofísica	geopolítica	geofísico
geografía	geoquímica	hipogeo
geología	geórgica	apogeo

4 Se escriben con g los compuestos y derivados de logos:

lógica	filología	cardiología
logística	filológico	cronología
apología	analógico	topología
podología	antropología	espeleología
sociológico	psicología	teología

5 Se escribe con g el grupo de letras inge, cualquiera que sea su posición, menos injerto, injerirse, 'entrometerse', y sus derivados:

ingenio	ingénito	ingestión
ingeniar	ingente	ingeniatura

ingeniero	ingenuo	ingenerable
ingeniería	ingerir	esfinge
ingeniosidad	ingenuamente	laringe

6▶ Se escriben con *g* los verbos terminados en *-igerar*, *-ger* y *-gir*, menos *tejer* y *crujir*:

aligerar	proteger	fingir
morigerar	recoger	mugir
refrigerar	afligir	regir
coger	dirigir	rugir
emerger	exigir	surgir

7▶ Se escriben con *g* las terminaciones *-gen*, *-gélico*, *-gético*, *-genario*, *-génico*, *-géneo*, *-genio*, *-gésimo*, *-gesimal*, *-génito* y sus femeninos, menos *jején* y *comején*:

virgen	cinegético	genio
origen	energético	trigésimo
imagen	nonagenario	sexagesimal
angélico	fotogénico	primogénito
evangélico	heterogéneo	congénito

8▶ Se escriben con *g* las terminaciones *-gente* y *-gencia*:

inteligente	regente	diligencia
vigente	convergente	indigencia
diligente	divergente	regencia
astringente	inteligencia	agencia
agente	vigencia	divergencia

9▶ Se escriben con *g* las terminaciones *-gia*, *-gio*, *-gión*, *-gional*, *-ginal*, *-gionario*, *-gioso*, *-gírico*, y sus femeninos. No entran en esta regla las palabras con hiato como *bujía*, *herejía* y *lejía*:

magia	región	correligionario
antropofagia	marginal	prodigioso
litigio	original	religioso
regio	regional	prestigioso
religión	legionario	panegírico

10▶ Se escriben con *g* las terminaciones *-ígena*, *-ígeno*, *-ígero*, *-ígera*:

alienígena	antígeno	flamígero
indígena	oxígeno	alígera

11 Se escriben con *j* las palabras terminadas en *-aje*, *-eje*, *-jería* y sus compuestos y derivados, menos *ambages* y las formas derivadas de verbos con *g* en el infinitivo, como *cogería*:

embalaje	eje	brujería
pasaje	esqueje	cerrajería
oleaje	fleje	mensajería
garaje	hereje	conserjería
viaje	tejemaneje	relojería

12 Se escriben con *j* las palabras que empiezan por *aje-* y *eje-*, menos *agenda*, *agencia*, *agente* y otras de la misma familia:

ajeno	ejemplo	ejecutivo
ajedrez	ejemplar	ejecutoria
ajenjo	ejemplificar	ejercer
ajeo	ejército	ejecutar
ajetreo	eje	ejercicio

13 Se escriben con *j* las formas verbales de los verbos terminados en *-jar* y, dicho en general, todas las palabras derivadas de aquellas que se escriben con *j*:

despejé	bajemos	vejete
empujemos	atajen	vejestorio
repujé	pujé	ropavejero
trabajemos	dejé	envejecer
dibujé	rajé	envejecimiento

14 Se escriben con *j* los verbos terminados en *-jear*:

ojear	homenajear	burbujear
canjear	hojear	cojear
callejear	masajear	trajear
chantajear	ajear	carcajear

15 Se escriben con *j* las formas verbales con el sonido *je*, *ji*, cuyos infinitivos no lo tienen:

conduje	contraje	bendije
atrajeras	dijesen	contradijimos
redujisteis	abstraje	sedujiste
produjeses	retraje	aduje
dedujiste	sustrajeron	trajeran

16 Se escribe *j* a final de palabra, excepto *zigzag*, pero nunca a final de sílaba que no sea final de palabra:

reloj	almiraj	troj
boj	carcaj	borraj

17 El sonido *g* a final de sílaba se aproxima al sonido *j* o al sonido *k*, según las distintas pronunciaciones. Se escribe *g* delante de todas las consonantes que no sean *c* o *t*, salvo en el caso de *arácnido*, *facsímil*, *fucsia*, *estricnina*, *técnica* y sus derivados y compuestos:

digno	benigno	diafragma
ignorancia	agnóstico	enigma
magnífico	consigna	dogma
impregnar	ignición	estigma
designar	amígdala	magdalena

18 Como sabemos por la regla general, para que suene la *u* de *gue*, *gui*, debemos ponerle siempre diéresis (→ el apartado *La diéresis*):

agüero	güincha	pedigüeño
bilingüe	güiro	pingüe
camagüeyano	lengüeta	pingüino
cigüeña	nicaragüense	ungüento
desagüe	paragüero	vergüenza

RECUERDE que la principal dificultad en el uso de las consonantes *g* y *j* reside en el hecho de que, ante las vocales *e*, *i*, estas consonantes representan un mismo sonido. Repase las reglas y haga los ejercicios siguientes:

1 ▷ El gran poeta Juan Ramón Jiménez se empeñaba en reducir la representación del sonido que nos ocupa a la letra *j*. Descubra en qué puntos del texto siguiente este autor se opone a la normativa ortográfica:

> Siempre Venus, vijilándolo, desde la juventud, mujer isla del espacio verde, [...] lo inmortal lo esperó como espera al nostáljico navegante.
>
> J. R. JIMÉNEZ, *Españoles de tres mundos.*

2 ▷ Sustituya la raya por *g* o *j*, según corresponda:

__eocéntrico	__estionar	__estar
__eografía	__esto	__emelo
cru__ir	ru__ía	fin__ir
__i__ante	a__ena	te__er
corre__ir	diri__e	ur__ía
exi__ente	feste__e	__iratorio
mar__inal	__erarquía	ferru__inoso
__entilicio	relo__ero	__ícara
salva__e	__enital	breba__e
__iboso	__irafa	ciru__ía

3 ▷ Busque en esta sopa de letras las siguientes palabras terminadas en *-gen*: *origen, margen, aborigen, virgen, imagen*:

```
E  S  G  Y  K  B  E  L  N
H  D  U  U  A  V  B  U  E
B  E  S  U  R  N  V  M  G
M  C  V  N  T  I  J  M  R
E  C  I  E  R  Ñ  G  W  A
O  R  I  G  E  N  T  E  M
J  G  E  A  U  F  L  E  N
X  N  E  M  D  H  E  I  O
N  E  G  I  R  O  B  A  Z
```

Escriba una palabra con cada una de estas terminaciones:

-gen	-gésimo	-gionario
-gélico	-gesimal	-gioso
-gético	-génito	-gírico
-genario	-gia	-gente
-génico	-gio	-giénico
-géneo	-gión	-ígena
-genio	-gional	-gencia

5▷ Sustituya la raya por *g* o *j*, según corresponda:

demago__ia	liti__io	reli__ión
le__ionario	prodi__ioso	pane__írico
co__ieron	ele__imos	prote__er
reco__eremos	bricola__e	emer__erían
di__iste	filoló__ico	condu__e
lo__ística	iló__ico	atra__eron
tra__era	ali__erarían	refu__io

6▷ Indique las reglas ortográficas que regulan las palabras del ejercicio anterior.

7▷ Rellene este crucigrama:

1 Adecuado para la reproducción fotográfica.
2 Ciencia que trata de la descripción de la Tierra.
3 Señalar los errores.
4 Andar con dificultad.

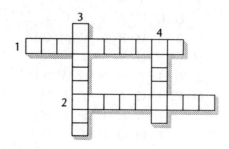

Sustituya la raya por *j, g,* o *gu*, según corresponda:

La tía Levejean me enseñó a salir a la dili___encia de Nantes a pedir limosna, y nunca aprendí a ___isar adecuadamente las pláticas que me enseñaba para ablandar cristianamente los bolsillos de los pasa___eros ricos. Yo sólo sabía decir: «¡Somos ___ente pobre! ¡Somos ___ente pobre!» Al llegar a casa tenía que darle a ella, sin que viera el marido, las limosnas conse___idas, y todavía me re___istraba y me ponía en cueros en la cocina.

ÁLVARO CUNQUEIRO, *Crónicas del Sochantre.*

 Sustituya la raya por *g* o *c*, según corresponda:

No pagar al autor de la obra fue un a__to indi__no.
Desde que camina tanto tiene un aspe__to ma__nífico.
Le conviene un clima beni__no.
Este bicho es un ará__nido.
Hicieron una edición fa__símil.
El local quedó impre__nado de un olor eni__mático.
Hincha mucho el diafra__ma para respirar.
No tenía mucha fe; era a__nóstico.
La ciencia co__nitiva está de moda.

 Sustituya la raya por *gü* o *gu*, según corresponda:

El cuervo es un pájaro de mal a___ero.
El libro se publicó en versión bilin___e.
Las bromas pesadas no se deben a___antar.
En primavera las ci___eñas ponen sus nidos en las altas torres.
Es una ver___enza que se digan tantas mentiras.
Saber ar___ir es importante para defenderse en la vida.
A las personas rubias les dicen "___eros" en algunos países.
Quiso partir un ___ijarro con su se___eta, y sólo consi___ió herirse un dedo.

▷ **1** Las palabras en las que Juan Ramón Jiménez se opone a la normativa ortográfica son *vigilándolo*, *nostálgico*.

▷ **2** Las palabras de este ejercicio, siguiendo las columnas, son: *geocéntrico, geografía, crujir, gigante, ferruginoso, jícara, brebaje, cirugía, corregir, exigente, marginal, gentilicio, salvaje, giboso, gestionar, gesto, rugía, ajena, dirige, festeje, jerarquía, relojero, genital, jirafa, gestar, gemelo, fingir, tejer, urgía, giratorio.*

▷ **3** La localización en la sopa de letras de las palabras señaladas es la siguiente:

▷ **4** Las palabras que respondan a las terminaciones indicadas podrían ser: *margen, evangélico, energético, nonagenario, orogénico, heterogéneo, ingenio, nonagésimo, octogesimal, congénito, alergia, regio, religión, regional, correligionario, prodigioso, panegírico, ingente, higiénico, indígena, indigencia.*

▷ **5** Las palabras de este ejercicio, siguiendo las columnas, son: *demagogia, legionario, cogieron, recogeremos, dijiste, logística, trajera, litigio, prodigioso, elegimos, bricolaje, filológico, ilógico, aligerarían, religión, panegírico, proteger, emergerían, conduje, atrajeron, refugio.*

▷ **6** Las reglas que afectan a las palabras del ejercicio anterior son: *demagogia, litigio, prodigioso, religión, panegírico, refugio* (regla 9); *legionario* (reglas 2 y 9); *cogieron, recogeremos, elegimos, aligerarían, proteger, emergerían* (regla 6); *dijiste, trajera, conduje, atrajeron* (regla 15); *logística, filológico, ilógico* (regla 4); *bricolaje* (regla 11).

7 ▷ La solución del crucigrama es la siguiente:

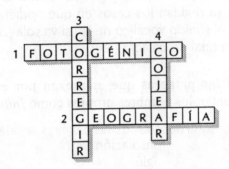

8 ▷ Las palabras que llevan *j*, *g* o *gu* en el texto de Álvaro Cunqueiro son: *diligencia, guisar, pasajero, gente, gente, conseguidas, registraba.*

9 ▷ Las palabras que llevan *g* o *c* son las siguientes:

acto	facsímil
indigno	impregnado
aspecto	enigmático
magnífico	diafragma
benigno	agnóstico
arácnido	cognitiva

10 ▷ Las palabras de este ejercicio que llevan *gü* o *gu* son las siguientes:

agüero	argüir
bilingüe	güeros
aguantar	guijarro
cigüeñas	segueta
vergüenza	consiguió

La principal dificultad en el uso de *i* e *y* radica en el hecho de que la vocal *i* puede representarse por las letras *i (i latina)* o *y (i griega)*. Como la primera es la empleada normalmente, aquí sólo se regulan los casos en que pudieran confundirse. La *y*, en cambio, sólo representa el sonido vocálico de la *i* si va sola *(conjunción y)*, delante de consonante *(Ybarra)* o en final de palabra *(rey)*.

1 ▶ Se escriben con *i* las palabras que empiezan por este sonido seguido de consonante (no cuentan los nombres propios como *Induráin/Ynduráin, Iriarte/Yriarte*, etc.):

iglesia	insolación	idea
ibis	iglú	ileso
iluminar	ilusionado	imán
impresión	ípsilon	israelí
insecto	isla	intacto

2 ▶ Si el sonido inmediato a la *i* en posición inicial de palabra (o de sílaba) es otra vocal, la *i* se consonantiza y se convierte en *y*. Se exceptúan las palabras que empiezan por *h*, además de *iátrico, iota, ion, paranoia* y sus derivados respectivos:

yacer	yogur	yarda
yeso	yayo	yoga
yóquey	yoyó	mayor
yodo	yonqui	bayeta
yute	yugo	cobaya

3 ▶ Se escriben con *i* las palabras agudas que terminan con este sonido en posición tónica:

bisturí	fui	vi
sonreí	mordihuí	carmesí
borceguí	berbiquí	maorí
huí	esquí	zahorí
frenesí	aquí	salí

4 ▶ Se escriben con *y*, además de la conjunción copulativa *y*, las palabras agudas que terminan con este sonido en posición átona:

aguaribay	muy	guay
buey	caray	guirigay
ley	maguey	verdegay
¡huy!	rey	hay
vacabuey	grey	mamey

5 El plural de las palabras de la regla 4 se resuelve mediante dos soluciones distintas. Las palabras de introducción reciente suelen formar su plural añadiendo una -*s* y convirtiendo la *y* en *i* (primera columna). Las palabras con más tradición en el habla forman su plural añadiendo -*es* y conservando la *y* (segunda columna):

jerséis	reyes
samuráis	leyes
guirigáis	ayes
paipáis	convoyes
espráis	careyes
bonsáis	bueyes

6 El plural de las palabras de la regla 3 se forma añadiendo -*es* en aquellas que llevan acento ortográfico:

bisturí	bisturíes
borceguí	borceguíes
frenesí	frenesíes
berbiquí	berbiquíes
esquí	esquíes
carmesí	carmesíes
maorí	maoríes
zahorí	zahoríes

RECUERDE que la principal dificultad para distinguir la *i* de la *y* al escribir radica en que esta última letra, cuando va sola, delante de consonante o a final de sílaba, representa el sonido vocálico de la *i*.

1▷ Escriba la forma de plural correspondiente a las siguientes palabras:

ley	ay	yóquey
virrey	ají	carey
jersey	alhelí	paipay
convoy	agutí	buey
ajonjolí	colibrí	berbiquí
jabalí	guaraní	marroquí

2▷ Hágase dictar (o, en su defecto, copie) las siguientes palabras:

aguaribay	pacay	caranday
mamey	cocuy	cacahuey
guirigay	fray	estay
tentabuey	doy	pitoitoy
maguey	verdegay	guay

3▷ Justifique el uso de *i* o *y* según las reglas estudiadas en este tema:

hurí	zahorí	yemení
yataí	velahí	jabalí
quilmay	siboney	quibey
yaqui	yegua	yerno

4▷ Escriba cuatro formas verbales que terminen en -*y* (= *i* átona) y otras cuatro formas verbales que terminen en *í* (= *i* tónica).

5▷ Aunque los nombres propios no estén sometidos a regulación ortográfica como las demás palabras, busque en la guía telefónica diez apellidos que empezando por el sonido vocálico de la *i* se escriban, por tradición, con *i* o con *y*.

▷1 Las palabras pedidas son:

leyes	ayes	yoqueis
virreyes	ajíes	careyes
jerséis	alhelíes	paipáis
convoyes	agutíes	bueyes
ajonjolíes	colibríes	berbiquíes
jabalíes	guaraníes	marroquíes

▷2 Compruebe los errores cometidos, escriba correctamente las palabras en que se haya equivocado y procure memorizar su ortografía.

▷3 Por aplicación de la regla 2, se escriben con y inicial: *yataí, yaqui, yegua, yemení, yerno.* Siguen la regla 3 (agudas terminadas en *í* tónica): *hurí, yataí, zahorí, velahí, yemení, jabalí.* Aplican la regla 4 (agudas terminadas en *ay, ey, oy, uy*): *quilmay, siboney, quibey.*

▷4 Cuatro formas verbales que terminan en -y: *estoy, soy, voy, doy.* Otras cuatro que terminan en *í: huí, reí, leí, freí.* (Pueden valer otras soluciones.)

▷5 Se pone en primer lugar el más corriente:

Ibarra/Ybarra
Isart/Ysart
Ibarz/Ybarz
Illana/Yllana
Iriarte/Yriarte
Ibáñez/Ybáñez
Ibargüengoitia/Ybargüengoitia
Iranzo/Yranzo
Iriondo/Yriondo
Isla/Ysla

Respecto a la dificultad en el uso de *ll* (considerada antes una letra independiente, la *elle*, ahora se engloba alfabéticamente dentro de la *ele*) e *y* consonántica *(ye)*, hay que decir que representan sonidos distintos, aunque algunos hablantes las pronuncien igual. Este fenómeno *(el yeísmo)* consiste en pronunciar la *ll* como si fuera *y* (consonántica), sin distinguir, por ejemplo, entre *poyo* y *pollo*.

1 Se escriben con *y* las palabras compuestas y derivadas de otras que llevan este sonido (o su expresión gráfica):

enyesar	paraguayo	uruguayo
subyugar	adyacente	yacimiento
subyacer	yesquero	yuntero

2 Se escriben con *y* las palabras que contengan la sílaba *-yec-*:

abyecto	proyecto	inyectar
trayecto	deyección	proyectil
proyector	anteproyecto	inyección

3 Se escriben con *y* algunas formas de ciertos verbos que contienen este sonido sin que en su infinitivo aparezca *ll*:

concluye	destruyó	diluyera
disminuya	oyese	cayera
huyendo	poseyera	yendo

4 Se escriben con *ll* todas las palabras que terminan en *-illa* e *-illo*:

tortilla	barquillo	mantequilla
soplillo	bocadillo	visillo
portillo	capilla	casilla

5 Se escriben con *ll* todos los nombres que terminan en *-ullo* y *-ulla* (se exceptúan unos pocos nombres, como *cocuyo*, *puya*, *aleluya* y otros, además de palabras como *suyo*, *cuyo*, *disminuyo*, etc., que no son nombres):

casulla	orgullo	barullo
patrulla	capullo	murmullo
grulla	trullo	zurullo
bulla	hulla	·turullo

6 ▶ Se escriben con *ll* las formas de todos los verbos cuyo infinitivo termina en -*illar*, -*ullar* y -*ullir*:

rebullir	ensillar	aullar
arrullar	pillar	chillar
aturullar	orillar	maullar

7 ▶ Se escriben con *ll* las palabras que empiezan por las sílabas *fa-*, *fo-*, *fu-* (a excepción de algunas, poco usadas, de las que empiezan por *fa-*, como *faya*, *fayado*, *fayanca*, *fayuca* y sus derivados):

fallar	follaje	fullero
falleba	folla	fulla
fallecer	folletín	fullona

8 ▶ Muchas palabras pueden escribirse con *y* o con *ll* según lo que signifiquen (→ el apartado *Palabras que se pronuncian igual*):

arroyo/arrollo	ayes/halles	calló/cayó
cayado/callado	cayo/callo	gayo/gallo
haya/halla	ayo/hallo	hoya/holla/oya
oyar/ollar	huya/hulla	maya/malla

9 ▶ Se escriben con *ll* todas las formas de los verbos que llevan ese sonido en su infinitivo:

llover	fallar	llorar
desarrollar	chillar	acallar
hallar	encasillar	llamar

10 ▶ Se escriben con *y* todas las formas de los verbos que llevan este sonido en su infinitivo:

rayar	apoyar	subrayar
soslayar	ayunar	desmayarse
yacer	yirar	mayar
yantar	yerbear	enyesar

RECUERDE que la principal dificultad de distinción entre y (sonido consonántico) y ll hay que achacarla al *yeísmo* (pronunciación de *rallar* igual que *rayar*), pues, en principio, ambas letras representan sonidos diferentes:

1 Sustituya la raya por *ll* o *y*, según corresponda:

atrope___o	sarpu___ido	ensa___o
o___a	orgu___oso	cabe___o
desa___unar	argu___ó	tra___ecto
apo___ar	___anura	be___ísima
ma___ordomo	repo___o	crema___era
armadi___o	cha___ote	arro___uelo

2 Hágase dictar (o, en su defecto, copie) las palabras:

huyeron	patrulla	mayor
desollar	yate	relleno
yace	payo	payador
desarrollé	zapallo	llorón
pollo	calle	maúlla
peyote	llave	bellaco

3 Diga el tiempo y el verbo a que pertenece cada una de las siguientes formas:

hayas	cayeras	fluyó
restituyes	poseyeras	influyes
concluyas	leyeres	instruyes
inmiscuyes	diluyes	intuyó

4 Justifique la ortografía de las siguientes palabras según las reglas estudiadas:

capullo	subyacente	hallé
castillo	masilla	barullo
cónyuge	picadillo	inyecta
yogurtera	desolló	desoyó

5 Escriba un derivado de las palabras:

yeso	_____	ion	_____
llaga	_____	yodo	_____
patrulla	_____	silla	_____
bulla	_____	arrullo	_____
casilla	_____	pillo	_____

6 ▷ Explique el significado de cada palabra de las parejas siguientes:

yendo	_____	hiendo	_____
ahí	_____	hay	_____
bolla	_____	boya	_____
falla	_____	faya	_____
yerro	_____	hierro	_____
huya	_____	hulla	_____
puya	_____	pulla	_____
aya	_____	haya	_____
allá	_____	halla	_____

7 ▷ Relacione mediante una flecha las palabras de estas dos columnas:

ebullición	derruir
abollado	bullir
embotellado	yugo
desfallecimiento	bollo
subyugado	mayor
mayordomo	estatuir
estatuyó	botella
derruyera	fallecer

8 ▷ Escriba la forma verbal que convenga:

a) Ernesto (leer) _____ el periódico y luego no supo qué hacer en toda la mañana.

b) Si no (poseer) _____ una colección de discos como la que tiene, sus amigos no (hallar) _____ una excusa para visitarlo.

c) Te ruego que no te (inmiscuir) _____ en mis asuntos.

d) Dijiste haber estado (oír) _____ las campanas de la iglesia de tu pueblo durante mucho tiempo.

e) No (huir) _____ quien quiere, sino quien puede y (argüir) _____ razones para hacerlo.

f) Por favor, no te (ir) _____ tan pronto.

g) Espero que no (haber) _____ inconvenientes en ese asunto.

▷1 Las palabras completas de este ejercicio, siguiendo las columnas, son:

atropello	sarpullido	ensayo
olla	orgulloso	cabello
desayunar	arguyó	trayecto
apoyar	llanura	bellísima
mayordomo	repollo	cremallera
armadillo	chayote	arroyuelo

▷2 Si cometió algún error en el dictado, vuelva a escribir la palabra corregida y repítasela mentalmente hasta tener la seguridad de haberla asimilado.

▷3 Las formas verbales corresponden al presente de subjuntivo de *haber*; presente de indicativo de *restituir*; presente de subjuntivo de *concluir*; pres. ind. de *inmiscuir*; pretérito imperfecto de subj. de *caer*; pret. imperf. de subj. de *poseer*; fut. imperf. subj. de *leer*; pres. ind. de *diluir*; pret. perf. simple de *fluir*; pres. ind. de *influir*; pret. perf. simple de *instruir*; pret. perf. simple de *destruir*.

▷4 He aquí las palabras y su justificación: *capullo*: palabra terminada en *-ullo*; *castillo*: palabra terminada en *-illo*; *cónyuge*: deriva de *yugo*; *yogurtera*: deriva de *yogur*; *subyacente*: deriva de *yacer*; *masilla*: terminación en *-illa*; *picadillo*: terminación en *-illo*; *desolló*: infinitivo con *ll* (*desollar*); *hallé:* infinitivo con *ll* (*hallar*); *barullo*: nombre terminado en *-ullo*; *inyecta*: infinitivo con *y* (*inyectar*); *desoyó*: forma del verbo *desoír*, verbo que como *huir* y tantos otros lleva *y* en algunas de sus formas sin que en su infinitivo aparezca ese sonido.

▷5 Derivados de *yeso*: *enyesar, yesero, yesería, yesal, yesón*; derivados de *llaga*: *llagar*; derivados de *patrulla*: *patrullero, patrullar*; derivados de *bulla*: *bullicio, bullanga, bullanguero, bullir, ebullición, rebullir, apabullar*; derivados de *casilla*: *casillero, encasillar*; derivados de *ion*: *ionizar, ionosfera, iónico, ionización*; derivados de *yodo*: *yodoformo, yodado, yódico*; derivados de *silla*: *sillón, ensillar, sillero, silletazo, telesilla, sillín*, etc.; derivados de *arrullo*: *arrullar, arrullador*; derivados de *pillo*: *pillería, pillastre, pillar*.

▷6 Estas parejas de palabras son casos de pronunciaciones idénticas por efecto del yeísmo (→ el apartado *Palabras que se pronuncian igual*). Diferencias de significado: *Yendo*: gerundio del verbo *ir* ('marcharse'); *hiendo*: primera persona del singular del presente de indicativo del verbo *hender* ('rajar'). *Ahí*: adverbio ('en ese lugar'); *hay*: forma impersonal del verbo *haber* ('existir'). *Bolla*: 'panecillo'; *boya*: 'cuerpo flotante que se coloca como señal en el mar'. *Falla*: 'defecto, grieta, figura de cartón que se quema en una hoguera'; *faya*: 'tipo de tejido'. *Yerro*: 'equivocación'; *hierro*: 'metal'. *Huya*: forma verbal de *huir*; *hulla*: 'mineral fósil empleado como combustible'. *Puya*: 'vara acabada en punta'; *pulla*: 'frase con la que se pretende ofender'. *Aya*: 'persona encargada de la crianza o educación de un niño'; *haya*: forma verbal de *haber*; también es el nombre de un árbol. *Allá*: 'adverbio de lugar'; *halla*: forma verbal de *hallar*.

7 ▷ Palabras emparejadas: *ebullición-bullir*; *abollado-bollo*; *embotellado-botella*; *desfallecimiento-fallecer*; *subyugado-yugo*; *mayordomo-mayor*; *estatuyó-estatuir*; *derruyera-derruir*.

8 ▷ Formas verbales convenientes: *a) leyó*; *b) poseyera, hallarían*; *c) inmiscuyas*; *d) oyendo*; *e) huye, arguye*; *f) vayas*; *g) haya*.

La letra z siempre representa el mismo sonido y se escribe delante de -a, -o, -u (zarpazo). La letra c, delante de las vocales -e, -i, coincide con el sonido que representa la z (cine, cena). Delante de -a, -o, -u, la c suena k: cuco, capa. Los problemas ortográficos se complican más en los territorios donde impera el ceceo o el seseo. Estos fenómenos consisten, el primero, en pronunciar el sonido z en lo que debería ser s y, el segundo, en pronunciar s en lugar del sonido z.

1 La letra z sólo se escribe delante de las vocales -a, -o, -u; pero hay algunas excepciones y palabras que admiten las dos grafías (→ los apartados *Palabras que se pronuncian igual* y *Palabras parecidas*):

zigzag	zeta
enzima	zelandés
zéjel	eczema
nazismo	zinc
zigurat	ázimo
zipizape	azimut
zepelín	zenit
zendal	zigoto
azerbaiyano	hertziano

2 Se escriben con z delante del sonido k, todas las formas verbales cuyo infinitivo termina en -acer, -ecer, -ocer o -ucir:

merezco	produzca	crezco
reverdezca	merezcáis	deduzcas
conduzco	nazca	entorpezco
induzca	traduzca	renazcáis
conozcan	fenezcamos	yazca

3 Se escribe con z el sufijo aumentativo -azo, que también tiene el significado de 'golpe dado con aquello que el nombre designa':

hombrazo	zarpazo	brochazo
gatazo	portazo	mazazo
perrazo	codazo	carpetazo
rollazo	jetazo	puñetazo
broncazo	martillazo	pinchazo

4 Se escriben con c los verbos acabados en -acer y -ecer:

nacer	pacer	padecer
complacer	reverdecer	florecer
hacer	enternecer	entristecer

| satisfacer | anochecer | enmudecer |
| yacer | merecer | obedecer |

5▶ Se escriben con *c* las palabras terminadas en *-ácea, -áceo, -ancia, -encia, -cia, -cio*, menos *ansia, hortensia, Asia* y ciertas palabras que proceden del griego como *magnesio, eutanasia, eugenesia, anestesia, amnesia*, etc.:

herbácea	violáceo	conciencia
oleácea	distancia	gracia
rosácea	perseverancia	milicia
cetáceo	trashumancia	novicio
sebáceo	paciencia	vicio

6▶ Para distinguir entre las palabras que terminan en *-ción* y *-cción*, en caso de que la pronunciación personal no las distinga, hay que fijarse en si aparece el grupo consonántico *ct* en la palabra primitiva o en las derivadas, según sea la palabra derivada o primitiva; si aparece, se escribe *cc*:

calefacción	(calefactor)
contracción	(contracto)
ficción	(ficticio)
infección	(infecto)
atracción	(atractivo)
destrucción	(destructivo)
afección	(afecto)
putrefacción	(putrefacto)

7▶ Respecto a las palabras acabadas en *-ción* o *-sión*, se escriben con *c* los nombres que derivan de verbos acabados en *-ar*, menos los acabados en *-sar* que no conservan la sílaba *sa* del verbo, como *confesión* frente a *compensación* (quedan excluidas las palabras primitivas acabadas en *-sión* que dan verbos derivados en *-ar*, como *ilusión, presión, visión, pensión*, etc.):

asimilación	jubilación	limitación
perforación	población	respiración
situación	violación	mutilación
enajenación	movilización	civilización
comprobación	afirmación	federación

8▶ Respecto a las palabras acabadas en *-ción* o *-sión*, se escriben con *s* los nombres que derivan de verbos terminados en *-sar*, salvo cuando el nombre conserva la sílaba *sa* del verbo; entonces se escribe con *c*:

| confesión | progresión | compensación |
| dispersión | propulsión | improvisación |

revisión   regresión   malversación
profesión   revisión   recusación
expulsión   impulsión   tasación

9▶ Respecto a las palabras acabadas en *-ción* o *-sión*, se escriben con *s* los nombres que derivan de verbos terminados en *-der*, *-dir*, *-ter*, *-tir*, salvo cuando conservan la *d* o la *t* del verbo; entonces se escriben con *c* (*medición* de *medir*, *competición* de *competir*, *repetición* de *repetir*):

propensión	(propender)
pretensión	(pretender)
dimisión	(dimitir)
promisión	(prometer)
decisión	(decidir)
incisión	(incidir)
suspensión	(suspender)
diversión	(divertir)
represión	(reprender)
inversión	(invertir)
perversión	(pervertir)
comisión	(cometer)
concesión	(conceder)
repercusión	(repercutir)

RECUERDE que estos sonidos consonánticos no ofrecen ninguna dificultad para el hablante que no cecea ni sesea. Basta con seguir la regla general. Para los demás, muchos casos quedan fuera de las reglas y no hay más remedio que mirar el diccionario y fijarse en las derivaciones.

1 ▷ Corrija este texto donde G. Cabrera Infante reproduce el seseo cubano:

Cuba Venegas también anunsia otros productos comersiales y entre otras cosas anunsia la Materva y hay un anunsio que en ves de desir como siempre dise bien clarito Tome lo que Toma Cuba, y con todas esas cosas ella parese ser muy famosa.

G. CABRERA INFANTE, *Tres tristes tigres.*

2 ▷ Sustituya la raya por *z* o *c*, según corresponda:

__ona	á__ido	a__ul
en__ina	__ig__ag	to__ino
con__ejal	__ere__o	gan__úa
a__ote	tropie__o	a__ar
__epelín	por__ión	ma__eta
ra__imo	__ementerio	__ircunstan__ia
lu__ero	atro__idad	palide__er
po__ito	ja__into	á__imo

3 ▷ Sustituya la raya por *s* o *z*, según corresponda:

¡En este hotel hay más __uecos que en Suecia!
La vaquera llevaba __uecos para el barro.
En este bosque escasea la ca__a.
Volveré a ca__a a tiempo para la hora de comer.
Los maceros desfilan con sus ma__as.
El rebaño entró en ma__a en la iglesia.
Hirvió la leche en un ca__o.
Nadie le hizo ningún ca__o.
El __umo de naranja está muy frío.
Habría, a lo __umo, cien personas en aquella reunión.

4 ▷ Escriba un nombre acabado en -*ción* que derive de cada uno de los verbos siguientes:

armonizar _____	revocar _____
tasar _____	puntuar _____
urbanizar _____	gesticular _____
amenizar _____	ponderar _____
facturar _____	admirar _____

Determine las reglas a las que pertenecen los verbos del ejercicio anterior.

Sustituya las rayas por *c* o *s*, según corresponda en cada caso:

Tenía mucha pacien__ia con los niños.
Sus ausen__ias eran muy comentadas.
No tiene ninguna importan__ia el nombre.
Aquel __iclista de camisa __eleste ganó la carrera.
En este jardín domina el color rosá__eo de las horten__ias.
La operaron sin aneste__ia.
El delfín es un cetá__eo.
La eutana__ia plantea problemas morales.
La estan__ia del hotel era amplia y soleada.
Se ne__e__ita resisten__ia para correr un maratón.
La impre__i__ión de ese texto ha__e difí__il entenderlo.
Tan fuerte golpe lo dejó amné__ico.
Por fortuna, ya se toman medidas para evitar la persecu__ión de animales útiles
   como los mur__iélagos.
Las a__elgas y espinacas son ricas en magne__io.
En tiempos pasados, se exigía a los __iervos sumi__ión total.

Resuelva el siguiente crucigrama a partir de las definiciones que damos a continuación:

1 Subida a los cielos de Jesucristo.
2 Efecto de apretar.
3 Casa de huéspedes.
4 Lo que se espera de un jolgorio.

Hágase dictar (o en su defecto, copie) las siguientes palabras. Si tiene dudas sobre algún significado, búsquelo en el diccionario:

antonomasia	contorsionista	descuartizar
ficticio	encrucijada	omisión
encefalitis	vozarrón	propiciar
arrozal	sojuzgar	cenagoso
naturalización	cíclope	hermosura
divisionismo	ardoroso	finanzas
codorniz	beneficencia	terrazo
parentesco	longaniza	escasez
jurásico	iridiscente	procacidad
biopsia	castizo	espinoso

▷ 1 Corrección de las palabras con *seseo* del texto de G. Cabrera Infante: *anuncia, comerciales, anuncio, vez, decir, dice, parece.*

▷ 2 Las palabras de este ejercicio, siguiendo las columnas, son: *zona, encina, concejal, azote, zepelín, racimo, lucero, pocito, ácido, zigzag, cerezo, tropiezo, porción, cementerio, atrocidad, jacinto, azul, tocino, ganzúa, azar, maceta, circunstancia, palidecer, ázimo.*

▷ 3 Las palabras que hay que completar en este ejercicio, siguiendo el mismo orden son: *suecos, zuecos, caza, casa, mazas, masa, cazo, caso, zumo, sumo.*

▷ 4 Los derivados en *-ción* de los verbos de este ejercicio son: *armonización, tasación, urbanización, amenización, facturación, revocación, puntuación, gesticulación, ponderación, admiración.*

▷ 5 Los derivados del ejercicio anterior responden a la regla número 7.

▷ 6 Las palabras que hay que completar en este ejercicio son: *paciencia, ausencias, importancia, ciclista, celeste, rosáceo, hortensias, anestesia, cetáceo, eutanasia, estancia, necesita, resistencia, imprecisión, hace, difícil, amnésico, persecución, murciélagos, acelgas, magnesio, siervos, sumisión.*

▷ 7 La solución del crucigrama es la siguiente:

▷ 8 Si encontró fallas de estas palabras en su ortografía procure repetir la escritura correcta.

El sonido *k* se representa con *c* ante las vocales *a, o, u (casa, cola, cuatrero)* y con *qu* ante las vocales *e, i (queso, quiso)*; con *k* en algunas palabras de origen extranjero *(kan, kirie)* y siempre con *c* ante cualquier consonante *(folclor, acto, cromo)*.

1 ▶ Se escriben con *c* las palabras que llevan el sonido *k* delante de las vocales *a, o, u*:

caoba	colocar	cuscús
caos	cogorza	curda
canuto	colega	currar
casta	costa	custodia

2 ▶ Se escriben con *c* las palabras que llevan el sonido *k* a final de sílaba y ante cualquier consonante:

cráter	cromo	escrúpulo
claro	cloro	clero
pacto	pictograma	crujiente
pícnico	bistec	coñac

3 ▶ Se escriben con *qu* (la *u* no suena) las palabras que llevan el sonido *k* ante *e* o *i*:

queso	esqueje	oquedad
quemar	esquela	quiso
químico	aquí	moquillo
esquimal	moqueta	pasquín

4 ▶ Se escriben con *qu* (solución que se recomienda) algunas palabras originariamente escritas con *k*, aunque se admite la doble escritura (→ el apartado *Palabras con dos grafías*):

kiosco	quiosco
kilómetro	quilómetro
kepis	quepis
kilopondio	quilopondio
kiwi	quivi
fakir	faquir
kilogramo	quilogramo
kimono	quimono
kilolitro	quilolitro
kurdo	curdo

5 Se escriben con *k* algunas palabras derivadas de nombres extranjeros (de *Kant*, *kantiano*), otras de reciente importación *(karateca)* y las abreviaturas de otras que designan unidades de peso y medida *(kg)*:

kafkiano	karateca	km
kantiano	koala	kg
krausismo	kiwi	kw
kuwaití	kéfir	kl
anorak	parka	kp

6 Se escriben con *qu* los plurales de las palabras terminadas en *c* más asentadas en la lengua, pero no los de las más recientes:

frac	fraques
cómic	cómics
tic	tics
clac	claques
vivac	vivaques
bloc	blocs
coñac	coñacs
bistec	bistecs

RECUERDE que la principal dificultad en el uso de estas letras deriva del hecho de que, en determinados casos, representan el mismo sonido, por lo que suenan igual *can* que *kan*, *kéfir* que *quéfir*.

1 ▷ Hágase dictar (o en su defecto, copie) las siguientes palabras:

casquete	delco	encarar
ciscar	cuark	cuásar
cuasi	chilca	quebranto
quilombo	quincenal	quinqué
káiser	quivi	parquímetro
quinquenio	caqui	keniano
kilocaloría	calcomanía	queroseno
póquer	quebranto	quiché
karate	querubín	quitasol

2 ▷ Rellene los espacios en blanco con *c*, *k* o *qu*, según corresponda:

__achemir	__apuchino	__uá____ero
__afetín	__ole__ta	__ual____iera
__alidos__opio	__olega	es____eleto
__apirote	__olo____ial	es____ivar
de__álogo	__ompa__to	____imbambas
__elvin	__if	__osa__o
__urdo	berbi____í	o__api

3 ▷ Escriba al lado de cada definición la palabra que corresponda:

a) De las situaciones absurdas y complicadas se dice que son _____ (adjetivo derivado del nombre de un escritor checo).
b) Insecto parecido a la cochinilla: _____
c) Pueblo que habita en una región que se extiende entre Anatolia, Armenia y Azerbaiján: _____
d) Producir con la garganta una tosecilla para limpiarla antes de empezar a hablar: _____
e) Macho de la oveja: _____
f) Hablando en argot, cigarro de marihuana o hachís: _____
g) Pastelillo de forma cilíndrica hecho con harina, leche, carne, huevo y pan rallado: _____
h) En Ecuador y México se dice de una persona con respecto a otra con la que tiene amistad o algún parecido: _____
i) De lo que en una serie ocupa el lugar siguiente al tercero se dice que es

_____

j) A quien pertenece a un grupo social marginado y que se dedica al robo algunos lo llaman _____

k) Las _____ se definen como muestras de dolor, pena, descontento o enfado.

l) Producto alimenticio que se obtiene cuajando la leche de ciertos animales: _____

4 Sustituya el infinitivo escrito entre paréntesis por la forma del mismo verbo que corresponda en cada caso:

a) Ayer acompañé a mis padres al puerto y los (embarcar) con rumbo a Tenerife.

b) Aunque (sacar) buenos resultados en el examen, este año no conseguirás plaza.

c) Que no te (caber) la menor duda: ése, aunque no (delinquir) hoy, (delinquir) mañana.

d) Procura que el niño no se (acercar) al pozo.

e) Sin saber qué hacía, me (hincar) de rodillas delante de ella para pedirle perdón.

f) Por mucho que te (certificar) el contrato, para mí no tendrá validez.

g) ¡Anda que te (ahorcar), desagradecido!

h) Que su marido (roncar) por las noches le resulta insoportable.

i) Mi automóvil es tan viejo, que a veces no logro que (arrancar) por las mañanas.

j) Por más que (buscar), nunca encontré el otro calcetín.

5 Justifique la escritura de las palabras que siguen según las reglas expuestas:

quásar	querido	caridad
quimono	parquin	quiosco
castor	catéter	pequeño
críquet	criptón	keniano
katiusca	cáustico	krausismo

Si cometió alguna falta de ortografía, vuelva a escribir la palabra corregida y repítasela mentalmente hasta tener la seguridad de haberla asimilado.

 Las palabras completas son:

cachemir	capuchino	cuáquero
cafetín	colecta	cualquiera
calidoscopio	colega	esqueleto
capirote	coloquial	esquivar
decálogo	compacto	quimbambas
kelvin	kif o quif	cosaco
kurdo	berbiquí	okapi

3▷ Las palabras definidas son:

a) kafkiana
b) kermes o quermes
c) kurdo o curdo
d) carraspear
e) carnero
f) canuto
g) croqueta
h) cuate
i) cuarto
j) quinqui
k) quejas
l) queso

4▷ Las formas verbales apropiadas son: *a*) *embarqué*; *b*) *saques*; *c*) *quepa, delinca, delinquirá*; *d*) *acerque*; *e*) *hinqué*; *f*) *certifiquen*; *g*) *ahorquen*; *h*) *ronque*; *i*) *arranque*; *j*) *busqué*.

5▷ He aquí la justificación: *quásar*: parece una excepción de la regla 1, pero en realidad se trata de una palabra inglesa, de la que se admite también, en español, su escritura como *cuásar*; *quimono*: reglas 3 y 4; *castor*: regla 1; *críquet*: reglas 2 y 3; *katiusca*: reglas 5 y 1; *querido*: regla 3; *parquin*: reglas 3 y 4; *catéter*: regla 1; *criptón*: reglas 2 y 4; *cáustico*: regla 1; *caridad*: regla 1; *quiosco*: reglas 3, 4 y 2; *pequeño*: regla 3; *keniano*: regla 5; *krausismo*: regla 5.

La letra *x* representa en la escritura la combinación de los sonidos *ks*. En el habla coloquial se pronuncia como *s* ante consonante *(externo)* y a principio de palabra *(xenófobo)*, como *ks* entre vocales *(taxi, examen)*, y como *gs* en pronunciación culta *(externo, asfixia)*. Por pronunciarse a veces como *s* pueden tenerse dudas sobre su ortografía. En las regiones en que es común el seseo o el ceceo, los hablantes pueden confundir los sonidos *ks* (representados como *x*) y *kz* (representados como *cc*). Para evitar esta confusión se recuerdan las siguientes reglas.

1 Se escriben con *x* todas las palabras que contienen el grupo *ks*, tanto si aparece entre vocales como a final de sílaba; se exceptúan las palabras *facsímil*, *fucsia* y sus derivados:

asfixia	éxito	extremidad
exigir	excepción	próximo
tórax	taxi	clímax
exacto	extraño	examen

2 Se escriben con *x* inicial unas cuantas palabras de procedencia griega. Algunas de ellas utilizan para su formación los prefijos *xeno-*: 'extranjero', *xero-*: 'seco' y *xilo-*: 'madera':

xantofila	xenofobia	xerografía
xilófago	xilófono	xilema
xilografía	xifoides	xilórgano
xenófono	xerocopia	xilotila

3 Se escriben con *x* las palabras que empiezan por el grupo de sonidos *ex-* seguido de vocal o de *h*, con las excepciones de *ese, esa, eso, esencia, esófago, esotérico* y sus correspondientes derivados:

exacción	exangüe	exequias
exhalar	exhaustivo	exhibición
exilio	eximente	exorbitante
exordio	exuberancia	exultante

4 Se escriben con *x* las palabras que empiezan con los prefijos latinos *ex-*: 'fuera de' o 'que fue y ya no es', *exo-*: 'fuera de' y *extra-*: 'por encima de':

exportar	expatriar	expropiar
extractor	extrapolar	extraterrestre
ex marido	ex presidente	ex preso
ex alumno	exotérico	exocrino

5 ▸ Se escriben con *x* las palabras que empiezan por la sílaba *ex-* seguida de los grupos *-pla-, -ple-, -pli-, -plo-, -pre-, -pri-, -pro-*, a excepción de *esplendor, esplénico, espliego, esplín* y sus correspondientes derivados. No se incluyen en la regla palabras como *desplante, desplomar, despreciar*, etc., por no empezar por *ex*:

explanada	explicar	explorar
explayar	expletivo	explotar
expresar	exprimir	expropiar
exprés	ex profeso	expresionismo

6 ▸ Se escriben con *x* cuatro grupos de palabras terminadas en *-xión*: *flexión, anexión, complexión* y *crucifixión*, con sus correspondientes derivados:

reflexión	conexión	genuflexión
inflexión	reflexivo	inconexo
anexo	inflexible	anexionar
flexo	irreflexivo	desconexión

7 ▸ Se escriben con *cc* las palabras terminadas en *-ción* que pertenezcan a familias que lleven el grupo *ct*:

acción (acto)	corrección (correcto)
perfección (perfecto)	elección (elector)
dirección (director)	satisfacción (satisfactorio)
insurrección (insurrecto)	corrección (correcto)

RECUERDE que la principal dificultad en la escritura entre *x* y *s* deriva del hecho de que, con frecuencia, la primera se pronuncia como la segunda. Respecto a la confusión entre *x* y *cc* debe tenerse en cuenta que suele ser propia de las regiones en que dominan el seseo y el ceceo.

▷ **1** Sustituya la raya por *x*, *s* o *c*, según corresponda:

e__trategia	é__ito	au__ilio
tóra__	e__pléndido	e__clamar
e__queje	e__cepción	e__cepticismo
e__tenuar	e__pandir	e__tremecer
e__tremista	e__purio	féni__
cervi__	mi__teco	e__primidor
e__pontáneo	refle__ivo	a__ila
e__travagante	gradua__ión	i__quémico

▷ **2** Señale la regla que cumplen las palabras de la siguiente relación:

expresar	exprimir	ex marido
convicción	anexión	flexionar
exhortar	extraplano	exquisitez
próximo	contracción	xenofobia

▷ **3** Escriba *c* o *cc* según convenga:

apropia___ión	dire___ión	condu___ión
mi___ión	inye___ión	afi___ión
supersti___ión	infe___ión	exa___ión
inspe___ión	exhibi___ión	exuda___ión
afli___ión	hiberna___ión	excita___ión
voca___ión	ra___ión	introdu___ión
extra___ión	se___ión	rea___ión

▷ **4** Escriba algún derivado de cada una de estas palabras:

asfixia	éxito	extremo
xenofobia	exacto	exilio
eximir	extrapolar	extraer
exhibición	expedir	extraño

5 ▷ Escriba el significado de las palabras que se relacionan a continuación. Busque en el diccionario aquellas cuyo significado desconozca:

xantofila	taxidermia	xeroftalmía
exangüe	xerófilas	xilófago
exuberancia	eximir	axioma
xilografía	exclamar	convexa

6 ▷ Sustituya las rayas por *x*, *s*, *c* o *cc*, según corresponda

Asfi__iado por el opre__ivo ambiente de su pueblo y e__hausto ante la incompren__ión y e__cepti__ismo que le rodeaban, el artista fraguó una e__trategia para e__iliarse. Mientras ha__ía la última revi__ión a su __ilografía, pensó e__citado que lo de menos sería enfrentar__e a la __enofobia, pues cons__iente de su e__celencia y basado en e__periencias de otros que le ante__edieron, tramaba comportar__e de manera e__travagante para llamar la aten__ión. Una vez montada su primera e__po__i__ión, se dijo que todas las a__iones que emprendiera harían rea__ionar a la crítica y así obtendría el é__ito.

▷ **1** Las palabras completas de este ejercicio, siguiendo las columnas, son: *estrategia, tórax, esqueje, extenuar, extremista, cerviz, espontáneo, extravagante; éxito, espléndido, excepción, expandir, espurio, mixteco, reflexivo, graduación; auxilio, exclamar, escepticismo, estremecer, fénix, exprimidor, axila, isquémico.*

▷ **2** Estas son las palabras y las reglas que cumplen: *expresar* (5), *convicción* (8), *exhortar* (3), *próximo* (1), *exprimir* (5), *anexión* (7), *extraplano* (4), *contracción* (8), *ex marido* (4), *flexionar* (7), *exquisitez* (por derivar de *exquisito*), *xenofobia* (2).

▷ **3** Las palabras completas de este ejercicio, siguiendo las columnas, son: *apropiación, micción, superstición, inspección, aflicción, vocación, extracción, dirección, inyección, infección, exhibición, hibernación, ración, sección, conducción, afición, exacción, exudación, excitación, introducción, reacción.*

▷ **4** He aquí las palabras y algunos de sus derivados: *asfixia: asfixiar, asfixiante; xenofobia: xenófobo; eximir: exento; exhibición: exhibir, exhibicionista; éxito: exitoso; exacto: exactitud; extrapolar: extrapolación; expedir: expedición; extremo: extremidad, extremoso; exilio: exiliar; extraer: extracto; extraño: extrañar, extrañeza.*

▷ **5** Estos son los significados básicos:

xantofila: 'pigmento vegetal'
taxidermia: 'disecación de animales muertos'
xeroftalmía: 'sequedad de los ojos'
exangüe: 'que ha perdido mucha sangre'
xerófilas: 'tipo de plantas que pueden vivir en climas secos'
xilófago: 'insecto que se alimenta de madera'
exuberancia: 'abundancia'
eximir: 'librar a alguien de una obligación'
axioma: 'principio que se toma como verdadero sin necesidad de demostración'
xilografía: 'técnica de grabado en madera'
exclamar: 'pronunciar palabras con gran intensidad'
convexa: 'superficie abombada hacia afuera'

▷ **6** Con las palabras correctamente escritas, el texto se lee así:

Asfixiado por el opresivo ambiente de su pueblo y exhausto ante la incomprensión y escepticismo que le rodeaban, el artista fraguó una estrategia para exiliarse. Mientras hacía la última revisión a su xilografía, pensó excitado que lo de menos sería enfrentarse a la xenofobia, pues consciente de su excelencia y basado en experiencias de otros que le antecedieron, tramaba comportarse de manera extravagante para llamar la atención. Una vez montada su primera exposición, se dijo que todas las acciones que emprendiera harían reaccionar a la crítica y así obtendría el éxito.

Por su sonoridad nasal y su grafía similar, estas letras tienden a confundirse delante de consonante. Hay, sin embargo, unas reglas claras y escasas que permiten superar las dudas con mayor éxito que en otros casos.

1 ▶ Se escribe siempre *m* delante de *p* y de *b*:

amparar	reemplazar	hambre
estampa	trompa	ombligo
implantar	asombro	limbo
intemperie	embolsar	retumbar

2 ▶ Se escribe siempre *n* delante de *v*:

anverso	convivencia	invento
inviolable	convite	convertir
invariable	converso	convento
tranvía	invencible	invertir

3 ▶ Se escriben con *m* delante de *n* las palabras simples con estos sonidos, excepto *perenne*. Esta regla no incluye las palabras que llevan prefijos acabados en *n-*: *en-*, *in-*, *circun-*, *con-*, *sin-*, como *ennoblecer*, *innoble*, *connivencia*, *sinnúmero* o *enmendar*, *inminente*:

alumno	calumnia	omnipresente
amnistía	himno	omnisciente
columna	indemne	omnívoro
damnificado	insomnio	solemne

4 ▶ Se escriben con *-m* final las palabras latinas, o las extranjeras que han sido asimiladas sin modificaciones; en los demás casos, a final de palabra se escribe siempre *n*, como *camión* y *certamen*:

álbum	memorándum	solárium
boom	módem	tándem
critérium	napalm	tedéum
factótum	pandemónium	telefilm
film	quórum	tótem
harem	referéndum	ultimátum
islam	réquiem	vademécum
médium	slálom	zoom

RECUERDE que la principal dificultad con estas letras se presenta cuando debemos distinguirlas delante de consonante. Sus reglas resultan provechosas por ser escasas y claras. Repáselas antes de resolver los ejercicios.

▷ Sustituya la raya por *m* o *n*, según corresponda en cada caso:

La buena co__vivencia es lo más i__portante en la aca__pada.
Estoy co__vencida de que su a__bición es i____ensa.
No sie__pre nos basamos en principios firmes, sino a__biguos o a__bivalentes.
Tenía a__nesia; por eso e__viaba varias veces la misma i__vitación para a__bos.
Es i__pensable que co__vierta la iglesia en un bar de a__biente.
Es i__negable que los i__properios fueron i__merecidos.
Los alu__nos hacían gi__nasia después de cantar el hi__no.
Nos co__viene plantar árboles de hoja pere__ne.
En el a__tiguo Egipto, las vísceras de los faraones e__balsamados eran e__vasadas en urnas con tapa llamadas canopes.
Pese a lo a__puloso del discurso de ese orador, cuando se refirió al héroe i__victo la emoción nos e__bargó a todos.

▷ Sustituya la raya por *m* o *n*, según corresponda en cada caso:

i__migrante	e__barcarse
i__posible	e__barrancar
i__bécil	e__mudecer
i__minente	inco__mensurable
i__necesario	inco__petente
e__pecinar	co__mutación
e__mendar	co__notación
a__nistía	circu__vecino
e__vidiable	ta__bor
i__mobiliario	i__movilidad
dese__vuelto	e__pinar
co__paración	co__vento
e__balse	ba__balina
ca__pero	circu__spección
á__bar	e__marañar
circu__navegar	i__noble
e__negrecido	ba__bú

▷ Reflexione sobre el ejercicio anterior. ¿En cuáles de estos casos se contradice una regla general? ¿Qué regla? ¿Por qué?

Delante de *b* ha escrito __
Delante de *p* ha escrito __

Delante de *m* ha escrito __
Delante de. *n* ha escrito __

4▷ Busque una palabra derivada de cada una de las siguientes que contenga alguno de
los prefijos *in-, en-, con-* o *circun-*:

popular	_____
moción	_____
voluntario	_____
memorial	_____
barro	_____
padre	_____
página	_____
baldosa	_____
pensar	_____
polar	_____
barullo	_____
vecino	_____
noble	_____
vivir	_____
madeja	_____
móvil	_____
vara	_____
nombre	_____

5▷ Enlace las palabras teniendo en cuenta que la última letra de cada una es la misma
que la primera de la siguiente:

```
i__v __ __i__o
__ __n__p__ __ __ __ __ __ __ __
e__b __ __d__ __ __r
__ __c__ __v__ __ __ __ __n
__ __ __b__a__
```

1▷ Las oraciones completas de este ejercicio son:

La buena convivencia es lo más importante de la acampada.
Estoy convencida de que su ambición es inmensa.
No siempre nos basamos en principios firmes, sino ambiguos o ambivalentes.
Tenía amnesia; por eso enviaba varias veces la misma invitación para ambos.
Es impensable que convierta la iglesia en un bar de ambiente.
Es innegable que los improperios fueron inmerecidos.
Los alumnos hacían gimnasia después de cantar el himno.
Nos conviene plantar árboles de hoja perenne.
En el antiguo Egipto, las vísceras de los faraones embalsamados eran envasadas en urnas con tapa llamadas canopes.
Pese a lo ampuloso del discurso de ese orador, cuando se refirió al héroe invicto la emoción nos embargó a todos.

2▷ Las palabras de este ejercicio, siguiendo las columnas, son: *inmigrante, imposible, imbécil, inminente, innecesario, empecinar, enmendar, amnistía, envidiable, inmobiliario, desenvuelto, comparación, embalse, campero, ámbar, circunnavegar, ennegrecido, embarcarse, embarrancar, enmudecer, inconmensurable, incompetente, conmutación, connotación, circunvecino, tambor, inmovilidad, empinar, convento, bambalina, circunspección, enmarañar, innoble, bambú.*

3▷ La reflexión sobre el ejercicio anterior debería ser la siguiente:

Delante de *b* ha escrito *m*
Delante de *p* ha escrito *m*
Delante de *m* ha escrito *n*
Delante de *n* ha escrito *n*

Escribir *n* delante de *m*, o delante de *n*, contradice la regla de que se escribe *m* ante *n* como alumno, siempre que estos dos sonidos se encuentren juntos. Porque las palabras del ejercicio anterior son derivadas con prefijos acabados en *n-* (*in-, en-, con-, sin-*). Sólo delante de *b* y de *p*, se sustituye la *n* por la *m*.

4▷ Las palabras derivadas son: *impopular, conmoción, involuntario, inmemorial, embarrar, compadre, compaginar, embaldosar, impensable, circumpolar, embarullar, convecino, innoble* o *ennoblecer, convivir* o *convivencia, enmadejado* o *enmadejar, inmóvil* o *inmovilizar, envarar* o *envarado, innombrado* o *innombrable.*

5▷ Las palabras enlazadas de este ejercicio son: *inválido, omnipresente, embaldosar, reconversión, nombrar.*

El problema de la letra *r* es que puede representar dos sonidos, el vibrante suave o simple y el vibrante fuerte o múltiple. Este último es muy difícil de pronunciar por los hablantes de origen extranjero. Además es fuente de dificultades fonéticas individuales. La posición que estos sonidos ocupen en la sílaba (inicial, intermedia, final) incide en la pronunciación y es importante para determinar su grafía.

1 ► Se escribe *rr* representando el sonido vibrante fuerte solamente cuando éste va entre vocales:

arrancar	correr	arrojadizo
arremeter	aberración	carrera
arroz	aburrido	arriba
herramienta	arrebato	burro
horror	corrupto	terreno
derribar	sierra	perro

2 ► Se escribe *r* para representar el sonido vibrante suave sea cual sea su situación. Este sonido nunca aparece a principio de palabra:

caracol	armario	guardia
cariño	hormiga	perder
araña	prado	cubrir
oruga	brazo	acudir
garabato	trozo	amor
cera	corneta	sirena

3 ► Se escribe *r* para representar el sonido vibrante fuerte a principio de palabra:

rosa	razón	río
rata	ruta	resto
rojo	redondo	reo
risa	régimen	reloj
rubio	rumba	radio

4 ► Se escribe *r* cuando el sonido vibrante fuerte va precedido por las consonantes *l*, *n*, *s* y después de los prefijos *ab-*, *sub-*, *pos-*, *post-*. La *r* suena fuerte cuando no forma sílaba con la consonante precedente y la vocal siguiente. Obsérvese la diferencia entre *abrazo* y *subrayar* (*a-bra-zo* y *sub-ra-yar*):

alrededor	posromántico
milrayas	postrenacentista
enredadera	abrogar
enredo	subrogar
honra	subrayar

desriñonar	israelí
desrielar	enrolar

5▶ Los prefijos acabados en vocal al unirse con palabras que empiezan por *r* dan *rr*. Igual ocurre con palabras compuestas que cumplan las mismas condiciones:

contrarrevolución	pelirrojo
neorrealismo	irreligioso
neorrenacentista	irreverente
neorromántico	irresponsable
contrarreforma	irremediable
pararrayos	contrarreloj
guardarropía	surrealismo

RECUERDE que para distinguir los dos sonidos de la *r* es importante tener un conocimiento claro de la separación silábica. La posición a principio de sílaba, en medio o al final, incide tanto en la pronunciación como en la escritura de esta letra.

▷1 Complete este fragmento del texto de Nicolás Guillén, «Tengo», sustituyendo la raya por *r* o *rr*, según corresponda:

> Tengo, vamos a ve__,
> que no hay gua__dia __u__al
> que me aga__e y me encie__e en un cua__tel,
> ni me a__anque y me a__oje de mi tie__a
> al medio del camino __eal.

▷2 Escriba palabras derivadas de las siguientes a partir de los prefijos *contra-*, *neo-*, *sub-*, *pre-*, *sin-*, *en- (rosca-enroscar)*:

rico	_____	reembolso	_____
rayar	_____	réplica	_____
rogar	_____	brigadier	_____
reloj	_____	románico	_____
rafaelista	_____	rancio	_____
razón	_____	rareza	_____

▷3 Escoja la opción correcta de las alternativas que se presentan entre paréntesis:

> Mi hermanito (Enrrique/Enrique) no hace más que (enrredar/enredar).
> Dalí es un pintor (subrealista/surrealista).
> Los altos cargos tienen ciertas (prerrogativas/prerogativas).
> Se puso un traje (milrrayas/milrayas) y se fue de paseo.
> María (subrrogó/subrogó) el contrato del piso a su hijo.
> El (subrrigadier/subrigadier) fue degradado por su mal comportamiento.
> Nunca pasa nadie por los (alrrededores/alrededores).
> Ya le mandaré la (contrarréplica/contraréplica) por escrito.

▷4 Haga el siguiente crucigrama:

> 1 Se considera la parte esencial de un bar.
> 2 Resaltar.
> 3 Civilizaciones anteriores a la dominación romana.
> 4 Se considera un atributo exclusivo de la especie humana.

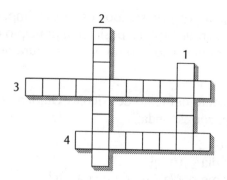

5 ▷ Escriba encima de _r_ o _rr_ la letra _f_ (de _fuerte_) o _s_ (de _suave_), según sea el caso:

Me armé de valor para poder dar una noticia tan triste a los interesados.
El enredo que provocó Enrique irritó a sus padres.
¡Qué rabia! y ¡qué horror!
El jefe no se regía por reglas sino por arrebatos.
Este recinto requiere un arreglo riguroso.
Alrededor de la enredadera crecen malas hierbas.
Durante aquella excursión a la pradera, vimos un zorro capturar a un ratón.
Algunos pastores acostumbran poner cencerros a sus reses, cabras y borregos.
Remontarse a los tiempos de los torneos protagonizados por caballeros con armadura suele ser un escape para los románticos.
Para evitar las agruras, el médico le recomendó no consumir irritantes.
Un buen barniz resalta las vetas de las maderas finas.

▷ Las palabras de Nicolás Guillén que faltaban por completar son: _ver, guardia, rural, agarre, encierre, cuartel, arranque, arroje, tierra, real._

▷ Las palabras derivadas que convienen aquí son:

enriquecer   contrarreembolso
subrayar   contrarréplica
prerrogativa   subrigadier
contrarreloj   prerrománico
prerrafaelista   enranciar
sinrazón   enrarecer

▷ Las opciones correctas son: _Enrique, enredar, surrealista, prerrogativas, milrayas, subrogó, subrigadier, alrededores, contrarréplica._

▷ La solución al crucigrama es la siguiente:

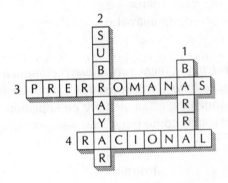

▷ Los sonidos fuertes de la _r_ son los de las palabras: _enredo, Enrique, irritó, rabia,_ la primera de _horror, regía, reglas, arrebatos, recinto,_ la primera de _requiere, arreglo,_ la primera de _riguroso,_ la primera de _alrededor,_ la primera de _enredadera, zorro, ratón, cencerros, reses, borregos,_ la primera de _remontarse, románticos, recomendó, irritantes, resalta._ Los sonidos suaves de la _r_ son los de las palabras: _armé, valor, para, poder, ir, dar, triste, interesados, provocó, padres,_ la segunda de _horror, por,_ la segunda de _requiere,_ la segunda de _riguroso,_ la segunda de _alrededor,_ la segunda de _enredadera, crecen, hierbas, durante, excursión, pradera, capturar, pastores, acostumbran, cabras,_ la segunda de _remontarse, torneos, protagonizados, por, caballeros, armadura, ser, para, evitar, agruras, consumir, barniz, maderas._

Hay cierta confusión entre estas letras a final de palabra o de sílaba debido a que la *d* final tiende a pronunciarse en la zona centro de España como *z* y en la zona de influencia catalana, y otras, como *t*.

1 ▶ Se escriben con *t* final solamente algunas palabras de origen extranjero (la regla general es que en español no hay palabras acabadas en *t*); algunas admiten doble grafía (→ el apartado *Palabras con dos grafías*). En la edición de 1992 del *Diccionario de la Real Academia Española de la Lengua* no se admiten las palabras *cabaret, carnet, parquet, bufet, ticket*, a pesar de ser muy usadas estas grafías, sino las formas *cabaré, carné, parqué, bufé, tique*. Las más usadas son:

chalet/chalé	ballet	robot
argot	accésit	fuet
boicot	debut	complot
entrecot	fagot	magníficat
vermut/vermú	spot	set
superávit	zigurat	azimut
jet	tarot	test
salacot	talayot	déficit

2 ▶ Se escribe *t* delante de *l, m* y *n*, menos en *adlátere, adminículo, administrar, admirar, admitir, admonición, cadmio* y sus derivados y compuestos. Tanto la *t* como la *d*, delante de estas consonantes, están siempre en situación final de sílaba, salvo en algunas palabras mexicanas como *tlachique, tlacoyote, tlapalería*, etc.:

atlante	algoritmo	atmósfera
atlántico	arritmia	istmo
atlas	aritmética	logaritmo
atleta	leitmotiv	etnia
decatlón	ritmo	vietnamita

3 ▶ Se escriben con *d* final las palabras que en plural dan la terminación *des*, como *abad*, cuyo plural es *abades*:

adalid	amistad	altitud
bondad	casualidad	ciudad
densidad	entidad	esclavitud
finalidad	juventud	mitad
sanidad	seguridad	voluntad

4 ▶ Se escribe con *d* la forma imperativa plural *(levantad)*; es muy frecuente usar incorrectamente el infinitivo *(levantar)* en funciones de imperativo. Si al imperativo plural se le une el pronombre *os*, la *d* se pierde *(levantaos)*:

aprended	convenced	callaos
sostened	conseguid	convenceos
callad	impulsad	consideraos
corred	rezad	acostaos
pensad	confesad	acercaos

5 ▶ Se escriben con *z* final las palabras cuyo plural da la terminación *ces*, como *hoz*, cuyo plural es *hoces*:

pez	paz	cruz
arroz	capaz	veraz
veloz	rapaz	maíz
voz	feroz	torcaz
coz	voraz	avestruz

RECUERDE que los hablantes de ciertas zonas tienden a confundir estos sonidos consonánticos, sobre todo a final de palabra. Procure identificar cuál es su caso y haga los ejercicios que correspondan.

1▷ Sustituya los huecos por la palabra adecuada:

Veraneaba en un _____ de la Sierra, que tiene una hermosa piscina y cinco hectáreas de jardín.

Presentaron en TV-1 un _____ publicitario rodado en el Polo Norte.

Para entrar en el local hay que mostrar el _____ de socio.

Antes de ser admitido en la empresa le hicieron cumplimentar un _____ de personalidad.

Las tres modelos debutantes se pusieron enfermas el mismo día del _____.

Iba completamente vestida de safari; en la cabeza llevaba el típico _____.

Puso en el suelo un _____ de maderas de distintos tonos.

Aquel atentado fue un _____ urdido por la fracción revolucionaria de los coroneles.

En el Mercado Central dejaron de comprar fresas francesas para responder al _____ de los franceses a las fresas españolas.

Hace cinco años que no hay superávit; el _____ aumenta lamentablemente desde entonces.

2▷ Sustituya la raya por *t* o *d*, según corresponda:

a__mirador
rí__mico
a__ministrable
e__nografía
logari__mo
a__misible
penta__lón
equi__na

a__misión
ari__mética
ca__mio
e__nocentrismo
a__letismo
algori__mo
e__nocidio
a__mosférico

norvie__namita
is__mo
a__miración
a__monición
a__las
is__meño
a__lántico
__se-__se

3▷ Cambie al singular las siguientes frases:

Los abades llevaban cruces de oro.

Los problemas de las sanidades públicas radican en que las demandas de atención en los hospitales sobrepasan sus capacidades.

Los ballets rusos tienen mucha fama.

El caballo dio coces y el jinete voces.

Las amistades se hacen por afinidades, no con finalidades.

Las esclavitudes menoscaban la dignidad de los seres humanos.
Las claridades en el lago permiten apreciar los movimientos de los peces.
Los leones son feroces, pero los avestruces veloces.
Verificar las densidades de los gases y las capacidades de los tanques dan seguridades en las refinerías.
La incorporación de unos robots a los sistemas de producción en serie permitió a las fábricas abatir sus déficit.

4▷ Ponga en imperativo plural (*mirad* o *miraos*) las formas de infinitivo que hay entre paréntesis:

(Saludar) a vuestro público cuando acabe la función.
(Invitar) a vuestros amigos extranjeros a que vean la ciudad.
(Aprenderse) de memoria vuestra disertación.
(Lavarse) las manos cuando salgáis del laboratorio.
(Conversar) con vuestros vecinos de mesa porque si lo hacéis con otros será complicado.
(Conservar) la calma cuando os encontréis en situaciones apuradas.
(Comprenderse) los unos a los otros.
(Sentarse), si encontráis sitio.

5▷ Busque en esta sopa de letras las palabras: *anotad, ritmo, salud, fagot, admirar.*

A	C	G	A	B	O	R	F
R	D	A	T	O	N	A	S
F	I	S	L	M	V	R	A
A	N	T	R	I	S	I	T
G	O	E	M	E	V	M	E
O	I	S	E	O	T	D	M
T	R	P	D	U	L	A	S

▷ **1** Las palabras adecuadas para rellenar los huecos de este ejercicio son: *chalet* (o *chalé*), *spot, carné, test, debut, salacot, parqué, complot, boicot, déficit.*

▷ **2** Las palabras completas de este ejercicio, siguiendo las columnas, son: *admirador, rítmico, administrable, etnografía, logaritmo, admisible, pentatlón, equidna, admisión, aritmética, cadmio, etnocentrismo, atletismo, algoritmo, etnocidio, atmosférico, norvietnamita, istmo, admiración, admonición, atlas, istmeño, atlántico, tse-tse.*

▷ **3** Las oraciones en singular de este ejercicio son las siguientes:

El abad llevaba una cruz de oro.
El problema de la sanidad pública radica en que la demanda de atención en el hospital sobrepasa su capacidad.
El ballet ruso tiene mucha fama.
El caballo dio una coz y el jinete una voz.
La amistad se hace por afinidad, no con finalidad.
La esclavitud menoscaba la dignidad del ser humano.
La claridad en el lago permite apreciar el movimiento del pez.
El león es feroz, pero el avestruz veloz.
Verificar la densidad del gas y la capacidad del tanque da seguridad en la refinería.
La incorporación de un robot al sistema de producción en serie permitió a la fábrica abatir su déficit.

▷ **4** Las formas imperativas correspondientes son: *saludad, invitad, aprendeos, lavaos, conversad, conservad, comprendeos, sentaos.*

▷ **5** La localización en la sopa de letras de las palabras señaladas es la siguiente:

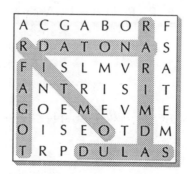

Estas dos consonantes pueden llegar a confundirse cuando van a final de sílaba, por tener varios rasgos comunes en su pronunciación y diferenciarse sólo en que la _b_ es sonora (cuando se pronuncia vibran las cuerdas vocales) y la _p_ no.

1 ▶ Se escriben con _b_ las palabras que empiezan por las sílabas _ab-/abs-_, _ob-/obs-_ y _sub-/subs-_, a excepción de _apsara_, _áptero_, _apto_, _opción_, _óptico_ y _óptimo_, con sus correspondientes derivados:

abjurar	absceso
abducción	abscisa
abnegar	abstruso
obtener	objeto
obcecar	obscurecer
subscribir	subjetivo
subterráneo	subversión

2 ▶ De las palabras incluidas en la regla anterior, algunas de las que llevan la sílaba _obs-_ y todas las que llevan _subs-_, aunque admiten doble ortografía, suelen simplificarse (→ el apartado _Palabras con dos grafías_):

obscuro	oscuro
obscurantista	oscurantista
obscurecer	oscurecer
obscuridad	oscuridad
obscurantismo	oscurantismo
subscriptor	suscriptor
substancia	sustancia
substituir	sustituir
substraer	sustraer
substrato	sustrato

3 ▶ Se escriben con _b_ en final de sílaba algunas palabras que no se acogen a ninguna regla general:

nabab	aeroclub
robda	esnob
club	videoclub
rob	baobab
mihrab	coulomb

4 ▶ Se escriben con _p_ los prefijos _hept-/hepta-_, que en griego significa 'siete', y _sept-/septi-_, que en latín significa 'siete':

heptasílabo	séptimo
heptaedro	séptuplo

Uso de *p* y *b*

heptágono	septeto
heptámetro	septenario
heptacordo	septuplicar

5▶ De las palabras incluidas en la regla anterior, las que derivan de *septe-*, aunque admiten la doble ortografía, a veces se simplifican (→ el apartado *Palabras con dos grafías*):

séptimo	sétimo
septiembre	setiembre
septena	setena
séptuplo	sétuplo
septeno	seteno
septenario	setenario

6▶ Se escriben con *p-* en posición final de sílaba, además de las excepciones de la regla 1, otras palabras que no admiten ser incluidas en ninguna regla general:

óptico	captar
áptero	aséptico
concepto	reptil
acepción	cápsula
interceptar	aceptar
capcioso	concepción
capturar	recepción
aptitud	óptimo

RECUERDE que la principal dificultad en la escritura entre *p* y *b* suele plantearse cuando alguna de estas consonantes va colocada a final de sílaba.

1 ▷ Lea en voz alta las palabras siguientes e intente después, sin necesidad de mirarlas, transcribirlas correctamente:

abstinencia	subsuelo	abjurar
abstracto	abdicar	objeto
absurdo	abdomen	subjetivo
obsceno	subdesarrollo	obturar

2 ▷ Sustituya la raya por *p* o *b*, según corresponda:

su__terfugio	a__solver	ado__ción
o__tar	a__sorber	o__timista
eli__sis	susce__tibilidad	crí__tico
egi__cio	ó__tica	o__tuso
su__teniente	coo__tar	conce__to
se__ticemia	co__to	a__domen
o__strucción	su__strato	ru__tura
a__soluto	o__cional	su__marino
epilé__tico	ca__tación	o__tativo
quiró__tero	o__stinado	sé__timo

3 ▷ Complete esta fuga de consonantes de las palabras definidas que siguen a cada definición:

El insecto que no tiene alas es á__ __e__o.

Apresar al que se persigue: __a__ __u__a__.

Si uno no bebe alcohol lo es: a__ __ __e__io.

La acción de abonarse a una publicación periódica es una __u__ __ __i__ - __ió__.

De la pregunta planteada con habilidad para engañar a alguien o para ponerlo en un apuro se puede decir que es una pregunta __a__ __io__a.

¿Cómo se llama la parte abovedada de un templo que sobresale hacia afuera en la fachada posterior? Á__ __i__e.

¿Qué nombre recibe cada uno de los dos extremos del eje mayor de la órbita descrita por un astro? Á__ __i__e.

Si se suprime una o más palabras en una frase sin alterar su sentido, se produce una e__i__ __i__.

Al cortar oblicuamente un cono con un plano que afecte a todas sus generatrices resulta una curva cerrada y plana, ¿cómo se llama esta curva? E__i__ __e.

Forme las familias de palabras de cada una de la siguiente lista:

apto	oscuridad	obcecar
óptimo	óptica	optar
abnegar	obsequio	subjetivo
obturar	asepsia	objetivo
obstetricia	absolver	obsesión
abstraer	observar	abstener

5. En las frases siguientes, tache la palabra que no sea la apropiada:

a) No captó/cató el verdadero sentido de la película.
b) No quiso captar/catar el melón hasta que no estuvieran todos en la mesa.
c) Ha sido considerado acto/apto para todo tipo de ejercicios.
d) Los tres aptos/actos de la comedia no estaban bien engarzados.
e) Estas cápsulas/cláusulas se han de tomar después de las comidas.
f) No entiendo esta cápsula/cláusula del contrato.
g) Pasamos un buen rapto/rato con tus amigos en la fiesta.
h) Los autores del rapto/rato todavía no han sido detenidos.
i) El tribunal no absolvió/absorbió al acusado.
j) (coctos/coptos) se llama a los cristianos de Etiopía y Egipto.
k) El equipo electromecánico de esa empresa está (obsoleto/opsoleto).
l) Porque se burló de él, el (supteniente/subteniente) arrestó al sargento.

6. Resuelva este crucigrama:

1 Tener una idea fija.
2 Se dice de lo que no tiene luz (plural).
3 Sinónimo de cosa, especialmente de la que es material.
4 Acción de secuestrar a alguien (plural).

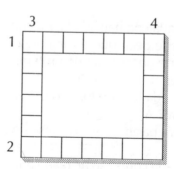

▷ Si cometió algún fallo ortográfico, escriba de nuevo la palabra correcta y trate de repetírsela mentalmente hasta tener la seguridad de haberla asimilado.

▷ Las palabras completas de este ejercicio, siguiendo las columnas, son: *subterfugio, optar, elipsis, egipcio, subteniente, septicemia, obstrucción, absoluto, epiléptico, quiróptero, absolver, absorber, susceptibilidad, óptica, cooptar, copto, substrato, opcional, captación, obstinado, adopción, optimista, críptico, obtuso, concepto, abdomen, ruptura, submarino, optativo, séptimo.*

▷ Las palabras completas son las siguientes: *áptero, capturar, abstemio, suscripción, capciosa, ábside, ápside, elipsis, elipse.*

▷ Familias de palabras: *apto: aptitud, apteza; óptimo: optimismo, optimista, optimizar; abnegar: abnegación; obturar: obturación, obturador; obstetricia: obstetra, obstétrico; abstraer: abstracto, abstraccionismo, abstracción; oscuridad: oscurecer; óptica: optometría, panóptico; obsequio: obsequioso; asepsia: aséptico, antiséptico; absolver: absolutorio, absolución; observar: observación, observador, observatorio; obcecar: obcecación, obcecado; optar: opción, opcional, optativo; subjetivo: subjetividad, subjetivismo; objetivo: objetividad, objetivar, teleobjetivo, obsesión: obseso, obsesivo; abstener: abstención, abstencionista.*

▷ Las palabras correspondientes al ejercicio número cuatro son la siguientes:

a) captó
b) catar
c) apto
d) actos

e) cápsulas
f) cláusula
g) rato
h) rapto

i) absolvió
j) Coptos
k) obsoleto
l) subteniente.

▷ La solución del crucigrama es la siguiente:

	3					4
1	O	B	C	E	C	A	R
	B					A
	J					P
	E					T
	T					O
2	O	S	C	U	R	O	S

La acentuación

MIENTRAS que en la ortografía de las letras no puede hablarse de reglas exactas, en la ortografía del acento las reglas no dejan lugar a la arbitrariedad. Para establecer estas reglas es necesario recordar primero una serie de conceptos básicos: qué es el acento, qué palabras son átonas y cuáles tónicas, etc.

Se llama *acento prosódico* o *de intensidad* a la mayor fuerza de voz con que se pronuncia una sílaba en relación con las contiguas. La sílaba así destacada se llama *acentuada* o *tónica*, mientras que las otras, por contraste, serán *inacentuadas* o *átonas*. En la palabra *ma-ce-ta*, la sílaba tónica, la que más suena, es la segunda, mientras que las otras dos restantes, pronunciadas más débilmente, son átonas. En *Me lo dio*, la sílaba tónica es la última *(dio)*, mientras que las contiguas son átonas.

Si bien consideradas aisladamente todas las palabras tienen acento prosódico, cuando forman parte de la cadena hablada algunas parecen perderlo. En el ejemplo anterior pronunciamos las tres palabras como si fueran una sola *(melodió)*, gracias a que las dos primeras, por pronunciarse con menos fuerza, parece que se apoyan en el verbo y que forman con él un grupo de sonidos. Semejante fenómeno permite clasificar también las palabras de la cadena hablada en *tónicas* y en *átonas*. Esta división está relacionada en gran medida con la categoría gramatical de las palabras y con sus posibilidades para formar enunciados por sí solas. El pronombre *tú* es tónico, puede aparecer como única palabra de un enunciado *(¡Tú!)*; en cambio, *te*, también pronombre personal, por ser átono, tiene que tener siempre una función complementaria y depender de otra palabra (de un verbo en su caso: *Te vi, Te lo di*, etc.).

Son palabras normalmente inacentuadas o átonas: los artículos *(el, la, lo...)*, las preposiciones *(a, de, por, en...)*, varias conjunciones *(y, e, ni, que...)*, los posesivos que preceden al nombre *(mi, tu, su...)*, algunos pronombres personales *(me, te, se, le, lo, la...)*, los relativos *(que, quien, como, donde, cuando...)*, unos pocos adverbios *(tan, aun...)*, ciertos nombres de tratamiento *(don, san, fray...)*, los primeros elementos, nominales o adjetivos, de las expresiones vocativas *(¡Señor López!, ¡Mala madre!...)*, etc.

Las palabras átonas, como decimos, no pueden aparecer aisladamente; necesitan apoyarse en las palabras vecinas. En *Dámelo* formamos con las tres palabras una sola compuesta por ser los dos pronombres *(me y lo)* palabras átonas que necesitan la contigüidad de una tónica al ser pronunciadas. O en *Te lo da* (pronunciado *telodá*).

Lo mismo ocurre con el artículo en *Los hombres (loshombres)* o con la preposición y el posesivo en *Para tu hermana (paratuhermana)*.

Tomadas por separado, todas las palabras, incluso las habitualmente átonas, tienen acento de intensidad. Tanto en la preposición *para* como en el adverbio relativo *cuando*, por ejemplo, encontramos una sílaba tónica y otra átona; en ambas el acento de intensidad recae en la primera sílaba.

El acento de intensidad no tiene una posición fija en español. Si atendemos a las palabras *término*, *termino* y *terminó*, advertiremos que el acento prosódico puede recaer sobre cualquiera de las sílabas de una palabra, aunque no siempre se represente en la escritura. Su representación (el acento ortográfico) obedece a una serie de reglas que dependen del lugar que ocupa la sílaba tónica dentro de la palabra.

Se llama *acento ortográfico* a la tilde (´) que sirve para marcar la posición del acento de intensidad de algunas palabras. Esta tilde, colocada siempre sobre una vocal, tiene un valor distintivo en la escritura. Gracias a ella distinguimos entre *público* ('conjunto de personas'), *publico* y *publicó* (formas del verbo *publicar*, 'poner algo en conocimiento del público'). Si alteramos el acento de una palabra el resultado puede ser desconcertante para nuestro interlocutor. De ahí la doble necesidad de determinar con claridad dónde recae el acento de intensidad en una palabra y de asimilar correctamente las normas que regulan su representación gráfica, para evitar perturbaciones en la comunicación escrita.

Las palabras, según el lugar que ocupa en ellas la sílaba tónica, pueden clasificarse en *agudas*, *llanas* y *esdrújulas*. Las agudas u oxítonas tienen el acento de intensidad en la última sílaba (*cantar, razón, sofá*); las llanas o paroxítonas en la penúltima (*silla, árbol, maceta*) y las esdrújulas o proparoxítonas en la antepenúltima (*caótico, lágrima, cárceles*). En el caso de que por unión de dos o más palabras (verbos seguidos de pronombres átonos) el acento tónico recaiga sobre la sílaba anterior a la antepenúltima o preantepenúltima, la palabra así formada se llamará *sobresdrújula* (*corrígemelo, estúdiatelo, recomiéndasela*).

Como el lugar del acento prosódico en las palabras formadas por varias sílabas puede variar, su representación en la escritura —para no acentuarlas todas ni hacerlo arbitrariamente— está regulada de manera práctica. Mientras que en las palabras esdrújulas (*tarántula, público, cántaro*) y sobresdrújulas (*espaciándoselo, publícaselo, tómatela*) se representa siempre el acento de intensidad mediante la tilde (son las palabras menos frecuentes), en las agudas (*bondad, añadió, cantar*) y en las llanas (*arboleda, fértil, estreno*) no ocurre lo mismo, según ponen en evidencia los ejemplos anteriores y confirman las reglas que vamos a estudiar.

Todas las palabras formadas por una sola sílaba (*monosílabas*) son, lógicamente, agudas y, por regla general, no se acentúan gráficamente. Si algunos monosílabos llevan tilde es para distinguirlos de otras palabras de igual sonido que pertenecen a categorías gramaticales diferentes (*¿Te acuerdas de cuando tomábamos té con menta?*). La diferencia de significado entre *te*, pronombre referido al oyente, y *té*, —infusión—, está marcada en la escritura por la tilde.

Cuando en una palabra aparece un conjunto de dos o tres vocales consecutivas, se producen ciertos fenómenos prosódicos que pueden repercutir en las reglas de acentuación. (De las cinco vocales españolas, tres son fuertes y abiertas —*a, e, o*—, y dos cerradas y débiles —*i, u*—.)

Se llama *diptongo* a la combinación de dos vocales contiguas pronunciadas en un solo golpe de voz. Para que puedan formar diptongo es necesario que las dos sean débiles *(viudo, fluido)* o que siendo una fuerte y la otra débil la fuerza de pronunciación (el acento de intensidad) no recaiga sobre la débil *(amáis, cauta, peine, rueda, viejo)*. La *h* intercalada ni impide ni facilita la formación de diptongo: en *ahumado*, hay diptongo entre la *a* y la *u*; en *tahúr*, no.

Se llama *triptongo* a la combinación de tres vocales contiguas pronunciadas en un solo golpe de voz. Para que puedan formar triptongo es necesario que siendo la primera y la tercera débiles y la de en medio fuerte, la fuerza de voz no recaiga sobre ninguna de las dos débiles *(apreciáis, vaciéis, dioico, cacahuey, Uruguay)*.

Se llama *hiato* a la separación en sílabas distintas de vocales que se encuentran juntas en una palabra. Se produce hiato si dos vocales son abiertas *(hé-ro-e, ca-os, o-cé-a-no)*, si el acento de intensidad recae en la vocal cerrada *(pú-a, dí-a, o-í-as)* o si una débil sin ser tónica se *fortalece* y se pronuncia separada de la contigua, sea ésta abierta *(gui-ón, tru-hán, ri-ó)* o también cerrada *(ru-in, hu-í, ti-i-ta)*.

Finalmente, cabe recordar que como el uso del acento gráfico depende básicamente de la posición de la sílaba tónica dentro de la palabra, se escribirán con acento todas las palabras que tengan que llevarlo, independientemente de la circunstancia de que vayan escritas en mayúsculas o en minúsculas (acentuaremos igual *FERNÁNDEZ* que *Fernández*).

Todas las palabras tomadas por separado tienen acento de intensidad, aunque no todas llevan tilde. Que la lleven o no depende de que las palabras sean agudas, llanas, esdrújulas o sobresdrújulas. Las agudas llevan el acento de intensidad en la última sílaba *(frenesí, esencial)*, las llanas en la penúltima *(difícil, cara)*, las esdrújulas en la antepenúltima *(óvalo, látigo)* y las sobresdrújulas en la preantepenúltima *(pásaselo, trágatela)*.

1 ▶ Las palabras agudas llevan acento ortográfico si terminan en vocal, *n* o *s*:

comerá	patán	además
bebé	comején	francés
guaraní	batín	hachís
dominó	balcón	cayapós
canesú	betún	autobús

2 ▶ Las palabras agudas no llevan acento si son monosilábicas *(pie, can)* ni si terminan en consonante distinta de *n* o *s (sutil, tenaz)*. Tampoco llevan si acaban en los diptongos *ay, ey, oy, uy, au, eu, ou (caray, jersey, Eloy, Espeluy, marramau)* o en *n* o *s* precedida de otra consonante *(chupachups, Isern)*:

tos	afinidad	cacuy
vis	astral	nanay
vals	atril	anoraks
pan	altitud	argots
ya	regaliz	robots

3 ▶ Las palabras llanas llevan acento ortográfico siempre que terminan en cualquier consonante que no sea *n* o *s*:

bíter	imbécil	ónix
bolívar	húsar	fénix
cáncer	carácter	tótem
hábil	cárcel	álbum
árbol	cómic	césped

4 ▶ Las palabras llanas no llevan acento ortográfico si terminan en vocal, en *n* o en *s*:

crema	canon	salas
estufa	examen	casas
saco	orden	pasos
sonajero	volumen	trenes
trampa	origen	sauces

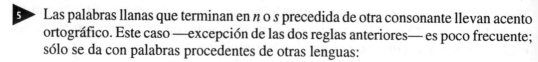

5 ▶ Las palabras llanas que terminan en *n* o *s* precedida de otra consonante llevan acento ortográfico. Este caso —excepción de las dos reglas anteriores— es poco frecuente; sólo se da con palabras procedentes de otras lenguas:

cómics	bíceps	tríceps
fórceps	récords	búnkers
pósters	pólders	tándems
cámpings	afrikáners	bóers
crónlechs	séniors	tráilers

6 ▶ Las palabras esdrújulas llevan siempre acento ortográfico; también las sobresdrújulas:

ábaco	déficit	éxtasis
ópalo	hábitat	páncreas
héroe	láudano	océano
tráeselo	tómatelo	devuélvemela
ídolo	pérfido	lánguido

RECUERDE que todas las palabras esdrújulas y sobresdrújulas se acentúan. Las agudas se acentúan si terminan en vocal, en *n* o *s*, y las llanas únicamente se acentúan si terminan en consonante distinta de *n* o *s*, salvo excepciones.

1▷ Marque las palabras átonas del siguiente texto:

[...] Rosa apoyó la cabeza sobre el palo clavado como un pendón en la punta del Somonte. El viento cantaba en las entrañas del pino seco su canción metálica. Ahora ya lo comprendía Rosa. Era canción de lágrimas, de abandono, de soledad, de muerte.

LEOPOLDO ALAS, CLARÍN, *¡Adiós, Cordera!*

2▷ Marque la sílaba tónica de cada una de estas palabras:

antiséptico	rifirrafe	simbiosis
antropología	nailon	hemorragia
lebrel	huaino	raíl
orégano	opio	océano
percutor	hostelería	propileo
primicia	flúor	esencial
rímel	lascivia	torreón
ebanista	piragua	colibrí
cítara	volcán	aquello
procurar	hipopótamo	receptáculo
nenúfares	regaliz	contento
cantar	harem	neurosis

3▷ Clasifique estas palabras según sean agudas, llanas, esdrújulas o sobresdrújulas:

lección	solía	heroico
cuarto	cohete	reclinatorio
carátula	historia	pan
héroe	cortina	cocuyo
mártir	púa	alabanza
mar	dígamelo	adecuado
ley	estropicio	estuviéramos
establecimiento	nostalgia	periodístico
oval	altísimo	devuélveselo

4▷ Aunque las palabras llanas sean las más frecuentes en español, Rubén Darío, para conseguir cierto efecto rítmico, ha reunido en este texto numerosas palabras esdrújulas. Señálelas.

Ínclitas razas ubérrimas, sangre de Hispania fecun-
[da,

espíritus fraternos, luminosas almas, ¡salve!
Porque llega el momento en que habrán de cantar
[nuevos himnos
lenguas de gloria. Un vasto rumor llena los ámbi-
[tos;
mágicas ondas de vida van renaciendo de pronto;
se anuncia un reino nuevo, feliz sibila sueña,
y en la caja pandórica de que tantas desgracias sur-
[gieron
encontramos de súbito, talismánica, pura, riente,
cual pudiera decirla en sus versos Virgilio divino,
la divina reina de luz, ¡la celeste Esperanza!

RUBÉN DARÍO, «Salutación del optimista»,
en *Cantos de vida y esperanza.*

5▷ Coloque el acento de las palabras agudas que lo requieran según la regla estu-
diada:

acne   jazmin
bambu   debút
convoy   ley
negación   comio
austral   laurel
doctor   virrey
salio   tucan
acimut   descortes
afinidad   perejil
anorak   chale

6▷ Coloque el acento en las palabras llanas que lo requieran según las reglas estudiadas:

huésped   examen
tórax   triceps
aldea   póster
López   terrible
marmol   ángel
Feijoo   campante
castor   hámster
chandal   superávit
clímax   frijol
arraez   totems

7▷ Ponga acento en las palabras que lo requieran y clasifíquelas según sean agudas, llanas o esdrújulas:

parchís	señoron	tobogán
paipay	canon	carter
fórum	fácil	agata
indice	lugubre	aspereza
desesperacion	etica	rey
complot	diccion	baobab
intencional	burlon	fluor
artillería	crisis	collarin
jovenes	láser	exportaciones
fenomeno	juridico	joven
examenes	imagen	pais

8▷ Ponga acento sobre las mayúsculas que lo requieran:

✂ -

CUPON DE INSCRIPCION

(Escribir con letras mayúsculas)

Apellidos: SANCHEZ GONZALEZ

Nombre: ALVARO

Domicilio: ANGELES SAEZ   Nº 32

Localidad: MONTANCHEZ   C.P. __

Provincia: CACERES   Edad 19   Tel. __

Firma: Sánchez

FORMA DE PAGO

☐ Domiciliación bancaria   ☐ Talón nominativo a WWF/ADENA
Nombre: RAUL SANCHEZ PEREZ   ☐ Juvenil (hasta 17 años) __ — 2.500 ptas/año
Banco: ATLANTICO   ☐ Adultos __ — 4.000 ptas/año
Dirección: VELAZQUEZ, 17   ☐ Colaborador
    (cuota voluntaria) 4.000 ptas/año
Población: MONTANCHEZ
Provincia: CACERES   C.P __   ☐ Donación (aportación única) __ ptas.

Entidad | Oficina | D.C. | Núm. Cuenta

Firma: Sánchez

9▷ Hágase dictar (o en su defecto, copie) las palabras que siguen. Tenga presente las reglas de acentuación:

césped	pagábamelo	camisería
extorsionista	marabunta	querendón

imaginario	gentil	hemofilia
dulzaina	satrapía	remanso
tortícolis	ópalo	estriado
módico	morfinómano	sapotácea
entregábatelo	incomodidad	tortuoso
náhuatl	acuario	pómez
islamismo	donación	lunático
hincapié	crisantemo	chaflán

1▷ Las palabras átonas son: *la* (la cabeza), *sobre el* (sobre el palo), *como un*, *en la*, *del*, *el*, *en las*, *del*, *su*, *ya lo*, *de* (cuatro veces).

2▷ El resultado de este ejercicio, siguiendo las columnas, es el siguiente: anti*sép*tico, antropolo*gí*a, le*brel*, o*ré*gano, percu*tor*, pri*mi*cia, *rí*mel, eba*nis*ta, *cí*tara, procu*rar*, ne*nú*fares, can*tar*, rifi*rra*fe, *nai*lon, *hua*ino, *o*pio, hostele*rí*a, *flú*or, las*ci*via, pi*ra*gua, vol*cán*, hipo*pó*tamo, re*ga*liz, ha*rem*, sim*bio*sis, hemo*rra*gia, ra*íl*, o*cé*ano, propi*le*o, esen*cial*, torre*ón*, coli*brí*, a*que*llo, recep*tá*culo, con*ten*to, neu*ro*sis.

3▷ Agudas: *lección, mar, ley, oval, pan.* Llanas: *cuarto, mártir, establecimiento, solía, cohete, historia, cortina, púa, estropicio, nostalgia, heroico, reclinatorio, cocuyo, alabanza, adecuado.* Esdrújulas: *carátula, héroe, altísimo, estuviéramos, periodístico.* Sobresdrújulas: *dígamelo, devuélveselo.*

4▷ Esdrújulas: *ínclitas, ubérrimas, espíritus, ámbitos, mágicas, pandórica, súbito, talismánica.*

5▷ Tienen que llevar acento: *acné, bambú, negación, salió, jazmín, debú* (también se dice *debut*, que no se acentúa), *comió, tucán, descortés, chalé* (también se dice *chalet*, que no se acentúa).

6▷ Tienen que acentuarse: *huésped, tórax, López, mármol, chándal, clímax, arráez, tríceps, póster, ángel, hámster, superávit, fríjol* (también puede decirse *frijol*), *tótems* (también se dice *tótemes*).

7▷ Son agudas: *parchís, paipay, desesperación, complot, señorón, dicción, burlón, tobogán, rey, baobab, collarín, país.* Son llanas: *fórum, intencional, artillería, canon, fácil, crisis, láser, imagen, cárter, aspereza, flúor, exportaciones, joven.* Son esdrújulas: *índice, jóvenes, fenómeno, exámenes, lúgubre, ética, jurídico, ágata.*

8▷ Palabras que tienen que llevar acento: *CUPÓN, INSCRIPCIÓN, SÁNCHEZ, GONZÁLEZ, ÁLVARO, ÁNGELES, SÁEZ, MONTÁNCHEZ, CÁCERES, RAÚL, SÁNCHEZ, PÉREZ, ATLÁNTICO, VELÁZQUEZ.*

9▷ Si falló al escribir alguna de las palabras, repase las reglas.

Cuando en una palabra aparece un conjunto de dos o tres vocales consecutivas, se producen ciertos fenómenos prosódicos que pueden repercutir en las reglas de acentuación: el *diptongo* —combinación de dos vocales contiguas pronunciadas en un solo golpe de voz—, el *triptongo* —combinación de tres vocales seguidas pronunciadas en una sola sílaba— y el *hiato* —separación en sílabas distintas de vocales que se encuentran juntas en una palabra.

1 ▶ Los diptongos llevan acento ortográfico si les corresponde según las reglas generales; la tilde se coloca siempre sobre la fuerte o sobre la segunda vocal en el caso de estar formado por dos débiles.

hincapié	alféizar	acuífero
bonsáis	estiércol	murciélago
jerséis	huésped	Cáucaso
ciénaga	acuático	lingüística

2 ▶ No llevan acento ortográfico —excepción a la regla anterior— las palabras agudas terminadas en los diptongos *ay, ey, oy, uy, au, eu, ou.* (Estos dos últimos casos sólo aparecen en apellidos y nombres de lugar de origen catalán y en los monosílabos *bou*, también de origen catalán, y *COU*, palabra formada por siglas.):

guirigay	mamey	convoy
nanay	cacahuey	rentoy
carau	jersey	cucuy
Aribau	Bayeu	Masnou

3 ▶ Los triptongos llevan acento ortográfico si les corresponde según las reglas generales. La tilde se coloca siempre sobre la vocal fuerte.

actuáis	apreciáis	adecuéis
cambiáis	huaico	huairuro
Paraguay	Uruguay	dioico
aguáis	rabiáis	buey

4 ▶ Los hiatos de los grupos formados por dos vocales fuertes sólo llevan tilde cuando lo exigen las reglas generales:

oasis	canoa	aéreo
deseo	oceánico	caótico
roen	Sáez	paseábamos
arreó	zoólogo	cohete

5 ▸ Los hiatos que afectan a una vocal cerrada combinada con otra abierta se marcan siempre poniendo tilde sobre la tónica, aunque se contravengan las reglas generales:

reúno	sabía	bohío
actúo	fió	pío
frió	rió	roíais
Caín	sacaríais	sitúe
maúlla	crió	reí

6 ▸ Los hiatos que afectan al grupo formado por dos débiles se marcan con tilde sobre la tónica sólo si lo exigen las normas generales:

ruina	jesuítico	casuística
huí	fluir	cuida
casuista	huido	tiita
Rociito	altruista	construí

Débiles : i — u

Fuertes. a — e — o

RECUERDE que la principal dificultad de acentuación de las combinaciones vocálicas reside en saber cuándo forman diptongo, triptongo o van en hiato. Respecto a los hiatos entre dos vocales débiles, advierta que en la práctica sólo se acentúan si caen en posición aguda o esdrújula.

1▷ Separe en sílabas las palabras siguientes:

ahíto	oíais
ruin	truhán
maestría	prehelénico
solíais	leía
sahumerio	huían
maíz	diurno
apreciáis	río
neutro	acostumbráis
riendo	Raúl

2▷ Clasifique las siguientes palabras según su número de sílabas (monosílabas, bisílabas, trisílabas...):

Sión	adecuo
huí	pío
crié	caído
pie	rió
hoy	María
García	guión
huida	pión
freí	fui
frió	pió
ríe	reído
dio	sea

3▷ Resuelva el silabagrama y tendrá una lista de catorce palabras con otros tantos ejemplos distintos de diptongo:

HORIZONTALES

1 Hombre a quien se le ha muerto la esposa.
2 Sonido desagradable.
3 Cáscara alargada de algunas semillas.
4 Por su seno fluyen aguas.
5 El país de nacimiento.
6 Después del tres pero antes del cinco.

7 Utensilio con púas para poner los pelos en orden.

8 Procedimiento de pesca que consiste en arrastrar una red por las aguas cercanas a la costa.

9 Forma del verbo ver.

10 Árbol originario de Australia cuyas hojas tienen efectos balsámicos.

11 Lo contrario de nuevo.

12 A las viviendas se suele entrar por ella.

13 Se dice de aquello que no tiene interrupción.

14 Forma del verbo ir.

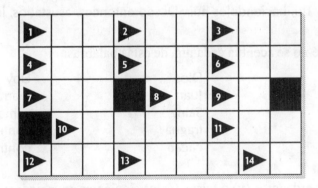

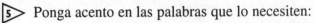 Justifique el acento en cada una de estas palabras:

poliéster	oí
atribuí	reír
mío	triángulo
benjuí	acuífero
leído	teníamos
aúlla	cahuín
averiguáis	capicúa
insinúan	rehúye
baúl	huésped

5 ▷ Ponga acento en las palabras que lo necesiten:

El convoy continuo su trayecto.

Esta composicion no se adecua a las normas establecidas.

¿Insinua que el guion no esta bien desarrollado?

El gorrion pio toda la tarde desde la rama del alamo.

La mies es mucha pero el mayoral no esta satisfecho.

Frie los frijoles que le fio el tendero.

Se llevo el cuevano para llenarlo de alberchigos.

Fui el hazmerreir de la fiesta.

Ejercitarse de manera continua es basico para adquirir condicion fisica.

El buho es muy utilizado en el lenguaje simbolico; no asi el gorrion, pues resulta ambiguo.

Oimos que como el establo se incendio, la policia evacuo los alrededores.

Ciertas prendas de poliester acentuan las lineas del cuerpo.

Antes, los jovenes rehuian la ropa vieja; hoy disfrutan usando pantalones raidos.

Si apreciais vuestros pellejos no rondeis por la cienaga, dijo aquel truhan a los niños y rio, haciendolos huir. Desde entonces, asustados, le rehuyen.

6▷ Diga por qué no se acentúa cada una de estas palabras:

huid	Dios	Eloy
dio	Juan	marramau
evacuo	Sainz	camafeo
ambiguo	fragua	contiguo
exangüe	cacau	contingencia

7▷ Diga si son verdaderos (v) o falsos (f) los siguientes enunciados:

a) En *había* tenemos un ejemplo de diptongo. ☐

b) *Bohío* es una palabra trisílaba. ☐

c) *Aribau* no lleva acento por ser palabra llana terminada en vocal. ☐

d) *Huido* tiene que llevar acento para marcar el hiato. ☐

e) No debe ponerse tilde en *reír* por ser palabra aguda terminada en *r*. ☐

f) Puesto que *despreciáis* contiene un triptongo, *veríais* también. ☐

g) En la palabra *viático* no hay hiato. ☐

h) Aunque sea aguda terminada en -s, *chupachups* no tiene que llevar acento. ☐

▷ **1** La correcta separación en sílabas de las palabras del ejercicio primero es la siguiente:

a-hí-to

ru-in

ma-es-trí-a

so-lí-ais

sahu-me-rio

ma-íz

a-pre-ciáis

neu-tro

ri-en-do

o-í-ais

tru-hán

pre-he-lé-ni-co

le-í-a

hu-í-an

di-ur-no

rí-o

a-cos-tum-bráis

Ra-úl

▷ **2** La clasificación según el número de sílabas de las palabras del ejercicio segundo es la siguiente: palabras monosílabas: *pie, hoy, dio, fui*; palabras bisílabas: *Sión, huí, crié, freí, ríe, pío, rió, guión, pión, pió, sea*; palabras trisílabas: *García, huida, adecuo, caído, María, reído*.

▷ **3** La solución del silabagrama es la siguiente:

▶1	VIU	DO	▶2	RUI	DO	▶3	VAI	NA
▶4	CAU	CE	▶5	PA	TRIA	▶6	CUA	TRO
▶7	PEI	NE			▶8	BOU	▶9	VIO	
	▶10	EU	CA	LIP	TO	▶11	VIE	JO
▶12	PUER	TA	▶13	CON	TI	NUO	▶14	VOY

▷ **4** La solución al cuarto ejercicio es la siguiente:

Por ser agudas acabadas en vocal, *n* o *s*: *atribuí, benjuí, averiguáis, cahuín*.

Por ser llanas acabadas en consonante distinta de *n* o *s*: *poliéster, huésped*.

Por ser esdrújulas: *acuífero, triángulo*.

Para marcar el hiato: *mío, leído, aúlla, insinúan, baúl, oí, reír, teníamos, capicúa, rehúye*.

105

5> Las palabras que deben llevar acento son: *continuó*; *composición*; *insinúa, guión, está*; *gorrión, pió, álamo*; *está*; *fríe, fríjoles* (también vale *frijoles*), *fió*; *llevó, cuévano, albérchigos*; *hazmerreír, básico, condición, física*; *búho, simbólico, así, gorrión*; *oímos, incendió, policía, evacuó*; *poliéster, acentúan, líneas*; *jóvenes, rehuían, raídos*; *apreciáis, rondéis, ciénaga, truhán, rió, haciéndolos, rehúyen.*

6> La solución al sexto ejercicio es la siguiente:

Por ser agudas acabadas en consonante distinta de *n* o *s*: *huid*.
Por ser agudas y terminar en diptongos que son excepción a la regla general: *cacau, Eloy, marramau.*
Por ser monosílabas: *dio, Dios, Juan, Sainz* (también se puede encontrar el apellido *Sáinz*, palabra llana acabada en consonante).
Por ser llanas acabadas en vocal o en consonante distinta de *n* o *s*: *evacuo, ambiguo, exangüe, fragua, camafeo, contiguo, contingencia.*

7> La solución del séptimo ejercicio es la siguiente:

a) F En *había* se produce hiato entre las dos vocales contiguas.

b) V *bo-hí-o.*

c) F Es aguda terminada en el diptongo *au.*

d) F El grupo *uí* sólo marca ortográficamente el hiato cuando va en la última o en la antepenúltima sílaba; por eso a veces puede confundirse con el diptongo *ui.*

e) F Se pone acento para marcar el hiato, aunque se contravenga la regla general: *reír.*

f) F En *des-pre-ciáis*, sí hay triptongo; en *ve-rí-ais*, no, pues queda disuelto por el acento sobre la débil.

g) V *viá-ti-co.*

h) V Es una excepción a la regla general por terminar en grupo consonántico.

La colocación de tilde en las palabras compuestas varía según se trate de compuestos compactos, es decir, que forman una nueva palabra de manera estable, o de compuestos más circunstanciales como sucede con las formas adjetivas unidas por guiones. También se incluyen en este apartado los adverbios terminados en *-mente*, por tratarse de un proceso de formación de palabras que constituye una excepción a las reglas generales de acentuación.

1 Cuando una palabra simple pasa a formar parte de una compuesta pierde la tilde que tuviere si ocupa el primer lugar dentro de la compuesta. Para la palabra resultante rigen las reglas generales de acentuación. Obsérvese el caso de *balompié* y de los siguientes vocablos:

decimoséptimo	asimismo
cefalotórax	tiovivo
encefalograma	oceanográfico
decimocuarto	viandante
sadomasoquismo	judeocristiana
cefalorraquídeo	narcotraficante

2 Algunas palabras, sobre todo adjetivos, pueden unirse ocasionalmente por medio de guiones formando compuestos. En estos casos cada palabra del compuesto mantiene su forma original:

hispano-belga	histórico-crítico
jurídico-laboral	teórico-práctico
físico-químico	navarro-aragonés
filosófico-teológico	cántabro-astur
franco-alemán	económico-social

3 Los adverbios acabados en *-mente* mantienen la acentuación del adjetivo del que proceden:

artísticamente	básicamente
erróneamente	fácilmente
implícitamente	íntegramente
jurídicamente	lógicamente

RECUERDE que para las palabras compuestas rigen las reglas generales de acentuación, a no ser que se trate de compuestos ocasionales unidos con guión.

1 ▷ Ponga acento en las palabras que lo necesiten:

decimotercero	fisico-quimico
economico-social	tiovivo
tardiamente	sucesivamente
hungaro-fines	vaiven
hincapie	anglohablante
decimoseptimo	capitidisminucion
juridico-laboral	fragilmente
curvilineo	eficazmente
musico-vocal	tragicomedia
frivolamente	infecto-contagioso
electromecanico	heliocentrico

2 ▷ Acentúe las palabras que lo requieran en las frases siguientes:

Ultimamente el panorama politico es bastante tragicomico.
Este poema se memoriza facilmente.
Por fin ha salido un metodo teorico-practico verdaderamente util.
Los castizos prefieren llamar balompie al futbol.
El encefalograma me lo van a hacer en la decimocuarta planta del hospital.
Esta es la decimoseptima victoria del equipo de baloncesto.
Esta carta esta erroneamente mecanografiada.
Miguel estudio las consecuencias del pacto germano-sovietico en la Segunda
  Guerra Mundial.

3 ▷ Forme adverbios acabados en -*mente* a partir de los adjetivos siguientes:

ágil	grosero
inútil	lógico
tópico	fugaz
métrico	sutil
fácil	torpe
dulce	suave
completo	abierto

La acentuación correcta de las palabras de este ejercicio es la siguiente:

decimotercero	físico-químico
económico-social	tiovivo
tardíamente	sucesivamente
húngaro-finés	vaivén
hincapié	anglohablante
decimoséptimo	capitidisminución
jurídico-laboral	frágilmente
curvilíneo	eficazmente
músico-vocal	tragicomedia
frívolamente	infecto-contagioso
electromecánico	heliocéntrico

 La correcta acentuación de las palabras del ejercicio es la siguiente:

Últimamente el panorama político es bastante tragicómico.
Este poema se memoriza fácilmente.
Por fin ha salido un método teórico-práctico verdaderamente útil.
Los castizos prefieren llamar balompié al fútbol.
El encefalograma me lo van a hacer en la decimocuarta planta del hospital.
Esta es la decimoséptima victoria del equipo de baloncesto.
Esta carta está erróneamente mecanografiada.
Miguel estudió sobre las consecuencias del pacto germano-soviético en la Segunda Guerra Mundial.

 Los adverbios derivados de los adjetivos del ejercicio son:

ágilmente	groseramente
inútilmente	lógicamente
tópicamente	fugazmente
métricamente	sutilmente
fácilmente	torpemente
dulcemente	suavemente
completamente	abiertamente

Algunos pronombres personales (*me, te, se, nos, os; lo, los, la, las, le, les*) son palabras átonas (→ el tema *La acentuación*) que no pueden aparecer aisladas. Necesitan apoyarse prosódicamente en el verbo al que complementan. Si esas formas preceden al verbo (construcción llamada proclítica), se escriben separadas aunque suenen como una sola palabra: *Te lo compró (telocompró)*. En cambio, si van detrás del verbo (construcción enclítica), forman con él una palabra compuesta: *Cómpratelo*.

1 ▶ Los verbos con pronombres enclíticos conservan la tilde si la llevaban en su forma original aunque, por la regla general, no les corresponda:

déme	diríase	tendríalo
sacóse	crióte	cayóle
devolviólo	amóla	daréte

2 ▶ Los verbos con enclíticos incorporan la tilde si por las reglas generales, al convertirse en palabras esdrújulas o sobresdrújulas, tienen que llevarla:

diciéndome	dáselo	adivínalo
contándonos	míralo	estúdiatelo
devolvérselo	cantárselas	avisándoselo

3 ▶ Las palabras (nombres y adjetivos) compuestas por un verbo con enclítico más complemento se escriben sin la tilde que pudiera llevar el verbo (→ el apartado *Palabras compuestas*):

curalotodo	sabelotodo	rompelotodo
metomentodo	cuentalotodo	comelotodo

4 ▶ La incorporación del enclítico puede suponerle al verbo alguna adaptación ortográfica:

dad + os = daos	partid + os = partíos
amad + os = amaos	id + os = idos (excepción)
casemos + nos = casémonos	llamad + os = llamaos

Formas verbales con enclíticos

RECUERDE que no todas las formas verbales con enclíticos llevan acento gráfico: no se pone si la forma originaria no llevaba y la forma resultante no lo requiere por las reglas generales *(da + me = dame).*

▷ **1** Ponga los acentos que faltan:

hazte	dilo
vete	ponselo
sacatelo	diole
fuese	traelo
acordemonos	vente
recuerdelo	mirala
servios	vedlo
estese	quierelo
cantadla	cuentaselo
deles	riete
dame	salios
callaos	estate
levantaos	temerselo
tenialo	sacalos
vistete	cambienlo
miradlo	quitala
peinese	movialo

▷ **2** Convierta en enclíticos los siguientes enunciados:

Lo iba cantando	_____
La estaba viendo	_____
Te estuve observando	_____
La vi en la plaza	_____
Lo había en todas partes	_____
Se lo fue a decir	_____
Me lo pidió insistentemente	_____
Lo anduvo publicando	_____
Se dijeron de todo	_____
Os pasó rozando	_____
Nos lo dijo ayer	_____
Vamos a entretenerlo	_____
La tendrías que ver	_____
Me iba tropezando	_____
No se debe mover	_____

3▷ Resuelva las siguientes adiciones con una palabra compuesta:

quered + os = _____

unamos + nos = _____

tirad + os = _____

saludad + os = _____

detengan + lo = _____

callad + os = _____

hagamos + nos = _____

pasemos + nos = _____

levanten + se = _____

consentid + os = _____

pintemos + nos = _____

lean + lo = _____

junten + se = _____

rascad + os = _____

sostengan + se = _____

4▷ Forme frases en las que aparezcan, debidamente acentuadas, las palabras que resulten de la unión de los siguientes componentes:

rompe + lo + todo _____

canta + se + la _____

lo + sabe + todo _____

te + lo + propuso _____

confía + se + la _____

hizo + se _____

averigua + lo _____

se + las + dejó _____

pasó + se _____

guarda + te + lo _____

▷ Deben llevar acento: *sácatelo, acordémonos, recuérdelo, servíos, estése, déles, teníalo, vístete, péinense, pónselo, tráelo, mírala, quiérelo, cuéntaselo, ríete, salíos, estáte, temérselo, cámbienlo, quítala, movíalo.*

▷ En los casos de dos soluciones, se proponen las más usuales:

> Iba cantándolo
> Estaba viéndola
> Estuve observándote
> Vila en la plaza
> Habíalo en todas partes
> Fue a decírselo
> Pidiómelo insistentemente
> Anduvo publicándolo
> Dijéronse de todo
> Pasó rozándoos
> Díjonoslo ayer
> Entretengámoslo
> Tendrías que verla
> Iba tropezándome
> No debe moverse

▷ La solución al tercer ejercicio es la siguiente:

> quereos
> unámonos
> tiraos
> saludaos
> deténganlo
> callaos
> hagámonos
> pasémonos
> levántense
> consentíos
> pintémonos
> léanlo
> júntense
> rascáos
> sosténganse

A título de ejemplos, he aquí frases donde se emplean las palabras propuestas debidamente acentuadas:

Este niño es un rompelotodo.
Puesto que te lo pide con tanta insistencia, cántasela de una vez.
No le hagas caso, es un sabelotodo.
Propúsotelo y tú hiciste caso.
Confíale la cartera; confíasela con total tranquilidad.
Después de meditarlo, hízose budista.
Averígualo y quedarás satisfecha.
Se cansó de cuidar esas plantas, así que déjóselas a una vecina.
Pasóse de listo; ahora paga las consecuencias.
Si tienes un secreto, guárdatelo bien.

La principal dificultad que presenta la acentuación de las palabras monosílabas proviene de que algunas de las más frecuentes son homófonas, es decir, suenan igual. Para distinguirlas en la escritura se acentúan una o dos de las dos o tres que coinciden en la misma forma. Este tipo de acento se llama diacrítico.

1 ▶ Los monosílabos no llevan acento ortográfico, salvo el acento diacrítico de las palabras homófonas que veremos en la regla 2:

as	fin
col	luz
dar	sal
faz	cal
hoy	coz
vez	dos
bar	gas
con	pez
don	por

2 ▶ Monosílabos que llevan acento diacrítico:

Sí, cuando es adverbio afirmativo o cuando es pronombre personal frente al *si*, conjunción condicional: *—¿Quieres a Marta por esposa? —Sí, quiero. No estaba seguro de sí mismo. Si acabas de trabajar temprano, iremos al cine.*

Sé, del verbo *saber*, frente a la forma pronominal *se*: *No sé dónde están las llaves. No se debe abusar de la paciencia de los demás.*

Dé, del verbo *dar*, frente a la preposición *de*: *¡Ojalá le dé tiempo de coger el tren de las cinco!*

Té, que significa 'infusión', frente a la forma pronominal *te*: *Esta tarde tomaremos el té con pastas. No te pude contar todo lo que pasó.*

Él, pronombre personal, frente a *el*, artículo: *Todo depende de él. Él no dijo nada. El pan es un alimento básico. El primero en llegar fue Sergio.*

Mí, pronombre personal, frente a *mi*, adjetivo posesivo: *No había ninguna carta para mí. Ven a mi casa cuando quieras.*

Tú, pronombre personal, frente a *tu*, adjetivo posesivo: *Tú tenías razón. Tu perro es muy ladrador.*

Más, adverbio de cantidad, frente a *mas*, conjunción adversativa: *Sólo oyeron el discurso los que estaban más cerca del orador. Pensó en emigrar, mas el apego a su tierra le hizo desistir.*

Normalmente una vocal débil *(i, u)* átona junto con una vocal fuerte *(a, e, o)* tónica forma diptongo, como sucede con las formas verbales monosílabas: *dio, vio, fue*. Sin embargo, en algunas formas verbales parecidas a las anteriores estas agrupaciones vocálicas no diptongan y por tanto dan bisílabos (lo mismo ocurre con los sustantivos *guión, truhán, Sión* y el adjetivo *pión*):

cié	lió
ció	rué
guié	rió
guió	fié
pué	fió
frió	pié
crié	pió
crió	trié
lié	trió

RECUERDE que los monosílabos no se acentúan, salvo los casos que necesitan acento diacrítico para distinguirse de otras palabras homófonas. Los siguientes ejercicios le ayudarán a memorizar estos casos y los de las palabras bisílabas con combinaciones vocálicas que normalmente dan monosílabos.

 Ponga los acentos gráficos que faltan en las siguientes frases:

¡No se que se cree el!
Ya ve salir al rey de los astros, ¡el sol!
Lo vio todo y no le dio importancia: se rio.
Noviembre es el mes mas neblinoso del año.
No fue te lo que nos sirvieron, sino cafe.
Tenia mucha fe en si mismo para poder sortear las dificultades.
A la fiesta de fin de curso fui con el y me divertí mas que el año anterior.
Si tu me dices que si, todo ira bien.
Luis no se fio de tu ayudante; me dijo que hablaba sin ton ni son.
Ella se lio la manta a la cabeza y se fue; mas luego lo penso y volvio.
Maria se crio en el campo, en una casa sin luz electrica ni gas.
Si le pide una baraja, no le de la baraja vieja.
Beatriz guio a Dante por el cielo.

 Separe en dos columnas distintas las palabras en cursiva, según sean monosílabas o bisílabas, y acentúe las que lo requieran:

Se *rio* todo el rato de sus chistes.
No *vio* nada y se *dio* un golpazo.
Juan no remó, sino que *cio* todo el rato.
Yo, ahora mismo, no me *fio*. Pero él, entonces, tampoco se *fio*.
Cuando ella se *fue*, él se *frio* un huevo.
Fui el último en entrar.
Ese pollo *pion* molestó toda la noche.
La *cría* de mi perra pasó todo el *día* de *hoy* retozando bajo el *sol*.
El pasado *fin* de semana, *lie* un pequeño equipaje y me *fui* a *pie* a la montaña.
La *res* que *crie* se vendió muy *bien*.

 Explique con sus propias palabras la razón de la acentuación de las palabras que aparecen en la regla 3.

Las frases de este ejercicio correctamente acentuadas son:

> ¡No sé qué se cree él!
> Ya ve salir al rey de los astros, ¡el sol!
> Lo vio todo y no le dio importancia: se rió.
> Noviembre es el mes más neblinoso del año.
> No fue té lo que nos sirvieron, sino café.
> Tenía mucha fe en sí mismo para poder sortear las dificultades.
> A la fiesta de fin de curso fui con él y me divertí más que el año anterior.
> Si tú me dices que sí, todo irá bien.
> Luis no se fió de tu ayudante; me dijo que hablaba sin ton ni son.
> Ella se lió la manta a la cabeza y se fue; mas luego lo pensó y volvió.
> María se crió en el campo, en una casa sin luz eléctrica ni gas.
> Si le pide una baraja, no le dé la baraja vieja.
> Beatriz guió a Dante por el cielo.

 Son monosílabas las palabras siguientes:

> vio
> dio
> fue
> fui
> hoy
> sol
> fin
> fui
> pie
> res
> bien

Son bisílabas las siguientes palabras:

> rió
> ció
> fío
> fió
> frió
> pión
> cría
> día
> lié
> crié

 La razón de que se acentúen las palabras que se relacionan en la regla 3 es que no son monosílabas al no formar diptongo sus vocales, a pesar de encontrarse una vocal débil átona junto con una vocal fuerte tónica.

En este apartado llamamos la atención sobre dos palabras bisílabas con acento diacrítico. El adverbio de modo *sólo* (puede sustituirse por *solamente*) y el adjetivo calificativo *solo* ('sin compañía') se diferencian en la escritura por el acento que se coloca sobre el adverbio. Debe advertirse, para facilitar la distinción, que *solo* adjetivo puede variar de género y número (*Estoy solo, Estoy sola, Estamos solos,* etc.), mientras que *sólo* adverbio no puede variar (*Sólo vinimos a saludarte*). En cuanto al adverbio de tiempo *aún* equivale a 'todavía', mientras que *aun* significa 'hasta', 'incluso' o 'también' (*Aun José sabe que aún el plazo no ha expirado*).

1 ▶ Es obligatoria la tilde de *sólo*, adverbio que se puede sustituir por *solamente*, frente a *solo*, adjetivo masculino que significa 'no acompañado', cuando su situación en la frase se preste a una interpretación ambigua; en otro caso es potestativa:

> Yo estudio *solo/sólo* en mi casa.
> Yo *solo/sólo* moveré la mesa.
> Su sobrino tiene *sólo* tres años.
> Como norma general escribiremos a un *solo* espacio.
> Sólo estoy solo por las mañanas.
> Él solo fue quien sólo dijo: «Bien.»

2 ▶ Se acentúa el adverbio *aún* cuando significa 'todavía'; no se acentúa *aun* cuando significa 'hasta', 'incluso', 'también':

> Está enfermo *aún*.
> Esto nos pondrá *aún* más nerviosos.
> Después de haberse molestado en hacer copias para todos, *aún* hubo quien se le quejó de que no estaban lo bastante bien hechas.
> Le ofrecimos un buen horario y un buen sueldo; *aun* así no aceptó.
> Lo haré con tu ayuda y *aun* sin ella.
> Dijo mi nombre y *aun* recordó mi apellido.
> Aun estando enfermo aún, pienso hacerlo.

RECUERDE los casos de homofonía de *sólo* y *aún*. Para mayor comodidad y claridad vamos a renunciar a la potestad de acentuar o no el adverbio *sólo*, que equivale a *solamente*, en los casos en que no se pueda confundir con el adjetivo *solo*, que significa 'no acompañado'. Siempre que sea adverbio lo acentuaremos.

1▷ Ponga acento en las palabras que lo requieran:

Solo viene dos veces al año.
Aun pide mas cosas que la vez anterior.
Es tarde pero aun no ha llegado.
Andres es poco sociable; siempre esta solo.
Me hicieron solo dos preguntas.
Su sobrino tiene solo tres años.
Marina acabo el año pasado, pero Luisa aun sigue estudiando medicina.
Participaron todos los habitantes y aun los de fuera.
Fue tal la explosion que aun los mas alejados la oyeron.
Cuando esta solo en casa, escucha musica.
Le invitaron la comida, el alojamiento y la ropa y aun se marcho descontento.
Lleven solo la ropa necesaria.
Ha pasado tiempo, pero aun aguardo esa llamada.
Cuando lo dejaron solo, por fin concreto su idea.
Si lo pruebas, veras que el brocoli es nutritivo y aun sabroso.

2▷ Escriba debajo de cada frase otra manera de decir lo mismo sin ambigüedad:

Lo consiguió él sólo

_____

Lo consiguió él solo

_____

El niño está solo por las tardes

_____

El niño está sólo por las tardes

_____

Tomo café sólo por las mañanas

_____

Tomo café solo por las mañanas

_____

Apareció él solo

_____

Apareció él sólo

_____

 Sustituya las palabras *todavía, incluso, hasta, también* por las palabras *aún* y *aun*:

Todavía me quedan bombones de los que me regaló María.

Es una película que gusta a los chicos y *también* a los mayores.

Lo hizo saber a todos sus parientes, *incluso* a los más lejanos.

La agencia ofreció un buen alojamiento a todos, y *todavía* hubo quien protestó.

Compró toda clase de muebles para el salón y *hasta* un piano de cola.

Todavía espera que le respondan a su carta del año pasado.

Ella se considera discriminada y *también* agraviada personalmente.

El tren del mediodía *todavía* no ha llegado.

Incluso con tanto maquillaje, luce *todavía* demasiado joven.

Todavía recuedo aquel guiso; me gustó tanto que no sólo repetí, sino *hasta* lamí el plato.

▷ Las frases de este ejercicio, correctamente acentuadas, son:

Sólo viene dos veces al año.
Aún pide más cosas que la vez anterior.
Es tarde pero aún no ha llegado.
Andrés es poco sociable; siempre está solo.
Me hicieron sólo dos preguntas.
Su sobrino tiene sólo tres años.
Marina acabó el año pasado, pero Luisa sigue aún estudiando medicina.
Participaron todos los habitantes y aun los de fuera.
Fue tal la explosión que aun los más alejados la oyeron.
Cuando está solo en casa, escucha música.
Le invitaron la comida, el alojamiento y la ropa y aún se marchó descontento.
Lleven sólo la ropa necesaria.
Ha pasado tiempo, pero aún aguardo esa llamada.
Cuando lo dejaron solo, por fin concretó su idea.
Si lo pruebas, verás que el brócoli es nutritivo y aun sabroso.

▷ Otra manera de decir lo mismo sin ambigüedad podría ser:

Nadie más que él lo consiguió.
Lo consiguió él, sin ayuda de nadie.
El niño se pasa las tardes sin nadie que le cuide.
El niño no está a otra hora que no sea por las tardes.
No tomo café si no es por la mañana.
Por las mañanas tomo café sin leche.
Apareció él sin compañía de nadie.
Solamente apareció él de entre todos los que tenían que venir.

▷ Las frases de este ejercicio con las palabras *aun/aún* quedan de la siguiente manera:

Aún me quedan bombones de los que me regaló ...
Es una película que gusta a los chicos y aun ...
Lo hizo saber a todos sus parientes, aun a los más ...
La agencia ofreció un buen alojamiento a todos, y aún hubo quien protestó.
Compró toda clase de muebles para el salón y aun un piano de cola.
Aún espera que le respondan a su carta ...
Ella se considera discriminada y aun agraviada personalmente.
El tren del mediodía aún no ha llegado.
Aun con tanto maquillaje, luce aún demasiado joven.
Aún recuerdo aquel guiso; me gustó tanto que no sólo repetí, sino aun lamí el plato.

La principal dificultad que presentan estas partículas es que se corresponden con las de relativo, de las que se diferencian por su tonicidad: *que*, relativo, es átono, frente a *qué*, interrogativo o exclamativo, según el enunciado, que es tónico.

1 ▶ Los relativos *que*, *cual (cuales)*, *quien (quienes)* y *cuanto (cuanta, cuantos, cuantas)* se acentúan cuando adquieren un carácter interrogativo o exclamativo (a estos se unía *cuyo*, hoy en desuso con valor interrogativo o exclamativo):

> ¿Qué desea usted?
> ¿Cuál prefieres?
> No sé cuál de los dos pantalones es más caro.
> ¿De quién es este disco?
> *¿Cúyo es?*, decían a veces antiguamente para preguntar *de quién* era.
> ¡Cuánta gente!
> ¡Qué palacio tan grande!
> ¡Quién lo diría!

2 ▶ Los adverbios relativos *cuando*, *cuan*, *cuanto*, *como* y *donde* se acentúan cuando adquieren un carácter interrogativo o exclamativo (*cuan* resulta arcaizante):

> ¿Cuándo conseguiremos vivir en paz?
> Averigüe cuándo vendrá.
> ¿Cuán difícil te resultó conseguir el permiso?
> ¿Cuánto me corresponde?
> No se sabe dónde ni cómo consiguieron la información.
> ¡Cuán ardua fue la búsqueda!
> ¡Cuánto te quiero!
> ¡Cómo llueve!

3 ▶ Llamamos la atención sobre el caso particular de las cuatro formas homófonas (→ el apartado *Palabras que se pronuncian igual*) siguientes:

Por qué:

preposición *por*, más pronombre interrogativo *qué*: *¿Por qué se queman tantos bosques? No entiendo por qué no avisa cuando no va a venir.*

Por que:

preposición *por*, más pronombre relativo *que*: *La puerta por que (= la cual) se escapó da al garaje. El horario por que se rigen va a ser cambiado.*

Porque:

conjunción de causa, introduce subordinadas causales: *No acabó la carrera de Medicina porque tuvo que ponerse a trabajar. Durmió muchas horas porque estaba muy cansada.*

Porqué:

sustantivo que significa 'causa': *Este niño siempre pregunta el porqué de las cosas. Me cuesta entender lo que ha pasado sin saber el porqué.*

RECUERDE que las partículas interrogativas y exclamativas son tónicas y llevan acento. Con los siguientes ejercicios podrá practicar la distinción entre estas formas y las de relativo.

1▷ Acentúe correctamente las siguientes frases:

Dios da pan a quien no tiene dientes.
Diga a quien se lo pregunte que mañana recibiremos los pedidos.
No se de quien depende este asunto.
¿Hasta que punto es importante que vaya a recoger el paquete personalmente?
¡Que facil ha sido el examen!
¿De que hablaron en la reunion de ayer?
Este lugar tiene un no se que que me encanta.
La pelicula que vi ayer me dio sueño, pues era aburrida.
¡Cuanta miseria se observa en aquel barrio!
¿Hasta cuando tendremos que esperar?
No me dijo cuando llegaban.
El escenario es tan ancho como alto.
¡Con cuanto amor lo cuidaba!
¡Cuan larga fue la conferencia!
No sabia como agradecerle el favor que me hizo.
—¿Donde estan las cartas? —Donde las hayas dejado.
—¿Cuando acabaras? —preguntaba el Papa. Y el artista respondia: ¡cuando acabe!
Quienes llegaron tarde se perdieron lo mejor de la funcion.
Te dije que debias lavar los vidrios, entonces ya no preguntes que hacer.
Cuanto realiza ahora demuestra cuanto ha aprendido.

2▷ Transforme las interrogaciones directas en indirectas siguiendo el modelo:

¿Quién llama?
No sé quién llama

María preguntó: «¿Cuántos van a la excursión del sábado?»

_____

¿Cómo conseguirían llegar tan temprano?

_____

¿Con quién jugarás al tenis mañana?

_____

¿Cuál podríamos escoger para no equivocarnos?

_____

125

¿De dónde habrá salido tanta gente?

_____

¿Cómo efectúa esa maniobra?

_____

¿Cuánto aguantarás esa situación?

_____

¿Quién resultará el más apto?

_____

3> Haga la pregunta pertinente a las contestaciones que se dan a continuación pasando el pronombre o adverbio relativo a su modo interrogativo:

Escogeré los asientos con el respaldo más alto.
¿Qué asientos escogerás?

Iremos a Mallorca cuando lleguen las vacaciones.
Quien llegue tarde no entrará.
Haré la tarta como mi madre me enseñó.
Nos encontraremos donde tú quieras.
Compraremos cuantos panes sean necesarios.
Me inscribiré a un curso que sirva para aprender exclusivamente inglés oral.
Plancharé la camisa rayada.
Quisiera ir de paseo a un lugar donde haya bosque.
Cuanto tiempo libre tengo, lo dedico a la lectura.
Cepilla al gato como si lo acariciaras.

4> Justifique la colocación de acento o su omisión:
   a) No puedo olvidar la noche que bailé contigo.
   b) ¡Qué bien canta!
   c) Cuando salió no dijo cuándo volvería.
   d) Tienes que volver al cruce donde preguntaste por dónde se iba a Vera-
      cruz.
   e) ¡Cuántas matanzas se cometen en cuantas guerras hay en el mundo!
   f) Qué caro que me parece ese reloj.
   g) No dijo qué pensaba hacer por la mañana.
   h) No dijo que pensaba hacer una excursión mañana.
   i) Ignoro a quién se refería cuando dijo que quien ensucie, deberá limpiar.
   j) Cual si fuese novato, no supo cuáles eran las piezas adecuadas.

5 ▷ Escriba sobre la línea una de las cuatro formas: *por qué, por que, porque, porqué*:

Me gustó la novela _____ me recordó mi infancia.

No quiso explicar el _____ de su actitud.

No sé _____ casa se ha decidido.

Las razones _____ estoy aquí las explicaré mañana.

Se abriga mucho _____ se constipa con facilidad.

¿_____ tiene tanta prisa?

Este es el puente _____ cruzan cada día.

Puse allí ese adorno _____ así me gusta.

A todo le busca un _____ y eso lo llena de dudas.

El tapiz _____ se decidieron les pareció elegantísimo.

¿Podrían decirme _____ no me avisaron?

Tus maestros te corrigen _____ desean que aprendas bien.

Las frases correctamente acentuadas son:

Dios da pan a quien no tiene dientes.
Diga a quien se lo pregunte que mañana recibiremos los pedidos.
No sé de quién depende este asunto.
¿Hasta qué punto es importante que vaya a recoger el paquete personalmente?
¡Qué fácil ha sido el examen!
¿De qué hablaron en la reunión de ayer?
Este lugar tiene un no sé qué que me encanta.
La película que vi ayer me dio sueño, pues era aburrida.
¡Cuánta miseria se observa en aquel barrio!
¿Hasta cuándo tendremos que esperar?
No me dijo cuándo llegaban.
El escenario es tan ancho cuan alto.
¡Con cuánto amor lo cuidaba!
¡Cuán larga fue la conferencia!
No sabía cómo agradecerle el favor que me hizo.
—¿Dónde están las cartas? —Donde las hayas dejado.
—¿Cuándo acabarás? —preguntaba el Papa. Y el artista respondía: ¡cuando acabe!
Quienes llegaron tarde se perdieron lo mejor de la función.
Te dije que debías lavar los vidrios, entonces ya no preguntes qué hacer.
Cuanto realiza ahora demuestra cuánto ha aprendido.

 Una de las maneras correctas de pasar las oraciones interrogativas de este ejercicio a interrogaciones indirectas es la siguiente:

María preguntó cuántos iban a la excursión del sábado.
Me preguntaba cómo habrían conseguido llegar tan temprano.
No sé con quién jugarás al tenis mañana.
No sabemos cuál podríamos escoger para no equivocarnos.
Me pregunto de dónde habrá salido tanta gente.
No logro entender cómo efectúa esa maniobra.
Me he preguntado cuánto podrás aguantar esa situación.
No sé quién podría resultar el más apto.

 Las preguntas pertinentes a las respuestas dadas en el ejercicio son:

¿Cuándo iremos a Mallorca?
¿Quién no entrará?
¿Cómo harás la tarta?
¿Dónde nos encontraremos?
¿Cuántos panes comprarán?

¿En qué curso se inscribirá usted?
¿Cuál camisa plancharás?
¿Dónde quisieras ir de paseo?
¿Cuánto tiempo dedicas a la lectura?
¿Cómo cepillo al gato?

 He aquí los motivos por los que unas formas llevan acento y otras no:

a) *Que*, relativo.
b) *Qué*, exclamativo.
c) *Cuando*, adverbio relativo; *cuándo*, interrogativo.
d) *Donde*, adverbio relativo; *dónde*, interrogativo.
e) *Cuántas*, exclamativo; *cuantas*, adjetivo.
f) *Qué*, exclamativo; *que*, relativo.
g) *Qué*, interrogativo.
h) *Que*, relativo.
i) *quién*, interrogativo; *quien*, relativo.
j) *Cual*, relativo; *cuáles*, interrogativo.

 Las frases completas de este ejercicio son:

Me gustó la novela *porque* me recordó mi infancia.
No quiso explicar el *porqué* de su actitud.
No sé *por qué* casa se ha decidido.
Las razones *por que* estoy aquí las explicaré mañana.
Se abriga mucho *porque* se constipa con facilidad.
¿*Por qué* tiene tanta prisa?
Este es el puente *por que* cruzan cada día.
Puse allí ese adorno *porque* así me gusta.
A todo le busca un *porqué* y eso lo llena de dudas.
El tapiz *por que* se decidieron les pareció elegantísimo.
¿Podrían decirme *por qué* no me avisaron?
Tus maestros te corrigen *porque* desean que aprendas bien.

La serie de los demostrativos está constituida por las formas masculinas *este, ese, aquel, estos, esos, aquellos*; las femeninas *esta, esa, aquella, estas, esas, aquellas*; y las neutras *esto, eso, aquello*. Los demostrativos masculinos y femeninos pueden desempeñar una función adjetiva si acompañan al nombre (normalmente, precediéndolo y determinándolo, como en *Quiero este libro*, pero también siguiéndolo con valor expresivo, como en *Qué niño este*) o una función pronominal o sustantiva si lo sustituyen *(Quiero éste)*. Los *demostrativos* neutros sólo pueden desempeñar funciones pronominales *(Dame esto; Tráeme aquello)*.

1 Los demostrativos masculinos y femeninos pueden acentuarse (potestativamente) cuando tienen un valor pronominal: *Mira ése* o *Mira ese*. En caso de que haya riesgo de ambigüedad, llevarán obligatoriamente tilde:

> Buscó éste secretario.
> Éste (o *este*) buscó secretario.

> Narraron aquéllos hechos extraordinarios.
> Aquéllos (o *aquellos*) narraron hechos extraordinarios.

> Compraron éstas decenas de chucherías.
> Éstas (o *estas*) compraron decenas de chucherías.

2 Los demostrativos neutros *(esto, eso, aquello)* no pueden variar de número y no se acentúan por tener siempre un valor pronominal:

> Dale esto, no aquello.
> Eso que dices me parece poco sensato.
> ¿Qué es aquello que brilla tanto?

RECUERDE que la colocación del acento sobre los demostrativos masculinos o femeninos con valor pronominal es potestativa si no hay riesgo de ambigüedad, pero que puede ser preferible renunciar a esa potestad y acentuarlos siempre que sean pronombres para evitar dudas innecesarias.

 Justifique la presencia o ausencia del acento sobre los demostrativos:

a) Este libro te lo presto; aquél, no.
b) Esto no es verdad.
c) Su madre dejó dicho que les diera de postre a ésta sandía y a aquélla pera.
d) No considera a ése amigo suyo en lo más mínimo.
e) Estas uvas están verdes; aquéllas están más maduras.
f) Todas mis hermanas quieren vacaciones: ésta ciudad, ésa playa, aquélla montaña. ¡A ver cómo las contentamos a todas!
g) Me acuerdo todavía de los días aquellos de vino y rosas.
h) Pasaron aquéllas noches maravillosas en Puerto Escondido.
i) Pasaron aquellos noches maravillosas.

 Coloque acento ortográfico en los casos en que el demostrativo tenga valor pronominal y no sea neutro:

a) No estoy seguro de que ese lo vaya a hacer.
b) Esas palabras pueden llegar a ser ofensivas si no se matizan.
c) Esto es todo lo que este —tonto de remate— tiene que decir sobre ese asunto tan delicado.
d) ¿Qué le dijiste a este, amigo?
e) ¡Esta mujer tiene cada idea!
f) Un oportunista, eso es lo que es este.
g) Hacen estos milagros con el dinero.
h) No me deja en paz la muchachilla esta.
i) Aquel conferenciante puso inteligencia donde este confusión.

 Encuentre los demostrativos, separe en dos listas los pronombres y los adjetivos y acentúe los que lo requieran:

De pronto, al voltear la calle, aquellas luces y esa música entraron por los embotados sentidos del cansado transeúnte. Aspiró esos colores, aquel olor mezcla de animales y golosinas. Era el mundo de estas mujeres vestidas con lentejuela; de esos atletas, del simio mañoso, de estos tigres socarrones que se volvieron artistas a la fuerza.

Todo aquello que animó su infancia regresó en ese instante, pero más maravilloso. Mientras se alejaba, pensó que ésta podría haber sido su vida, si eso que hace a los humanos temer a la libertad no se hubiera apoderado de él, convirtiéndolo en éste que ahora era.

▷ La solución al ejercicio es la siguiente:

   a) *Este*, adjetivo; *aquél*, pronombre.

   b) *Esto*, pronombre (los demostrativos neutros nunca pueden ser adjetivos; tienen siempre valor pronominal, por eso no necesitan tilde para marcar diferencia alguna).

   c) Hay riesgo de ambigüedad: a *ésta* (*hija*), *sandía*; a *aquélla* (*hija*), *pera*.

   d) Pronombre; hay riesgo de ambigüedad (podría entenderse que no tiene consideración hacia *ese amigo suyo*).

   e) *Estas*, adjetivo; *aquéllas*, pronombre.

   f) Hay riesgo de ambigüedad: *ésta* (*hermana*), *ciudad*; *ésa* (*hermana*), *playa*; *aquélla* (*hermana*), *montaña*.

   g) *Aquellos*, adjetivo.

   h) Hay riesgo de ambigüedad: *Aquéllas* (o *aquellas*) *pasaron noches maravillosas en Puerto Escondido*.

   i) *Aquéllos* (o *aquellos*), pronombre (no hay riesgo de ambigüedad).

▷ La correcta acentuación de los demostrativos del ejercicio 2 es la siguiente:

   a) *ése*
   b) *esas*
   c) *esto* (...), *éste, ese* (...)
   d) *éste*
   e) *esta*
   f) *eso, éste*
   g) *éstos o estos* (...)
   h) *esta* (...)
   i) *aquel, éste*

▷ Los pronombres son:

aquello (no lleva acento), *ésta, eso* (tampoco se acentúa), *éste*.

Los adjetivos son:

aquellas, esa, esos, aquel, estas, esos, estos, ese.

Recogemos en este apartado una serie de casos especiales: el de las palabras que cambian de significado según la colocación del acento (*sábana*, 'pieza de tela para la cama', y *sabana*, 'forma de vegetación'), el de la doble acentuación (por ejemplo, en el español europeo se prefiere la variante *chófer* frente a *chofer* del español americano) y el de la repercusión en el acento del paso del singular al plural (*régimen: regímenes*; *resumen: resúmenes*).

1 ▶ Se distinguen por la posición del acento numerosas palabras (las de la primera columna son sustantivos y adjetivos, las de la segunda, formas de un mismo verbo):

amo	amo	amó
ánimo	animo	animó
amplio	amplío	amplió
artículo	articulo	articuló
cálculo	calculo	calculó
caso	caso	casó
célebre	celebre	celebré
público	publico	publicó
límite	limite	limité
término	termino	terminó

2 ▶ Algunas palabras admiten doble acentuación prosódica, especialmente las acabadas en *-íaco*.

alveolo	alvéolo
bimano	bímano
bereber	beréber
dinamo	dínamo
osmosis	ósmosis
pabilo	pábilo
reuma	reúma
pelícano	pelicano
elixir	elíxir
etíope	etiope
periodo	período
cónclave	conclave
afrodisíaco	afrodisiaco
amoniaco	amoníaco
austríaco	austriaco
demoníaco	demoniaco
policíaco	policiaco

paradisíaco	paradisiaco
Zodíaco	Zodiaco
cardíaco	cardiaco
maníaco	maniaco
elegíaco	elegiaco

3▶ En un grupo reducido de palabras el acento cambia de posición en el plural con respecto al singular:

carácter	caracteres
espécimen	especímenes
ínterin	intérines
régimen	regímenes

4▶ Algunos sustantivos terminados en consonante, al pasar del singular al plural sufren alguna modificación en su acentuación gráfica:

liquen	líquenes
orden	órdenes
virgen	vírgenes
margen	márgenes
crimen	crímenes
examen	exámenes
imagen	imágenes
canon	cánones
gravamen	gravámenes
dolmen	dólmenes
resumen	resúmenes
dictamen	dictámenes
ligamen	ligámenes
origen	orígenes
aborigen	aborígenes

RECUERDE que es necesario respetar las normas de pronunciación y escritura para marcar la diferencia entre palabras distintas y que la doble acentuación prosódica se admite en algunas palabras, no en todas. Advierta que el cambio del singular al plural en algunas palabras puede suponer cambios en la representación del acento.

 Señale la palabra correcta según corresponda por el contexto:

He cogido una (cántara/cantara/cantará) llena de agua.

El (diálogo/dialogo/dialogó) que sostuvieron fue muy aburrido.

Yo, aunque no soy (médico/medico/medicó) me (médico/medico/medicó) por mi cuenta y riesgo.

El (equívoco/equivoco/equivocó) era tal, que hasta Serafín se (equívoco/equivoco/equivocó).

Te hago (partícipe/participe/participé) de que Rosa y yo nos casaremos.

Por error, él (depósito/deposito/depositó) gasolina en el (depósito/deposito/depositó) del agua.

Hoy (líquido/liquido/liquidó) el abono (líquido/liquido/liquidó) de las plantas.

Durante mucho tiempo (simultáneo/simultaneo/simultaneó) dos trabajos.

Ese (válido/valido/validó) ya no era (válido/valido/validó) para las difíciles tareas gubernamentales.

La abuela es todo un (cazo/caso/casó); dijo "me (cazo/caso/casó)" y, a sus ochenta y cinco años, se (cazo/caso/casó).

Sí, (célebre/celebre/celebré) su idea de hacer otra fiesta, pero también le dije que si quiere llegar a (célebre/celebre/celebré), trabaje más y (célebre/celebre/celebré) menos.

2▷ Diga cuáles de estas palabras admiten doble acentuación gráfica (si tiene alguna duda, consulte un diccionario):

centilitro	hipocondriaco
austriaco	alfil
mímesis	aeródromo
metamorfosis	impoluto
país	boina
fútbol	élite
neumonía	béisbol
sutil	nailon
mendigo	parálisis
papiro	periodo
mampara	bádminton
dúctil	táctil

bilbaíno	perito
elegiaco	dipneo

3> De cada pareja señale la palabra incorrecta (en algunos casos pueden valer las dos):

antítesis	antitesis
nóvel	novel
erúdito	erudito
atmósfera	atmosfera
magnetofon	magnetofón
parámetro	parametro
diálisis	dialisis
pólipo	polipo
kilómetro	kilometro
centímetro	centimetro
mítin	mitin
telégrama	telegrama
crisálida	crisalida
reúma	reuma
dínamo	dinamo
líbido	libido
livido	lívido
perito	périto
Nóbel	Nobel
facsímil	facsimil
imágen	imagen
hipérbole	hiperbole

4> Escoja la forma verbal que considere apropiada entre las que se proponen:

Yo (vacio/vacío) ahora mismo la nevera.
Si (averiguo/averigúo) quién lo ha hecho, que se vaya preparando.
¡A ver si (evalúas/evaluas) con atino!
Cuando me lo pidas, (evacuo/evacúo) el despacho.
Procura que tu hijo (atenue/atenúe) su irritable carácter.
Se (sitúa/situa) en una posición favorable.
No te (insinúo/insinuo) nada que no te pueda decir claramente.
Esta repentina petición no se (adecua/adecúa) a lo esperado.
No me (habitúo/habituo) a este clima.
Desde hace tiempo (tatúa/tatua) a todo el que se lo pide.
No se me (licua/licúa) esta salsa.

5 ▷ Ponga en plural las palabras siguientes:

hipérbaton	_____
cóndor	_____
aborigen	_____
himen	_____
harén	_____
ciclamen	_____
escáner	_____
dóberman	_____
cárcel	_____
régimen	_____
espécimen	_____
desdén	_____
ligamen	_____
vejamen	_____
vómer	_____
cráter	_____

6 ▷ Ponga en singular las siguientes palabras:

exámenes	_____
orígenes	_____
resúmenes	_____
imágenes	_____
abdómenes	_____
cardúmenes	_____
cármenes	_____
jóvenes	_____
volúmenes	_____
cormoranes	_____
desórdenes	_____
cacúmenes	_____
dictámenes	_____
certámenes	_____

▷ Las palabras correctas son: *cántara*; *diálogo*; *médico*, *medico*; *equívoco*, *equivocó*; *partícipe*; *depositó*, *depósito*; *liquido*, *líquido*; *simultaneó*; *valido*, *válido*, *caso*, *caso*, *casó*; *celebré*, *célebre*, *celebre*.

▷ Estas son las que admiten doble acentuación gráfica:

> austriaco *o* austríaco
> mímesis *o* mimesis
> fútbol *o* futbol
> hipocondriaco *o* hipocondríaco
> élite *o* elite
> elegiaco *o* elegíaco
> periodo *o* período

▷ Las palabras correctas son: *antítesis*, *novel*, *erudito*, *atmósfera* (o *atmosfera*), *magnetofón* (también se dice *magnetófono*), *parámetro*, *diálisis*, *pólipo*, *kilómetro*, *centímetro*, *mitin*, *telegrama*, *crisálida*, *reúma* (o *reuma*), *dinamo* (o *dínamo*), *libido*, *lívido*, *perito*, *Nobel*, *facsímil*, *imagen*, *hipérbole*.

▷ Las formas verbales apropiadas son: *vacío*, *averiguo*, *evalúas*, *evacuo* (también se dice *evacúo*), *atenúe*, *sitúa*, *insinúo*, *adecua*, *habitúo*, *tatúa*, *licua* (también se dice *licúa*).

▷ Palabras en plural: *hipérbatos* (no *hiperbátones*), *cóndores*, *aborígenes*, *hímenes*, *harenes*, *ciclámenes*, *escáneres*, *dobermanes* (este plural no aparece registrado en los diccionarios más usuales), *cárceles*, *regímenes*, *especímenes*, *desdenes*, *ligámenes*, *vejámenes*, *vómeres*, *cráteres*.

▷ Palabras en singular:

examen	origen
resumen	imagen
abdomen	cardumen
carmen	joven
volumen	cormorán
desorden	cacumen
dictamen	certamen

A veces se emplean en español palabras y expresiones latinas en su forma original (el latín carecía de acento gráfico), sin ninguna adaptación o alteración en su escritura. Sobre ellas, así como sobre los términos tomados de otras lenguas (préstamos, neologismos), rigen las siguientes reglas de acentuación.

1 ▶ Las palabras latinas más usuales se escribirán con acento según las reglas generales. Se exceptúan las que forman parte de nombres científicos (*Penicillium, Aspergillus itaconicus*, etc.):

accésit	quórum	ultimátum
déficit	súmmum	ídem
exéquatur	tándem	fórum

2 ▶ Los préstamos y neologismos que castellanizan su grafía o adaptan su fonética se escriben con acento si les corresponde según las reglas generales, aunque en su lengua originaria no lo llevaran:

rádar	bidé	bisté
cóctel	láser	estándar
búnker	córner	váter

3 ▶ Los nombres propios extranjeros se escriben sin añadirles ningún acento gráfico que no tengan originalmente (aunque la Real Academia acepta que pueden acentuarse a la española si la pronunciación y la grafía lo permiten):

Wagner *no* Wágner   Schubert *no* Schúbert
Windsor *no* Wíndsor   Schlegel *no* Schlégel

4 ▶ Los nombres geográficos que ya estén incorporados al español o adaptados a su fonética no se consideran extranjeros y se acentúan según las reglas generales:

París	Berlín	Nápoles
Moscú	Támesis	Afganistán
Múnich	Zúrich	Núremberg

RECUERDE que aunque la palabra latina (o extranjera, en general) no haya adaptado su grafía totalmente al español, puede llevar acento (a excepción de los nombres propios) si le corresponde según las reglas generales.

1 ▷ Relacione las siguientes palabras y expresiones latinas con su significado:

ad náuseam	'oración por los difuntos'
currículum vitae	'contra la persona'
in illo témpore	'votación pública de un asunto'
ad líbitum	'hasta el cansancio'
ítem	'relación de méritos'
memorándum	'punto más alto de una gradación'
factótum	'voz del pueblo'
álter ego	'última advertencia'
referéndum	'en aquella época'
réquiem	'a gusto'
vox pópuli	'cada división de un escrito'
ad hóminem	'que desempeña muchas tareas'
tedéum	'otro yo'
ultimátum	'resumen de lo importante'
clímax	'cántico de acción de gracias'
ad cautelam	'cuerpo del delito'
corpus delicti	'buena fe'
bona fides	'nada se opone'
níhil óbstat	'por precaución'

2 ▷ Justifique la escritura o la omisión del acento en los casos siguientes:

álter ego	ab initio	grosso modo
a posteriori	in albis	ipso facto
in fraganti	sine qua non	ex profeso
ex cáthedra	status	a priori
mare mágnum	motu proprio	per se
Penicillium	exéquatur	tránseat

3 ▷ Ponga acento en las palabras en que falte según las reglas:

imagen	parquin	somier
claxon	hamster	esmoquin
record	bungalo	vermu
dossier	joquei	sueter
gincana	gigolo	samurais

1▷ La solución al ejercicio es la siguiente:

ad náuseam	'hasta el cansancio'
currículum vitae	'relación de méritos'
in illo témpore	'en aquella época'
ad líbitum	'a gusto'
ítem	'cada división de un escrito'
memorándum	'resumen de lo importante'
factótum	'que desempeña muchas tareas'
álter ego	'otro yo'
referéndum	'votación pública de un asunto'
réquiem	'oración por los difuntos'
vox pópuli	'voz del pueblo'
ad hóminem	'contra la persona'
tedéum	'cántico de acción de gracias'
ultimátum	'última advertencia'
clímax	'punto más alto de una gradación'
ad cautelam	'por precaución'
corpus delicti	'cuerpo del delito'
bona fides	'buena fe'
níhil óbstat	'nada se opone'

2▷ La explicación del segundo ejercicio es:

álter ego: *álter* se acentúa por llana acabada en *r; ego*, no se acentúa por ser llana acabada en vocal.

a posteriori: llana acabada en vocal.

in fraganti: llana acabada en vocal.

ex cáthedra: esdrújula.

mare mágnum: *mare*, llana acabada en vocal; *mágnum*, llana acabada en *m*.

Penicillium: aunque es llana acabada en *m*, no se acentúa por ser término científico (excepción).

ab initio: llana acabada en vocal.

in albis: llana acabada en *s*.

sine qua non: *sine*, llana acabada en vocal.

status: llana acabada en *s*.

motu proprio: llanas acabadas en vocal.

exéquatur: esdrújula.

grosso modo: llanas acabadas en vocal.

ipso facto: llanas acabadas en vocal.

ex profeso: llana acabada en vocal.

a *priori*: llana acabada en vocal.
tránseat: esdrújula.

▷3 Deben llevar acento: *récord*, *hámster*, *bungaló* (también se escribe *bungalow*), *gigoló*, *vermú* (también se escribe *vermut*), *suéter*, *samuráis*.

Los signos de puntuación

Los signos de puntuación orientan al lector respecto a la entonación y a las pausas del habla. Son de gran importancia para resolver ambigüedades de sentido, o la intencionalidad misma del mensaje, que el lenguaje oral resuelve con la entonación. No es lo mismo decir: *Ya está bien* que *¿Ya está bien?* o *¡Ya está bien!, Ya está. ¡Bien!*, etc.

La puntuación también sirve para señalar la organización de las ideas, como sucede con la separación en párrafos por medio del punto y aparte, o para marcar las voces de distintos hablantes, o los planos distintos que se insertan en un mismo discurso lingüístico, como en el caso de los textos con citas de otros autores.

Los principales signos de puntuación son:

coma (,)	comillas (""), («»), ('')
punto (.)	guión (-)
punto y coma (;)	raya (—)
dos puntos (:)	paréntesis (())
puntos suspensivos (...)	interrogación (¿?)
corchetes ([])	exclamación (¡!)

De estos signos algunos sirven para matizar distintas clases de pausas y, en menor medida, para marcar variaciones en la entonación; por ejemplo, la coma, el punto y coma, el punto, los dos puntos y los puntos suspensivos. Otros, en cambio, son señales básicamente de entonación; por ejemplo, la interrogación, la exclamación y los paréntesis. En cuanto a las comillas ("altas" o inglesas, «bajas» o españolas y 'simples'), se utilizan para insertar citas, significados de palabras, etc. Otros signos de acotación son los paréntesis y los corchetes. Las rayas o guiones largos se emplean para introducir diálogos o incisos. El guión corto, por su parte, sirve para unir o separar según los casos.

En suma, gracias a esta clase de signos obtenemos a través de la escritura un reflejo del lenguaje oral algo más nítido que si no existieran, aunque sea imperfectamente. La imaginación del lector es capaz de suplir las imprecisiones de la puntuación y de dar una versión oral de un texto escrito que se corresponda aproximadamente con un hipotético modelo oral previo.

Otra cuestión es la del estilo. De la misma manera que hay distintos modos de hablar, hay, también, formas características de cada cual en la expresión escrita. Es más, en los países de civilizaciones avanzadas, la mayor parte de los textos que se escriben nunca fueron orales, ni están destinados a ser leídos en voz alta. Por tanto, el estilo de escritura tiene un componente visual y unos ritmos completamente autónomos respecto a la oralidad. La puntuación es el principal recurso de estilo en la escritura. Algunos autores prefieren las frases breves, que dan un ritmo sincopado, otros las prefieren largas y llenas de incisos como reproduciendo las sinuosidades del pensamiento. En definitiva, mientras que la ortografía de las letras cuenta con normas de obligado cumplimiento, la puntuación tiene un componente subjetivo que no permite una regulación tan estricta. Lo importante es que la puntuación contribuya a expresar con claridad el pensamiento.

Este signo señala pequeñas pausas en las que se eleva ligeramente el tono y después de las cuales se mantiene el mismo tono anterior, a diferencia del punto que señala una bajada de tono. Otras veces marca el principio y el fin de un inciso que se hace en tono más bajo todo él; en este caso, después de la segunda coma que cierra el período, se vuelve al tono anterior.

1 Se separan con comas los distintos elementos de una enumeración, menos el último que irá precedido por la conjunción *y* o *ni*. Otra forma en que puede acabar una enumeración es: ..., *etc.* o con puntos suspensivos.

Compraremos vino, arroz, cebollas, huevos y aceite.
El Museo de los impresionistas tiene obras de Renoir, Degas, Manet, Van Gogh, etcétera.
Me gustaría describir la placidez del lago, los bosques, los prados, los rebaños...
No me gusta su cara, su voz, su risa ni su forma de levantar la ceja.

2 Van separadas con coma las palabras, sintagmas y construcciones paralelas que se repiten:

Los obreros colocaban la gran piedra, los guardias vigilaban, los curiosos miraban y los cronistas tomaban nota.
Sí, sí, lo que usted diga.
Para estar preparado, para no perder un minuto, bajé al portal.
Mientras el comunismo existía era necesaria la socialdemocracia, mientras el ensueño del paraíso socialista regía era preciso el Estado de bienestar.

3 Se separa con coma el vocativo (palabra con la que llamamos o nos dirigimos a alguien) del resto del enunciado:

María, nos vamos ya.
Señores, nunca es tarde si la dicha es buena.
No faltes mañana, Pedro.
Me gustaría que lo consiguieras, cariño, cuanto antes.
Oye, tú, no te metas en mis cosas.

4 Cuando una oración subordinada se antepone a la principal, se separa con coma:

Cuando acabe el curso, iré a visitarte.
Aunque le gustaba mucho la natación, no podía practicarla a menudo.
Después de pensarlo mucho, se decidió a emprender el camino.
A pesar del frío, salieron a la calle.

5▶ Cuando se mezclan dos modos oracionales (el imperativo y el enunciativo, por ejemplo) en un mismo enunciado, se separan con coma:

> Descansa, me parece que estás agotado.
> Espera, que te lo traigo enseguida.
> ¿Todo va bien?, pareces preocupada.
> ¡Qué bien!, mañana nos vamos.

6▶ Se separan también entre comas los incisos y las aposiciones:

> Mi hermana, que siempre tarda más de lo debido, dijo que llegaría temprano.
> Antonio, mi vecino, pone la música a todo volumen.
> Los alumnos, y otros que no lo son, asistieron a la función.
> Quien quiera entradas para hoy, o para los días siguientes, que venga antes de las cinco.
> Fernando, que en paz descanse, siempre decía lo mismo.
> El año que viene, si Dios quiere, tendremos servicio de comedor.
> La ocasión, según dicen, la pintan calva.

7▶ Cuando se altera el orden normal de la oración se separa con coma el elemento desplazado:

> Amantes, tiene cuatro.
> Dinero, eso es lo que le gusta.
> A ministro, le gustaría llegar.
> Menos levantarse temprano, todo lo soporta.

8▶ En las frases en que el verbo se omite por sobreentenderse, se sustituye el verbo por una coma:

> Unos venían de Buenos Aires; otros, de Montevideo.
> Algunos llegaron temprano; la mayoría, tarde.
> Para comprar alimentos hay que ir a la derecha; para flores, al fondo.
> Si vienes, te esperamos; si no, nos vamos.

9▶ La conjunción *pues*, si va a final de frase con sentido consecutivo, va precedida de coma. También van precedidas de coma las conjunciones adversativas *pero* y *mas* si la frase que introducen es corta:

> Esto se ha acabado; vámonos, pues.
> La tienda está cerrada; no podemos comprar la radio hoy, pues.
> Ana quería venir, pero no pudo.
> Luisa pensaba que aprobaría, mas suspendió.

10 Algunas expresiones con valor adverbial o de nexo como *es decir, o sea, esto es, efectivamente, en efecto, sobre todo, sin embargo, por último, en segundo lugar,* etc., van entre comas:

En efecto, lo dicho anteriormente supone una grave acusación.
No se asustó, sin embargo, ante las nuevas dificultades.
Los peces son animales acuáticos, es decir, viven en el agua.
Él dijo que no, o sea, se negó.
Habría que considerar, por último, la posibilidad de intervenir.

RECUERDE que seguir las reglas sobre la coma tiene gran importancia para la comprensión cabal del texto y para una lectura bien entonada, a pesar de que esta normativa se considere menos preceptiva que la relativa a la ortografía de las letras.

▷1 Ponga las comas necesarias en las frases siguientes:

a) En la biblioteca no está permitido hablar en voz alta fumar comer beber ni tirar papeles al suelo.
b) No vendrá me parece hasta última hora.
c) Quiso ponerse elegante pero resultó extravagante.
d) En primer lugar hay que destacar su facilidad para los idiomas.
e) El aguacero amaina; salgamos pues.
f) Unos pedían limosna; otros trabajo.
g) Escúchame Ernesto no te precipites.
h) Acuéstate que estás durmiéndote.
i) Considero que este asunto es de gran importancia efectivamente.
j) Juan que entiende mucho de fútbol dijo que el penalti fue injusto.
k) Antes de entrar dejen salir.
l) Mentiras y nada más que mentiras dijo el testigo ante el tribunal.
m) No sabía si reír llorar dar saltos gritar...
n) Aunque tenía cada vez más trabajo Marta no dejó de visitarme.
o) Fue un homenaje al que asistimos todos los compañeros: María Marisa Eduardo Luisa Pedro etc.

▷2 Determine a qué regla sobre la coma responde cada una de las frases anteriores.

▷3 Ponga las comas necesarias al texto siguiente:

Supuse que la doncella se había torcido un tobillo. Continuaba sollozando sobre la alfombra y por fin sus lamentos pusieron en movimiento al mayordomo inmóvil hasta aquel momento. Resultó entonces de lo más patético ver cómo aquel hombretón mientras su señor hablaba de estrellas trataba de localizar a su compañera con los brazos extendidos y guiándose sobre todo por el oído.

—Sí sí —exclamó el Profesor respondiendo a una pregunta que nadie le había formulado—. Fue Cheu Kong el primero en observar la longitud meridiana del gnomon en el solsticio de verano.

—¿No cree usted —le pregunté por fin señalando inútilmente a los criados— que deberíamos ayudar a esos infelices?

—No se compadezca usted de mis sirvientes —suspiró entonces el anciano—. Esos pícaros son amantes y por las noches se consuelan recíprocamente. La

EJERCICIOS

La coma

miopía para ellos es sólo una fruslería. Yo no soy menos miope que mis sirvientes pero le aseguro que en esta casa soy el único que enloquece progresivamente en su soledad.

JAVIER TOMEO, *Problemas oculares.*

 Ponga las comas necesarias a este fragmento de teatro en verso:

Paca la cocinerita
me ha dicho que venga aquí.
Soy zapatero y me llaman
Lorenzo el zapaterí.
Traigo de todo la lezna
el martillo el berbiquí
esparadrapo aspirina
pegamento pirulí
clavitos vendas colores
todo lo mejor que vi.
Vamos a ver ese pulso.
Ya me parecía a mí
que la enfermedad es grave
pero si yo estoy aquí
no temas nada Paquita.

ALFONSO SASTRE, *Historia de una muñeca abandonada.*

 Ponga las comas necesarias al texto siguiente:

En el taller del cartonero sobre los rústicos anaqueles se amontonan botes de pintura tarros llenos de pinceles cajas con palitos lápices navajas herramientas diversas frascos de pegamento cordones e infinidad de objetos cuyo empleo sólo él conoce. Por los rincones pueden verse en aparente desorden pilas de papeles trozos de varias clases de cartón rollos de alambre varas de diferentes largos moldes figuras sin terminar.

Sólo él sabe en qué transformará esos materiales. De su imaginación brotarán máscaras grotescas cascos para los niños que juegan a la guerra muñecas siempre rubias alucinantes alebrijes aves extrañas toritos y perros de colores inverosímiles ángeles y demonios que quizá todos juntos encarnan los sueños y pesadillas de un quehacer cotidiano.

149

Las frases de este ejercicio, con las comas puestas, son:

a) En la biblioteca no está permitido hablar en voz alta, fumar, comer, beber ni tirar papeles al suelo.

b) No vendrá, me parece, hasta última hora.

c) Quiso ponerse elegante, pero resultó extravagante.

d) En primer lugar, hay que destacar su facilidad para los idiomas.

e) El aguacero amaina; salgamos, pues.

f) Unos pedían limosna; otros, trabajo.

g) Escúchame, Ernesto, no te precipites.

h) Acuéstate, que estás durmiéndote.

i) Considero que este asunto es de gran importancia, efectivamente.

j) Juan, que entiende mucho de fútbol, dijo que el penalti fue injusto.

k) Antes de entrar, dejen salir.

l) Mentiras y nada más que mentiras, dijo el testigo ante el tribunal.

m) No sabía si reír, llorar, dar saltos, gritar...

n) Aunque tenía cada vez más trabajo, Marta no dejó de visitarme.

o) Fue un homenaje al que asistimos todos los compañeros: María, Marisa, Eduardo, Luisa, Pedro, etcétera.

Las frases anteriores responden a las reglas que se indican a continuación:

a) regla 1   i) regla 9
b) regla 5   j) regla 5
c) regla 8   k) regla 6
d) regla 9   l) regla 6
e) regla 8   m) regla 1
f) regla 7   n) regla 3
g) regla 2   o) regla 1
h) regla 4

El texto de Javier Tomeo está puntuado de la siguiente forma:

Supuse que la doncella se había torcido un tobillo. Continuaba sollozando sobre la alfombra y, por fin, sus lamentos pusieron en movimiento al mayordomo, inmóvil hasta aquel momento. Resultó entonces de lo más patético ver cómo aquel hombretón, mientras su señor hablaba de estrellas, trataba de localizar a su compañera con los brazos extendidos y guiándose, sobre todo, por el oído.

—Sí, sí —exclamó el Profesor respondiendo a una pregunta que nadie le había formulado—. Fue Cheu Kong el primero en observar la longitud meridiana del gnomon en el solsticio de verano.

—¿No cree usted —le pregunté por fin señalando inútilmente a los criados— que deberíamos ayudar a esos infelices?

—No se compadezca usted de mis sirvientes —suspiró entonces el anciano—. Esos pícaros son amantes y por las noches se consuelan recíprocamente. La miopía, para ellos, es sólo una fruslería. Yo no soy menos miope que mis sirvientes, pero le aseguro que en esta casa soy el único que enloquece progresivamente en su soledad.

JAVIER TOMEO, *Problemas oculares.*

▷4 Las comas del texto de teatro en verso se colocan como sigue:

> Paca, la cocinerita,
> me ha dicho que venga aquí.
> Soy zapatero y me llaman
> Lorenzo, el zapaterí.
> Traigo de todo, la lezna,
> el martillo, el berbiquí,
> esparadrapo, aspirina,
> pegamento, pirulí,
> clavitos, vendas, colores,
> todo lo mejor que vi.
> Vamos a ver ese pulso.
> Ya me parecía a mí
> que la enfermedad es grave,
> pero si yo estoy aquí,
> no temas nada, Paquita.

ALFONSO SASTRE, *Historia de una muñeca abandonada.*

▷5 Las comas se colocan de la siguiente manera:

En el taller del cartonero, sobre los rústicos anaqueles, se amontonan botes de pintura, tarros llenos de pinceles, cajas con palitos, lápices, navajas, herramientas diversas, frascos de pegamento, cordones e infinidad de objetos cuyo empleo sólo él conoce. Por los rincones pueden verse, en aparente desorden, pilas de papeles, trozos de varias clases de cartón, rollos de alambre, varas de diferentes largos, moldes, figuras sin terminar.

Sólo él sabe en qué transformará esos materiales. De su imaginación brotarán máscaras grotescas, cascos para los niños que juegan a la guerra, muñecas siempre rubias, alucinantes alebrijes, aves extrañas, toritos y perros de colores inverosímiles, ángeles y demonios que, quizá todos juntos, encarnan los sueños y pesadillas de un quehacer cotidiano.

Ahora, una vez que conoce la solución, lea en voz alta el mismo texto, marcando las comas que se han puesto incorrectamente. Note cómo cambia el sentido de algunas frases, o cómo una idea puede tornarse absurda, por defectos de puntuación:

En el taller, del cartonero sobre los rústicos anaqueles se amontonan botes, de pintura tarros, llenos de pinceles cajas, con palitos lápices, navajas herramientas, diversas frascos, de pegamento cordones e infinidad de objetos cuyo, empleo, sólo él conoce. Por los rincones pueden, verse en aparente, desorden pilas de, papeles, trozos de varias, clases de cartón rollos, de alambre varas, de diferentes, largos moldes figuras, sin terminar.

Sólo, él sabe en, qué transformará esos, materiales. De su imaginación brotarán, máscaras, grotescas, cascos para los, niños que juegan a la guerra, muñecas siempre, rubias alucinantes, alebrijes aves extrañas, toritos y perros, de colores, inverosímiles ángeles y demonios, que quizá todos juntos encarnan, los sueños y pesadillas de un quehacer, cotidiano.

El punto es un signo que sirve para señalar el final de un período sintáctico u oración gramatical. Representa una pausa fónica más o menos larga según el énfasis que le quiera dar el lector. Lo importante es que marca un ligero descenso de tono, a diferencia de la coma que supone un ligero ascenso. Después de punto se escribe siempre mayúscula.

1 ▶ Se escribe punto y seguido cada vez que se cierra un período gramatical u oración:

El viernes pasado nos trasladamos de casa. El trasiego de mover trastos es lo más mareante del mundo. Hasta que las cosas estén en su sitio y que tengamos un sitio para cada cosa, reinará el caos. Los niños son los únicos que se divierten con tanto barullo. Buscar un objeto es jugar al escondite.

2 ▶ Se escribe punto y aparte para separar los distintos párrafos. Esto se hace abandonando la línea en la que se está escribiendo y comenzando en la siguiente después de unos espacios en blanco. También se pueden separar los párrafos sin dejar espacios en blanco al principio, pero dejando una línea en blanco entre uno y otro. El último punto del texto se llama punto final:

Sra. Directora:

Le agradecería, si las disponibilidades de espacio de su periódico lo permiten, que publicara mi queja sobre la deficiencia del transporte nocturno en una ciudad como Cartagena, que tiene barrios muy alejados unos de otros.

Los habitantes de Los Dolores que realizamos turnos nocturnos de trabajo fuera del barrio nos vemos obligados a esperar el autobús hasta media hora, a veces. Lo peor no es sólo que pasen pocos autobuses sino que lo hacen a tiempos muy irregulares.

Con estas líneas pretendo llamar la atención a las autoridades responsables del transporte urbano de esta ciudad para que pongan remedio a la situación. Convendría aumentar el servicio y establecer un horario que se expusiera en todas las paradas.

3 ▶ Un uso del punto, muy distinto de los especificados anteriormente, es el de marcar el final de las abreviaturas:

Sr. Rodríguez, le llaman por teléfono.
Esto se hará al gusto de Uds., sin recargo ninguno.
El Banco solicita la presencia del titular de la cta. cte. y de la libreta de ahorro.
Los vols. IV y V contienen la información deseada.

RECUERDE que la buena puntuación es absolutamente necesaria para permitir una lectura adecuada del texto. La puntuación también puede ser un rasgo de estilo. Algunos autores prefieren un estilo sincopado, con frases cortas, independientes gramaticalmente, aunque relacionadas por el sentido, otros prefieren frases largas y complejas.

▷1 Ponga los puntos y seguido y las comas que requiera el texto. En consecuencia, también deberá poner las mayúsculas correspondientes. Advertimos que en el texto no hay otro tipo de puntuación que pudiera ser equivalente, en algunos casos, como punto y aparte, punto y coma, paréntesis, etc. El estilo del autor es el que hemos llamado sincopado:

He venido por mi gusto contra el parecer de los míos ellos siempre me guardaron del pecado y del extranjero de ahí mi anhelo por el norte la mayor parte de la gente que conozco si ha estado aquí ha sido de paso también yo daría marcha atrás a los cuatro días de coronarlo no hay motivos que me afinquen y eso no se improvisa aquí nada me pertenece ni nada me reclama esperaba es lo cierto permanecer ahora resulta inevitable que no es lo mismo no tengo por ejemplo dinero para el billete de vuelta.

ANTONIO J. DESMONTS, *Los tranvías de Praga.*

▷2 Ponga las comas, los puntos y seguido y los puntos y aparte que el texto requiera. En consecuencia, ponga también las mayúsculas correspondientes. No hay otro tipo de puntuación como guiones, paréntesis, etc. Las frases de la autora son, aquí, más bien largas:

Estos visitantes suelen estar tomando las aguas en otro balneario cercano y aprovechan estos días lluviosos para cumplir la promesa hecha a su paisana de que la iban a visitar cuando deja de llover antes de la noche las tardes recién puesto el sol se quedan melancólicas y despejadas y es mayor el silencio de los montes se oyen las voces de alguno que trepa allí lejos a buscar manzanas y se tiende sobre la tertulia de sillones de mimbre vueltos a sacar al paseo un cielo como de perla como de agua con algún pájaro perdido muy alto un pájaro olvidadizo y solo que parece el primero del mundo las mañanas de calor es bueno irlas a pasar a la sombra en el parque de atrás cerca de la cascada el parque tiene al fondo una baranda de piedra que lo remata como un mirador sobre el río ensanchado desde allí se ve un paisaje verde y tranquilo y es dulce escuchar el sonido del agua que se vuelve muy blanca al caer por el pequeño desnivel al pie de la cascada hay un molino viejo derruido.

CARMEN MARTÍN GAITE, *El balneario.*

Ponga las comas y los puntos y seguido, los puntos y aparte y los puntos de las abreviaturas adecuados en la carta siguiente:

Distinguido señor acabo de recibir su carta del 20 de septiembre en la que me especifica los requisitos y documentos necesarios para poder ser admitido en la residencia que Ud dirige durante el próximo curso académico le envío pues la siguiente documentación: la hoja de solicitud rellenada una fotocopia de mi identificación una fotocopia del recibo de la matrícula de la Facultad de Medicina y un certificado de no padecer enfermedades contagiosas estoy muy agradecida por su colaboración y espero disculpe las molestias que le ha causado el hecho de que yo no pueda trasladarme a la ciudad hasta el 7 de octubre por los motivos que le expuse en la carta anterior

Ponga las comas, puntos y seguido y puntos y aparte. Por supuesto, deberá poner también las mayúsculas correspondientes en los sitios adecuados:

Cuando era pequeño solía ir a esa tienda era una de sus diversiones favoritas le gustaba mirarlo todo aunque nada comprase su mayor fascinación consistía en tratar de adivinar cuántos caramelos contendría cierto gigantesco vitrolero una tarde encontró un billete de alta denominación tirado cerca de un árbol dudó un rato antes de levantarlo al fin se animó en un rápido movimiento lo levantó y lo metió a su bolsillo luego con paso alegre se encaminó a la tienda a nadie en casa le dijo de su hallazgo permaneció encerrado hasta la hora de la cena cuando luego de lavar sus manos concienzudamente se unió a la familia que ya se encontraba reunida en torno a la mesa la vista del humeante plato de avena le provocó tal náusea que tuvo que correr al baño al salir estaba tan pálido y tenía tal retortijón que los alarmó a todos un rato después su misteriosa y súbita enfermedad era aclarada por el médico quien sonriente le explicó que aun cuando sean de los más finos que existen nadie puede comerse impunemente tres kilos de chocolates en una sola sentada.

El texto de Antonio J. Desmonts con los puntos y seguido, las comas y las mayúsculas correspondientes es el siguiente:

> He venido por mi gusto, contra el parecer de los míos. Ellos siempre me guardaron del pecado y del extranjero. De ahí mi anhelo por el norte. La mayor parte de la gente que conozco, si ha estado aquí, ha sido de paso. También yo daría marcha atrás a los cuatro días de coronarlo. No hay motivos que me afinquen y eso no se improvisa. Aquí nada me pertenece ni nada me reclama. Esperaba, es lo cierto, permanecer. Ahora resulta inevitable, que no es lo mismo. No tengo, por ejemplo, dinero para el billete de vuelta.
>
> ANTONIO J. DESMONTS, *Los tranvías de Praga.*

 El texto de Carmen Martín Gaite con las comas, los puntos y seguido y los puntos y aparte correspondientes es el siguiente:

> Estos visitantes suelen estar tomando las aguas en otro balneario cercano y aprovechan estos días lluviosos para cumplir la promesa hecha a su paisana de que la iban a visitar.
>
> Cuando deja de llover antes de la noche, las tardes, recién puesto el sol, se quedan melancólicas y despejadas, y es mayor el silencio de los montes. Se oyen las voces de alguno que trepa, allí lejos, a buscar manzanas, y se tiende sobre la tertulia de sillones de mimbre, vueltos a sacar al paseo, un cielo como de perla, como de agua, con algún pájaro perdido muy alto, un pájaro olvidadizo y solo que parece el primero del mundo.
>
> Las mañanas de calor es bueno irlas a pasar a la sombra en el parque de atrás, cerca de la cascada. El parque tiene al fondo una baranda de piedra que lo remata, como un mirador sobre el río ensanchado. Desde allí se ve un paisaje verde y tranquilo, y es dulce escuchar el sonido del agua, que se vuelve muy blanca al caer por el pequeño desnivel. Al pie de la cascada hay un molino viejo derruido.
>
> CARMEN MARTÍN GAITE, *El balneario.*

 La puntuación más adecuada para la carta de tipo formal es la siguiente:

> Distinguido señor:
>
> Acabo de recibir su carta del 20 de septiembre, en la que me especifica los requisitos y documentos necesarios para poder ser admitido en la residencia que Ud. dirige durante el próximo curso académico.
>
> Le envío, pues, la siguiente documentación: la hoja de solicitud rellenada, una fotocopia de mi identificación, una fotocopia del recibo de la matrícula de la Facultad de Medicina y un certificado de no padecer enfermedades contagiosas.

Estoy muy agradecida por su colaboración y espero disculpe las molestias que le ha causado el hecho de que yo no pueda trasladarme a la ciudad hasta el 7 de octubre por los motivos que le expuse en la carta anterior.

4 ▷ La aplicación de mayúsculas y la puntuación correctas son así:

Cuando era pequeño, solía ir a esa tienda. Era una de sus diversiones favoritas. Le gustaba mirarlo todo, aunque nada comprase. Su mayor fascinación consistía en tratar de adivinar cuántos caramelos contendría cierto gigantesco vitrolero.

Una tarde, encontró un billete de alta denominación tirado cerca de un árbol. Dudó un rato antes de levantarlo. Al fin se animó. En un rápido movimiento, lo levantó y lo metió en su bolsillo. Luego, con paso alegre, se encaminó a la tienda.

A nadie en casa le dijo de su hallazgo. Permaneció encerrado hasta la hora de la cena cuando, luego de lavar sus manos concienzudamente, se unió a la familia que ya se encontraba reunida en torno a la mesa.

La vista del humeante plato de avena le provocó tal náusea, que tuvo que correr al baño. Al salir estaba tan pálido y tenía tal retortijón, que los alarmó a todos.

Un rato después, su misteriosa y súbita enfermedad era aclarada por el médico, quien sonriente le explicó que, aun cuando sean de los más finos que existen, nadie puede comerse impunemente tres kilos de chocolates en una sola sentada.

Este signo señala una pausa más intensa que la coma pero menos que el punto y seguido. Puede separar oraciones gramaticalmente autónomas, pero muy relacionadas por el sentido y tiene una especial utilidad para separar enumeraciones de frases o sintagmas complejos. Hoy en día se usa poco.

1 Se usa el punto y coma para separar períodos sintácticos completos, igual que el punto y seguido, pero sirve para manifestar una más estrecha unión de sentido entre los mismos:

> Admiró sus monumentos, sus edificios, sus calles y plazas; le sorprendió la amabilidad de sus gentes.
> Ella compró toda clase de cacharros; otras prefirieron comprar libros y discos.

2 Se pone punto y coma para separar los distintos elementos de una enumeración cuando éstos son construcciones complejas, con comas internas:

> Cuando regresé, después del incendio, me encontré con un panorama desolador: casas chamuscadas, sin puertas ni ventanas, con los tejados hundidos; unos bosques, que parecían paisajes de pesadilla, totalmente grises y desgarrados; animales muertos, con el horror manifiesto todavía en sus posturas petrificadas; un ambiente en el pueblo de campamento provisional, con familias alojadas, unos aquí, otros allá, en casas de vecinos; y, sobre todo, la desolación pintada en las caras de aquellos...

3 Se suele poner punto y coma ante las conjunciones adversativas *pero* y *mas*, cuando la frase que introducen es larga:

> Nadie puede saber lo que pasa por la cabeza del héroe, del vencedor de tan importante competición, en el momento de los laureles; pero el fervor de las masas mitiga la conciencia de sí mismo, la diluye en un mar de emoción en el que flotan todas las almas como una sola.

RECUERDE que el punto y coma, a pesar de que se usa cada vez menos en favor del punto y seguido o de la coma, sigue siendo útil en algunos casos. Fijándose bien en las reglas, sitúe el punto y coma donde sea oportuno.

▷ 1 Una de las comas del siguiente texto corresponde, en el texto original, a un punto y coma. ¿Cuál?:

> Lo único que yo puedo decir con certeza es que el saltimbanqui, a juzgar por sus reacciones, se sentía orgulloso y culpable. Evidentemente, nadie podría negarle el mérito de haber amaestrado a la mujer, pero nadie tampoco podría atender la idea de su propia vileza.
>
> JUAN JOSÉ ARREOLA, *Confabulario definitivo.*

▷ 2 También una de las comas del siguiente texto corresponde, en el texto original, a punto y coma. ¿Cuál?:

> Pero la suciedad no se limitaba al aseo personal y doméstico. También sus palabras eran sucias. Un día señalaba la casa de los pastores, y como ya he recordado antes, experimentaba un vivo placer al calumniar a las mujeres que viven allí, otro día ponía en la picota al tabernero acusándolo de haberse enriquecido gracias al contrabando, o arremetía contra el tendero de la plaza aconsejándome que no se me ocurriera comprar nada en su tienda, porque todo lo vendía carísimo. Como todos los murmuradores era, además, cobarde, y me hacía sus confidencias en voz muy baja, en un susurro, no fuera que el viento llevara sus palabras hasta los oídos de aquellos que acababa de difamar.
>
> BERNARDO ATXAGA, *Obabakoak.*

▷ 3 Los dos textos siguientes contienen cada cual una enumeración; una requiere una separación de los elementos con comas y la otra con puntos y coma. Ponga puntos y coma, en vez de comas, a la enumeración que lo requiera y escriba debajo del texto por qué los necesita.

> Muchas de las cosas que nos parecían deseables mientras permanecíamos despiertos no nos hacían ningún bien, por eso flotan ahora brevemente, como pedazos de grasa sin digerir, en medio de las aguas residuales del sueño, antes de desaparecer por un aliviadero. Allá van conversaciones, gestos, rostros, promesas, rencores, mentiras podridas y verdades servidas fuera de estación e inmaduras por tanto.
>
> JUAN JOSÉ MILLÁS, «La siesta», *El País*, 7-VII-1995.

> Oxford es una ciudad que está fuera del mundo y fuera del tiempo, y fuera de ambos viven los cautivadores personajes que son a la vez testigos y contenido de esa historia: la amante casada del narrador, Clare Bayes, una mujer

condicionada por algo a lo que asistió pero que no recuerda y con poca consideración hacia quienes trata a excepción de su hijo, el niño Eric, el amigo Cromer-Blake, homosexual irónico que vive fabricando experiencias intensas para una vejez que prevé solitaria, el ya retirado y sagaz profesor Toby Rylands, que parecía decir tantas verdades y tenía tras de sí una vida de aventura y conocimiento, y muchos otros, algunos burlescos y extraordinariamente divertidos, hasta llegar al personaje que viene de otro tiempo, el hombre que pudo ser rey, el enigmático escritor John Gawsworth, del cual incluso aparecen dos fotografías en el libro.

Cubierta posterior del libro de JAVIER MARÍAS
Todas las almas.

4 Coloque coma o punto y coma donde se requiera:

a) La corsetería de principios de siglo con sus rígidas estructuras de formas poco naturales era incómoda y perniciosa pese a ello las damas preferían sufrir sofocos y desmayos en aras de la famosa "cintura de avispa".

b) Obtener un título conseguir un empleo hacer una carrera brillante conquistar el triunfo son legítimas aspiraciones de todo estudiante mas cuando la adversidad económica se atraviesa en su camino suelen verse truncadas.

c) Fueron innumerables los obstáculos que aquella compañía teatral hubo de enfrentar incluyendo varias cancelaciones del estreno a causa de situaciones imprevistas sin embargo sus integrantes nunca se desanimaron y actualmente es una de las más exitosas.

d) Como muchos genios se dice que Arquímedes era descuidado indiferente a la moda muy distraído solía abstraerse del mundo externo de los acontecimientos y personas que lo circundaban a veces incluso se olvidaba de comer y beber.

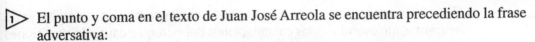

1 ▷ El punto y coma en el texto de Juan José Arreola se encuentra precediendo la frase adversativa:

> Lo único que yo puedo decir con certeza es que el saltimbanqui, a juzgar por sus reacciones, se sentía orgulloso y culpable. Evidentemente, nadie podría negarle el mérito de haber amaestrado a la mujer; pero nadie tampoco podría atender la idea de su propia vileza.
>
> JUAN JOSÉ ARREOLA, *Confabulario definitivo.*

2 ▷ El punto y coma en el texto de Bernardo Atxaga se encuentra en: «...experimentaba un vivo placer al calumniar a las mujeres que viven allí; otro día ponía en la picota al tabernero acusándolo de haberse enriquecido...».

3 ▷ La enumeración que lleva puntos y coma es la de la contraportada del libro de Javier Marías porque los distintos elementos de la misma llevan comas internas:

> Oxford es una ciudad que está fuera del mundo y fuera del tiempo, y fuera de ambos viven los cautivadores personajes que son a la vez testigos y contenido de esa historia: la amante casada del narrador, Clare Bayes, una mujer condicionada por algo a lo que asistió pero que no recuerda y con poca consideración hacia quienes trata a excepción de su hijo, el niño Eric; el amigo Cromer-Blake, homosexual irónico que vive fabricando experiencias intensas para una vejez que prevé solitaria; el ya retirado y sagaz profesor Toby Rylands, que parecía decir tantas verdades y tenía tras de sí una vida de aventura y conocimiento; y muchos otros, algunos burlescos y extraordinariamente divertidos, hasta llegar al personaje que viene de otro tiempo, el hombre que pudo ser rey, el enigmático escritor John Gawsworth, del cual incluso aparecen dos fotografías en el libro.
>
> Cubierta posterior del libro de JAVIER MARÍAS
> *Todas las almas.*

4 ▷ La puntuación correcta en los textos de este ejercicio es la siguiente:

a) La corsetería de principios de siglo, con sus rígidas estructuras de formas poco naturales, era incómoda y perniciosa; pese a ello, las damas preferían sufrir sofocos y desmayos, en aras de la famosa "cintura de avispa".

b) Obtener un título, conseguir un empleo, hacer una carrera brillante, conquistar el triunfo, son legítimas aspiraciones de todo estudiante; mas, cuando la adversidad económica se atraviesa en su camino, suelen verse truncadas.

c) Fueron innumerables los obstáculos que aquella compañía teatral hubo de enfrentar, incluyendo varias cancelaciones del estreno a causa de situaciones imprevistas; sin embargo, sus integrantes nunca se desanimaron y actualmente es una de las más exitosas.

d) Como muchos genios, se dice que Arquímedes era descuidado, indiferente a la moda, muy distraído; solía abstraerse del mundo externo, de los acontecimientos y personas que lo circundaban; a veces, incluso se olvidaba de comer y beber.

Este signo representa un énfasis y crea una expectativa sobre lo que sigue. La entonación es como la del punto: baja en la sílaba que le precede. Después de dos puntos se escribe letra mayúscula o minúscula indistintamente, aunque se prefiere la minúscula cuando el texto sigue en la misma línea (salvo que entre una voz distinta) y la mayúscula cuando sigue aparte en otra línea.

1 Se ponen los dos puntos antes de una cita textual, si va precedida por verbos o expresiones introductorias del lenguaje en estilo directo:

Me dijo: «Más vale tarde que nunca».

Góngora creó esta inquietante imagen: «Infame turba de nocturnas aves, gimiendo tristes y volando graves».

Para decirlo con palabras de Óscar Wilde: «El más valiente de nosotros tiene miedo de sí mismo».

Respecto a la fuerza de la debilidad, Rousseau se expresaba en estos términos: «Cuanto más débil es el cuerpo, más ordena. Cuanto más fuerte, más obedece».

2 Se ponen los dos puntos después de anunciar enumeración; en este caso, los elementos de la misma pueden escribirse a continuación, o aparte, cambiando de línea cada vez que se introduzca un nuevo elemento:

Andalucía consta de las provincias siguientes: Jaén, Córdoba, Sevilla, Huelva, Cádiz, Málaga, Granada y Almería.

Este plato contiene los siguientes ingredientes: fideos, carne magra, salchichas, tomate frito, guisantes, champiñones, cebolla, pimentón picante, aceite y sal.

Documentos requeridos: Fotocopia de Identificación; Recibo de haber ingresado el importe de matrícula de la Facultad correspondiente; Certificado médico oficial; Impreso de solicitud debidamente cumplimentado.

3 Se ponen los dos puntos después de un enunciado general, cuando a continuación se especifican uno o varios casos particulares que lo ilustran. El enunciado puede acabar con la expresión *como*, *por ejemplo* u otras equivalentes. También puede prescindirse de dichas expresiones:

Tenemos, quizás, el más veraz de los retratos del hombre gallego: sus varas de medir el mundo, las vueltas de su imaginación, su gusto por la sorpresa.

La primavera en San Petersburgo irrumpe de repente, podríamos decir que explota: un buen día de abril o mayo el río Neva se deshiela con enorme estruendo, los parques se cubren de verde brillante, el aire se llena de trinos y una extraña excitación bulle por doquier.

La aliteración es una imagen fónica que consiste en repetir en una frase, o en uno o varios versos seguidos, un mismo sonido. Por ejemplo: En el silencio sólo se escuchaba un susurro de abejas que sonaba.

4▶ Se ponen los dos puntos cuando a una o varias oraciones le sigue otra a modo de conclusión, consecuencia, causa o resumen de lo dicho anteriormente:

Andrés se puso a dar patadas a la puerta y como su mujer no abría, se sentó en el rellano de la escalera; empezó a gritar y consiguió reunir a los porteros, a los vecinos y a la policía: fue un escándalo.

Andrés perdió a la mujer, la tutela de sus hijos, el trabajo y la casa: todo por el juego.

5▶ Se ponen los dos puntos después de la fórmula de salutación en las cartas (en las de tipo comercial o formal, cada vez más, se pone coma en vez de dos puntos):

Querido Manuel: te agradecería que me escribieras a máquina pues tienes una letra casi imposible de descifrar. Si no he entendido mal...

Muy señor mío:
En contestación a su carta del 16 de abril,...

Querida abuela: te escribo esta notita para decirte que llegaré el martes, 8, en el tren de las 17.30. Un beso muy grande.

6▶ En instancias, certificados, decretos, bandos, edictos, sentencias, etc., se ponen los dos puntos después de la palabra clave del documento, que se escribe toda ella en mayúscula:

CERTIFICO: Que la paciente Rosa Jiménez se encuentra en perfecto estado de salud para...

HAGO SABER: A partir del 8 de septiembre, la Piscina Municipal permanecerá cerrada hasta el día 16 del mismo mes, por obras urgentes.

EXPONE: Que habiendo agotado los plazos legales para matricularse del curso 1.º de Enfermería...

7▶ Se ponen los dos puntos en los escritos de tipo esquemático (informes, impresos de solicitud, etc.) a continuación de los conceptos fijos, que deben ser cumplimentados o concretados:

Nombre: Margarita
Apellidos: Pérez Villar
Calle: Corrientes n.º 280
Población: Buenos Aires
Asunto: Informe pericial

RECUERDE que este signo se usa cada vez más como pausa enfática, ya sea introduciendo el resumen de lo anteriormente dicho, ya sea dando entrada a las especificaciones de lo que ha sido enunciado en general. Conviene tener presente que los dos puntos engloban todo lo que se escribe a continuación hasta el siguiente punto y seguido o punto y aparte.

 Puntúe el siguiente texto y coloque las mayúsculas correspondientes:

Hoy me detuve a contemplar este curioso espectáculo en una plaza de las afueras un saltimbanqui polvoriento exhibía una mujer amaestrada aunque la función se daba a ras del suelo y en plena calle el hombre concedía la mayor importancia al círculo de tiza previamente trazado según él con el permiso de las autoridades.

JUAN JOSÉ ARREOLA, *Confabulario definitivo.*

 Una de las comas del siguiente texto corresponde a dos puntos en el texto original. Localícela:

Clare Bayes me acarició la nuca con una mano, y yo me di la vuelta y nos miramos como si fuéramos los ojos vigilantes y compasivos el uno del otro, los ojos que vienen desde el pasado y que ya no importan porque ya saben cómo están obligados a vernos, desde hace mucho, tal vez nos miramos como si fuéramos hermanos mayores ambos y lamentáramos no poder querernos más.

JAVIER MARÍAS, *Todas las almas.*

 Una de las comas del siguiente texto corresponde a dos puntos en el original. Localícela:

—Cuelga el mismo tapiz de siempre. Te lo he descrito mil veces. Me conozco de memoria a todos los personajes, los mismos faunos, silenos y ninfas correteando por el bosque. Es gente que bebe sin emborracharse y capaz de reírse eternamente. Siguen, sin embargo, en el mismo lugar donde estaban ayer. El fauno que está en el centro del grupo continúa contemplándonos con una mirada compasiva, como doliéndose de nuestros achaques.

JAVIER TOMEO, *Problemas oculares.*

 Sustituya una de las comas del siguiente texto por dos puntos:

Comían así, Luis en la cabecera, Rema y Nino de un lado, el Nene e Isabel del otro, de manera que había un grande en la punta y a los lados un chico y un grande.

JULIO CORTÁZAR, *Bestiario.*

5▷ Ponga los dos puntos que sean necesarios en el texto siguiente:

> CURSOS DE ACTUALIZACIÓN PEDAGÓGICA PARA
> PROFESORES DE ENSEÑANZA PRIMARIA
> CURSO 1998-1999   CONVOCATORIA DE JUNIO
> CENTRO Escuela del Bosque
> ALUMNO Julián Pastrana Domínguez
> IDENTIFICACIÓN 21305908
> MÓDULO 2   NÚMERO DE HORAS 70
> NOTA Apto

6▷ En este fragmento, el autor ha puesto dos puntos en tres lugares. Aquí han sido sustituidos por comas. Restitúyalos y ponga las mayúsculas que en consecuencia se requieran:

> Con un lápiz de carbón trazó el bosquejo de una bella figura, el rostro de un ángel, tal vez el de una hermosa mujer. Nos dijo, «mirad, aquí está naciendo la belleza. Estos dos huecos oscuros son sus ojos; estas líneas imperceptibles, la boca. El rostro entero carece de contorno. Ésta es la belleza». Y luego, con un guiño, «acabemos con ella».
>
> JUAN JOSÉ ARREOLA,
> *Mujeres, animales y fantasías mecánicas.*

7▷ ¿Por qué en el texto anterior, después de los dos puntos, se escribe a continuación mayúscula en unos casos y minúscula en otro?

8▷ Sustituya una de las comas del siguiente texto por dos puntos:

> La única necesidad que sentía era la de que aparecieran los aviones. Ya tenía mi plan, cuando los viera aparecer trataría de remar hacia ellos, luego, cuando estuvieran sobre mí, me pondría de pie en la balsa y les haría señales con la camisa. Para estar preparado, para no perder un minuto, me desabotoné la camisa y seguí sentado en la borda, escrutando el horizonte por todos lados, pues no tenía la menor idea de la dirección en que aparecerían los aviones.
>
> GABRIEL GARCÍA MÁRQUEZ, *Relato de un náufrago.*

9▷ Coloque las comas y los dos puntos necesarios:

a) Asediada por los reporteros la actriz declaró "Eso es falso es un rumor infundado". Pero al día siguiente ella misma anunciaba su nuevo matrimonio.

b) Según la receta para hacer esa tarta necesitas harina huevos mantequilla azúcar canela pasas leche y manzanas.

c) La opinión de mi hermanito acerca de mi nuevo vestido fue demasiado elocuente primero lanzó una trompetilla luego soltó la carcajada.

d) Encantador es la única palabra que se le ocurrió a Sara cuando le pedí que describiera a su jefe.

e) Mejor decírselo de una vez recuerda que según el dicho más vale vergüenza en cara que dolor de corazón.

▷1 El texto de Arreola que estaba sin puntuar tiene la siguiente puntuación con sus correspondientes mayúsculas:

Hoy me detuve a contemplar este curioso espectáculo: en una plaza de las afueras, un saltimbanqui polvoriento exhibía una mujer amaestrada. Aunque la función se daba a ras del suelo y en plena calle, el hombre concedía la mayor importancia al círculo de tiza previamente trazado, según él, con el permiso de las autoridades.

JUAN JOSÉ ARREOLA, *Confabulario definitivo.*

▷2 En el texto de Javier Marías, los dos puntos se localizan en:

«...desde hace mucho: tal vez nos miramos como si fuéramos hermanos mayores ambos...».

▷3 En el texto de Javier Tomeo, los dos puntos se localizan en:

«Me conozco de memoria a todos los personajes: los mismos faunos, silenos y ninfas correteando por el bosque».

▷4 En el texto de Julio Cortázar, los dos puntos se localizan en:

«Comían así: Luis en la cabecera, Rema y Nino de un lado, el Nene e Isabel del otro, de manera que había...».

▷5 Los dos puntos necesarios en el texto administrativo son:

CURSOS DE ACTUALIZACIÓN PEDAGÓGICA PARA
PROFESORES DE ENSEÑANZA PRIMARIA
CURSO: 1998-1999   CONVOCATORIA DE JUNIO
CENTRO: Escuela del Bosque
ALUMNO: Julián Pastrana Domínguez
IDENTIFICACIÓN: 21305908
MÓDULO: 2   NÚMERO DE HORAS: 70
NOTA: Apto

▷6 El texto de Arreola con la puntuación y las mayúsculas correspondientes es el siguiente:

Con un lápiz de carbón trazó el bosquejo de una bella figura: el rostro de un ángel, tal vez el de una hermosa mujer. Nos dijo: «Mirad, aquí está naciendo la belleza. Estos dos huecos oscuros son sus ojos; estas líneas imperceptibles, la boca. El rostro entero carece de contorno. Ésta es la belleza». Y luego, con un guiño: «Acabemos con ella».

JUAN JOSÉ ARREOLA,
Mujeres, animales y fantasías mecánicas.

▷ **7** La mayúscula después de dos puntos es recomendable cuando hay un cambio de voz, a pesar de que el texto siga en la misma línea. Es decir, en una narración en tercera persona, como es el caso, se escribe mayúscula para introducir las expresiones en lenguaje directo, que consisten en una cita literal de lo que dice un personaje. Se trata, por tanto, de una voz distinta a la del narrador. En los otros casos sólo se pone mayúscula si después de los dos puntos se escribe en otra línea.

▷ **8** En el texto de García Márquez, los dos puntos se encuentran en:

«Ya tenía mi plan: cuando los viera aparecer trataría de remar hacia ellos...».

▷ **9** La puntuación correcta es la siguiente:

a) Asediada por los reporteros, la actriz declaró: "Eso es falso, es un rumor infundado". Pero al día siguiente, ella misma anunciaba su nuevo matrimonio.

b) Según la receta, para hacer esa tarta necesitas: harina, huevos, mantequilla, azúcar, canela, pasas, leche y manzanas.

c) La opinión de mi hermanito acerca de mi nuevo vestido fue demasiado elocuente: primero lanzó una trompetilla, luego soltó la carcajada.

d) Encantador: es la única palabra que se le ocurrió a Sara, cuando le pedí que describiera a su jefe.

e) Mejor decírselo de una vez: recuerda que, según el dicho, más vale vergüenza en cara que dolor de corazón.

Este signo es un recurso expresivo que sirve para manifestar que quien escribe deja de decir, o anotar, algunas palabras. Los puntos suspensivos —siempre tres y no más— representan una pausa larga en el habla y una entonación parecida a la de la coma; es decir, la sílaba precedente sufre un ligero ascenso.

1 Se ponen puntos suspensivos al final de enumeraciones incompletas. En este caso tienen el mismo valor que *etc.*:

El pueblo sólo tiene una tienda. Allí se vende de todo: ropa, zapatos, bebidas, comida, sellos, sobres, tabaco, libros, objetos de regalo...

Desde el campanario pudimos divisar los campos, los rebaños, el río, las casas, la gente que circulaba, los niños que jugaban...

2 Se ponen puntos suspensivos cuando se deja una expresión a medias dando por supuesto que el lector puede reconstruirla. También se utilizan, a veces, para sustituir palabras malsonantes que el lector puede imaginar con facilidad (en este caso con espacio en blanco a ambos lados, sustituyendo a la palabra):

No voy a decir más, que a buen entendedor...
Le dijo que hiciera el favor de no tocarle los ... y que le dejara en paz.
Quien avisa... y quien mucho abarca...

3 Se ponen puntos suspensivos para reflejar una forma de hablar dubitativa, inconexa, con pausas prolongadas, o que deja las frases a medias y para indicar que el hablante ha sido interrumpido a media frase o que la retoma después de la interrupción:

¿Qué quieres que te diga?... no sé... quizás... Quizás me autoricen mis padres.

Hoy vamos a comentar... ¡Daniel, cállate!... el origen de la expresión ser más feo que Picio.

4 Se ponen puntos suspensivos para indicar pausa prolongada y crear intriga antes de decir algo sorpresivo o inesperado:

Pedro quitó el envoltorio del regalo muy ilusionado; dentro había... una araña peluda.

Entonces vio que el fantasma que la visitaba por las noches era... un ratón.

5 Se ponen puntos suspensivos entre corchetes o entre paréntesis al suprimir uno o varios fragmentos del texto que se cita. Si se suprimen pocas palabras o líneas de manera que no impliquen un punto y aparte, los corchetes se ponen seguidos, dentro del texto; si se suprimen fragmentos que implican puntos y aparte, se ponen separados del texto:

> Comprendió que el empeño de modelar la materia incoherente y vertiginosa de que se componen los sueños es el más arduo que puede acometer un varón [...] mucho más arduo que tejer una cuerda de arena o que amonedar el viento sin cara.
>
> [...]
>
> Con alivio, con humillación, con terror, comprendió que él también era una apariencia, que otro estaba soñándolo.
>
> JORGE LUIS BORGES,
> «Las ruinas circulares», *Ficciones*.

▶ Se ponen puntos suspensivos antes o después de empezar o acabar una cita cuando la frase en que se la toma o en que se la deja está incompleta (los puntos van pegados a la primera o a la última palabra que se cita, según por donde esté incompleta la frase):

> María se enteró de que Juan se había casado con su amiga Maite por Pilar. En su carta María le decía: «...y de Juan no quiero ni oír hablar». Pilar le contestó: «...oír cosas de Juan, no; pero leerlas es diferente. Quizás te interese saber que...». Así se enteró.

RECUERDE que este signo tiene un valor fundamentalmente estilístico y de reflejo del habla. Por eso no hay que usarlo en la correspondencia de tipo comercial ni formal. Ejercite, pues, los recursos estilísticos de los puntos suspensivos.

▷ Copie la siguiente lista de frases sustituyendo comas y puntos por puntos suspensivos en los lugares adecuados:

Recogieron muchos juguetes: caballitos, coches, muñecas, patines, pelotas.
Desconfiaba de los vecinos, de los compañeros de trabajo, del portero. Estaba como loco.
Ya sabes: a quien madruga.
Pero, no por mucho madrugar.
Julián era muy blasfemo. Siempre decía: «Me, en Dios y en el Santo Copón de Rueda» (el pueblo vecino).
Se acercó despacito, despacito, sin hacer ruido y, no había nadie.
Decía Antonio Machado: «que el hombre no es hombre hasta que no oye su nombre en boca de mujer. Puede ser, pero mucho sabe Onán que ignora, a veces, Don Juan».

(Pedro) —¡No lo consentiré de ningún modo! Y además.
(Luis) —Además lo consentirás porque no te queda más remedio.

—En otros tiempos.
—En otros tiempos, llovía también cuando Dios quería.

▷ Cite el siguiente texto de Michel de Montaigne encabezándolo con las palabras que aquí ponemos entre paréntesis (*Sobre la fama y la reputación*, dice Montaigne). Suprima en la cita el fragmento escrito en italiano y la parte de la última frase que dice «...que de cualquier otro sentimiento insensato»:

De todos los sueños del mundo, el más aceptado y universal es el cuidado de la reputación y de la gloria, por el cual llegamos a dejar riquezas, reposo, vida y salud, que son bienes efectivos y concretos, para seguir esa imagen vana y esa simple voz que no tiene ni cuerpo ni forma:

La fama ch'invaghisce a in dolce suono
Gli superbi mortali, e par si bella,
E un echo, un sogno, anzi d'un sogno un ombra
Ch'ad ogni vento si dilegua e sgombra.

Y parece que incluso los filósofos se libran más tarde y difícilmente de éste que de cualquier otro sentimiento insensato.

MICHEL DE MONTAIGNE, *Ensayos.*

▷3 Hágase dictar el siguiente texto por alguien que subraye las pausas adecuadamente y sin que haga explícita la puntuación:

> —Si usted acepta, madame Francinet... como todo nos hace esperar, dado que confiamos en su ayuda y no le pedimos nada... irregular, por decirlo así... en ese caso dentro de media hora estarán aquí mi esposa y su mucama, con las ropas adecuadas... y el auto, claro está, para llevarla a la casa... Por supuesto, será necesario que usted... ¿cómo decirlo?, que usted se haga a la idea de que es... la madre del difunto... Mi esposa le dará los informes necesarios y usted, naturalmente, deberá dar la impresión, una vez en la casa... Usted comprende... El dolor, la desesperación... Se trata sobre todo de los clientes —agregó—. Delante de nosotros bastará con que guarde silencio.
>
> JULIO CORTÁZAR,
«Los buenos servicios», en Ceremonias.

▷4 Ponga comas, puntos o puntos suspensivos donde corresponda. Recuerde que después de punto siempre debe ponerse mayúscula:

a) y yo digo que ambas alumna y maestra son igual de ignorantes cuando la primera dijo que las antípodas eran unos animales sin patas la otra ¡remachó poniendo como ejemplo a las culebras!

b) El ambiente se hacía más denso a cada instante desde lejos pero al mismo tiempo tan cerca que estaba dentro de la propia casa un viento helado calaba hasta los huesos súbitamente en el ático comenzaron a escucharse unos ruidos extraños

c) Su esposa siempre está pendiente del menor detalle vive para atenderlo en cambio él

Las frases de este ejercicio, con los puntos suspensivos correspondientes, son:

Recogieron muchos juguetes: caballitos, coches, muñecas, patines, pelotas...

Desconfiaba de los vecinos, de los compañeros de trabajo, del portero... Estaba como loco.

Ya sabes: a quien madruga...

Pero, no por mucho madrugar...

Julián era muy blasfemo. Siempre decía: «Me ... en Dios y en el Santo Copón de Rueda» (el pueblo vecino).

Se acercó despacito, despacito, sin hacer ruido y... no había nadie.

Dice Antonio Machado: «...que el hombre no es hombre hasta que no oye su nombre en boca de mujer. Puede ser... pero mucho sabe Onán que ignora, a veces, Don Juan».

(Pedro) —¡No lo consentiré de ningún modo! Y además...

(Luis) —Además lo consentirás porque no te queda más remedio.

—En otros tiempos...

—En otros tiempos, llovía también cuando Dios quería.

 Este ejercicio debería haber quedado del siguiente modo:

Sobre la fama y la reputación, dice Montaigne: «De todos los sueños del mundo, el más aceptado y universal es el cuidado de la reputación y de la gloria, por el cual llegamos a dejar riquezas, reposo, vida y salud, que son bienes efectivos y concretos, para seguir esa imagen vana y esa simple voz que no tiene ni cuerpo ni forma:

[...]

Y parece que incluso los filósofos se libran más tarde y difícilmente de éste...».

▷ Repase el dictado mirando el texto escrito en el punto 3 de los ejercicios.

▷ Estos son los textos con la correcta puntuación:

a) ...y yo digo que ambas, alumna y maestra, son igual de ignorantes. Cuando la primera dijo que las antípodas eran unos animales sin patas, la otra... ¡remachó poniendo como ejemplo a las culebras!

b) El ambiente se hacía más denso a cada instante... desde lejos, pero al mismo tiempo tan cerca que estaba dentro de la propia casa, un viento helado calaba hasta los huesos. Súbitamente, en el ático comenzaron a escucharse unos ruidos extraños...

c) Su esposa siempre está pendiente del menor detalle, vive para atenderlo. En cambio él...

Se definen las comillas compuestas como un signo ortográfico formado por dos parejas de comas altas, en posición volada (" "), o bajas («»), que marcan el principio y el final de una cita textual o de expresiones que se destacan por su singularidad. Las comillas simples (' '), por su parte, enmarcarían palabras que aparecen dentro de un texto que ya lleve los otros dos tipos de comillas.

1 ▶ Se emplean las comillas para expresar que el texto entrecomillado es cita literal de lo dicho o escrito por alguien. Las aclaraciones al texto citado se situarán fuera de las comillas y separadas de éste mediante los signos de puntuación que correspondan:

> Me aconsejó Luis: «No creas ni una palabra de lo que te pueda decir Amadeo».
> Según la ley de Parkinson, «el trabajo se ensancha hasta llenar el tiempo de que se dispone para terminarlo».
> El coronel declaró que estaba «profundamente consternado» y que a partir de ese momento su vida iba a cambiar «de manera radical».
> «Estamos encantados de estar aquí», manifestó el embajador, quien calificó de «sorprendente» la noticia de su nombramiento.
> «Es cierto que nuestros planes han sido desbaratados de momento», reconoció el capitán, «pero nuestros ideales se mantienen intactos», añadió mientras hacía la señal de victoria.

2 ▶ Se emplean las comillas para destacar los títulos de capítulos, relatos, poemas, etc., que forman parte de una obra más extensa cuyo título se cita en cursiva:

> «Diario a diario» es un breve apunte incluido en *Historias de cronopios y famas* de Julio Cortázar.
> Estuve leyendo el capítulo VIII, «La puerta de Occidente», de la *Breve historia de España*.

3 ▶ Se emplean las comillas para realzar las palabras usadas con ironía, doble sentido o con algún significado distinto del habitual (esta función también la desempeñan la cursiva y el subrayado, que es su equivalente en los textos escritos a mano):

> Todos sabemos que eres un «genio» de las altas finanzas.
> Mi coche es una «prolongación» de mis pies.
> Espero que vuestra afición a la filatelia no os lleve a formar un «sindicato del crimen».

4 ▶ Se emplean las comillas para resaltar las palabras extranjeras o aquellas otras truncadas o pronunciadas irregularmente. Este uso ha sido sustituido por la letra cursiva (o por el subrayado cuando se escribe a mano):

> La ciudad estaba cubierta de «smog» *(smog)*.
> A mi hijo le gusta mucho ir al «cole» *(cole)*.
> No te preocupes por él —me dijo su madre—; es un caso «perdío» *(perdío)*.

5 Se empleaban las comillas para sustituir aquellas palabras que tendrían que repetirse dentro de una serie (comillas de repetición). Las comillas con este uso están siendo sustituidas por la raya (→ el apartado *El guión y la raya*):

Provisiones: 5 latas de sardinas en aceite
              3 »   » guisantes en conserva
              2 »   » espárragos

6 Se empleaban las comillas para enmarcar los títulos de obras artísticas, revistas, libros, etc. *(La revista «Ajoblanco» publicó un artículo sobre la marihuana; «Crónica de una muerte anunciada» es una novela de Gabriel García Márquez)*, pero este uso ha sido sustituido por el empleo de cursiva (o por el subrayado cuando se escribe a mano):

En *La Vanguardia* aparece un reportaje sobre la violencia en el fútbol.
Las Meninas es obra de Velázquez.

7 Se emplean las comillas altas dentro de un texto entrecomillado con comillas angulares para resaltar determinadas palabras:

Su padre le dijo: «Hijo mío, eres un "genio". No sé si bueno o malo».
«No te preocupes», me dijo con una sonrisa misteriosa, «la invitación corre a cargo de "nuestro" negocio».

8 Se emplean las comillas simples para expresar que una palabra debe entenderse en un determinado sentido o para definir a otra; también se emplean para enmarcar palabras que aparecen en textos que ya llevan los otros dos tipos de comillas:

No habló de *rococó* en el sentido de 'estilo artístico de la Francia de Luis XV', sino más bien como 'una tendencia decorativa'.
¿Cómo puedo haber confundido *aizkolari*, en vasco 'leñador', con *askenazi*, 'judío de Europa central'?
«Como no sabía qué significaba *psicosis* le pregunté a mi profesora: "'Seño', ¿tú sabes qué significa *psicosis*?" Y ella me lo explicó muy bien.»

RECUERDE que actualmente se dispone de dos tipos de comillas: las altas o inglesas (" ") y las angulares o españolas («») y que ambas se emplean, indistintamente, para encerrar citas textuales y expresiones que han de ser destacadas por alguna razón.

1▷ Siguiendo el modelo *Dijo que tuviera cuidado* = *Dijo: «Ten cuidado»*, pase del estilo indirecto (reproducción no literal de lo dicho o pensado por alguien) al directo (reproducción literal) las siguientes frases:

Mi hermano me dijo que qué me creía yo.

El acusado declaró que lo había hecho por sentido de la "obediencia debida".

Acabó afirmando que sí, que había sido un error, que lo reconocía y que estaba dispuesto a asumir las consecuencias.

El capitán ordenó disparar sobre la diana.

Cuando salió, dijo que tardaríamos en verlo otra vez.

Dicen que fue Plauto quien dijo que el hombre es un lobo para el hombre.

Los futbolistas declararon que están dispuestos a todo con tal de obtener el campeonato.

Su novio le juró que ella era su único amor.

Al leer ante la directiva la renuncia a su cargo, el ejecutivo señaló que ésta se debía a "motivos de salud".

En las noticias dijeron que se aproxima un huracán y que debemos tomar precauciones.

2▷ Ponga comillas compuestas donde tengan que ponerse:

Bernarda gritó: ¡Silencio!

Contesta sí, quiero, a lo que voy a preguntarte.

Y a ti qué te importa que Peralta te llamara ladrón y descamisado, si no eres ni una cosa ni otra. Recuerda que a palabras necias, oídos sordos.

En el texto de Cervantes que has copiado, entre de la Mancha y de cuyo nombre has dejado caer un goterón de tinta.

3▷ Diga qué regla de uso de las comillas de las anteriormente estudiadas se usa en cada caso:

a) Fue Luis XIV quien dijo: «El Estado soy yo».

b) Te recomiendo que primero consultes «La revolución industrial» en la enciclopedia.

c) Es muy difícil «medir» la inteligencia de manera precisa.

d) Es un «artista»: rompe todo lo que toca.

e) El «house» es un género de música nacido en Chicago.

f) En el capítulo III, «Determinación Genética», de *Filosofía de bolsillo*, se sostiene que...

4 ▷ Corrija los errores de entrecomillación:

Ya lo dice el refrán: En boca «cerrada» no entran «moscas».

El centinela preguntó «que quién iba», y todos los muchachos salieron corriendo.

«Los primeros beneficiados» –dijo el presidente– «son los propios ciudadanos».

«¿Y de dónde ha sacado usted que *mur*, en castellano antiguo ratón, era una palabra elogiosa si se dirigía a personas?»

También allí llaman guagua al autobús de servicio urbano.

Me sonroja –dijo la muchacha– que «me digan guapa» los cadetes.

«El entrenador sentenció»: y ahora cincuenta «abdominales» más.

Dijo 'el' catedrático: aunque suenen «parecido», de ninguna manera es 'lo mismo' «un anfíbol que un anfibio».

Frases en estilo directo:

Mi hermano me dijo: «¿Qué te crees tú?»

El acusado declaró: «Lo he hecho por sentido de la 'obediencia debida'».

Acabó afirmando: «Sí, ha sido un error. Lo reconozco y estoy dispuesto a asumir las consecuencias».

El capitán ordenó: «Disparen sobre la diana».

Cuando salió dijo: «Tardaréis en verme otra vez».

Dicen que fue Plauto quien dijo: «El hombre es un lobo para el hombre».

Los futbolistas declararon: «Estamos dispuestos a todo con tal de obtener el campeonato».

Su novio le juró: «tú eres mi único amor».

Al leer ante la directiva la renuncia a su cargo, el ejecutivo señaló: «ésta se debe a 'motivos de salud'».

En las noticias dijeron: «Se aproxima un huracán; deben tomar precauciones».

 La correcta colocación de las comillas compuestas es:

Bernarda gritó: «¡Silencio!»

Contesta: «Sí, quiero», a lo que voy a preguntarte.

Y a ti qué te importa que Peralta te llamara «ladrón» y «descamisado» si no eres ni una cosa ni otra. Recuerda que «a palabras necias, oídos sordos».

En el texto de Cervantes que has copiado, entre «de la Mancha» y «de cuyo nombre» has dejado caer un goterón de tinta.

 Se señala la regla seguida en cada caso:

a) 1; b) 2; c) 4; d) 4; e) 5; f) 3.

▷ Corregidos los errores, las frases quedarían así:

Ya lo dice el refrán: «En boca cerrada no entran moscas».

El centinela preguntó que quién iba y todos los muchachos salieron corriendo (o también: El centinela preguntó: «¿Quién va?», y todos los muchachos salieron corriendo).

«Los primeros beneficiados —dijo el presidente— son los propios ciudadanos», o también: «Los primeros beneficiados», dijo el presidente, «son los propios ciudadanos».

¿Y de dónde ha sacado usted que «mur», en castellano antiguo 'ratón', era una palabra elogiosa si se dirigía a personas?

También allí llaman «guagua» al autobús de servicio urbano.

«Me sonroja —dijo la muchacha— que me digan 'guapa' los cadetes».

El entrenador sentenció: «Y ahora, cincuenta abdominales más».

Dijo el catedrático: «aunque suenen parecido, de ninguna manera es lo mismo un 'anfíbol' que un 'anfibio'».

El guión (-), también llamado raya corta, es un signo ortográfico que sirve para señalar que una palabra ha quedado partida al final de una línea, o para separar los componentes de una palabra compuesta, entre otros usos. La raya (—), el doble de larga que el guión, es una marca de inciso o aclaración y de principio de intervención en un diálogo.

1 Se utiliza el guión para marcar la división de una palabra que no cabe entera al final de línea. (La palabra no puede dividirse arbitrariamente; → el apartado *Partición de palabras.*)

> La infraestructura, entendida como ba-
> se física, comprende: la extensión su-
> perficial del país, su situación geo-
> gráfica, la orografía, el subsuelo, la
> forma de costas, el suelo, el clima, la
> hidrografía, la fauna y la vegetación.

2 Se utiliza el guión para separar los componentes de una palabra compuesta que no se ha consolidado por completo (*temas socio-políticos*). Se suprime, en cambio, el guión si los componentes constituyen una palabra compuesta ya consolidada: *hispanoamericano*, *norteamericano*, *tiovivo*, etc.

> código espacio-temporal
> complejo industrial-militar
> manual teórico-práctico
> relaciones norte-sur
> frontera germano-belga
> música tecno-rock

3 Se utiliza el guión para separar dos fechas que señalan el principio y fin de un período histórico, el nacimiento y la muerte de un autor, etc.

> La Revolución francesa (1789-1799) puso fin al antiguo régimen en Francia.
> Maria Callas (1923-1977) debutó en la Scala de Milán en 1950.

4 Se utiliza el guión para representar, en lingüística, los límites de los componentes léxicos de una palabra o, de manera más general, para representar su división silábica:

> cort- -o- -metr- -aje
> almendr- -a
> leon- -es
> am- -á- -ba- -mos

La palabra *caracol* tiene tres sílabas: ca-ra-col.

5 ▶ Se emplea el guión para separar letras y números en ciertas denominaciones (marcas comerciales, instituciones y organismos, etc.):

autovía M-18   bloque A-1

modelo F-16   el 23-F

6 ▶ No se emplea guión ni después de ciertos prefijos *(anti-, auto-, bio-, contra-, neo-, super-, vice-...)* ni después de la partícula *ex* ni del adverbio *no* cuando precede a nombres o adjetivos:

antiparasitario

semiconductor

neoliberal

intrauterino

ex alumno

ex marido

pacto de no intervención

objeto no identificado

7 ▶ Se emplea la raya para marcar el principio de lo que dice cada personaje en los diálogos:

—Chico, ya casi no te veo, de puro mareada.

—Pues no te remuevas tanto, si estás mareada; cuanto menos remuevas el vino, mejor.

—Bueno, me estaré quietecita —volvió los ojos hacia el río y la arboleda—. Ya es casi de noche del todo.

—Sí, casi.

RAFAEL SÁNCHEZ FERLOSIO, *El Jarama*.

8 ▶ Se emplea la raya para intercalar incisos o aclaraciones a modo de paréntesis:

Sainz desea avivar el fuego extinguido de una selección que no gana una medalla —la de bronce— desde el Europeo de 1991 en Roma.

9 ▶ Se emplea la raya para introducir, en los diálogos, alusiones y precisiones sobre quien habla.

—Yo no veo, Sancho —dijo don Quijote—, sino a tres labradoras sobre tres borricos.

Se emplea la raya para marcar el elemento que se sobreentiende de los componentes de una serie (esta función la desempeñan también las comillas, véase) y para encabezar cada uno de los elementos de una relación:

Rebajas en:
—ropa,
—alimentación,
—perfumería,
—artículos para el hogar, etc.

Empresas patrocinadoras:
—Snif, S.A.
—Trapacería, S.L.
—La Mercantil, etc.

RECUERDE que el guión que marca al final de línea la partición de una palabra no debe repetirse al principio de la línea siguiente y que la raya, como marca de inciso, desempeña una función similar a la de la coma y el paréntesis.

1 Reproduzca el diálogo de los personajes (El Capitán Trueno, Crispín y Goliath «Cascanueces») que aparecen en estas viñetas intercalando los verbos introductores *dijo...*, *replicó...*, etc. El objetivo del ejercicio es el uso de la raya.

© Ediciones B / Mora & Ambrós (1996).

2 Pase a estilo directo (reproducción literal de lo dicho por cada hablante) el siguiente texto:

Olegario me dijo muy irritado que me callara, que ya había hablado demasiado; le contesté sin perder la calma que no pensaba callarme hasta que él no me dijera toda la verdad sobre sus supuestas relaciones con Clara. Replicó que Clara era mi novia, que él lo tenía muy claro, y que todo eso no eran más que infundios.

3 En el siguiente texto, sustituya la barra oblicua (/) por raya o guión, según convenga:

/Cuenta, cuenta /dijo Daniel/. Quiero saberlo todo /añadió con malicia.

/Verás /empezó Ernesto/. Aunque había pensado /continuó tras una larga pausa/ que después de tantas lecciones teórico/prácticas /tan costosas, por cierto/ como he estado recibiendo /siempre a cargo del presupuesto familiar, como sabes/, ya era hora de que escribiera a mis padres esa misma tarde para explicarles por qué no quiero continuar los estudios científico/técnicos, decidí /con el presentimiento de que me arrepentiría más tarde/ telefonear a Julita y proponerle una merienda/cena donde a ella se le antojara...

/Te entiendo perfectamente, Ernesto /cortó Daniel poniendo cara de complicidad/. En tu lugar yo hubiera hecho lo mismo.

4 ▷ Escriba V (de *verdadero*) o F (de *falso*) al lado de cada afirmación, y, en caso de falsedad, dar la explicación correcta:

a) Para marcar los principios de las réplicas en los diálogos basta con un guión. ☐

b) En un inciso del tipo «...dijo...», intercalado entre las palabras de quien las dice, sólo hay que poner una raya inicial y un punto al final. ☐

c) Al separar una palabra entre dos líneas tiene que ponerse guión al final de la primera línea. ☐

d) Las fechas de nacimiento y muerte de un autor han de ir encerradas entre guiones y separadas por una raya oblicua. ☐

e) La partícula *ex* y el adverbio *no* cuando preceden a nombres o adjetivos deben llevar un guión de separación entre ellas y el nombre o adjetivo al que acompañan. ☐

f) Para marcar el elemento que se sobreentiende de los componentes de una serie se puede emplear la raya o también las comillas. ☐

5 ▷ Ponga guiones y rayas en el siguiente texto, según convenga. Atención: hay comas y otros signos que deberán ser sustituidos:

Le daremos una sorpresa a tu padre, dijo mi madre, mientras sacaba diversas cosas de la alacena, con un postre que seguro le va a encantar...

¡Pero mire, llamé su atención, ya casi no quedan huevos ni azúcar!

Es lo de menos. Los primeros los supliremos con crema y la segunda con miel. De todos modos, agregó, es poca la cantidad de pan que necesitamos hornear.

¿Cómo, pregunté perpleja, una tarta que no lleva pan?...

Se llaman tartaletas, me explicó, y consisten en una especie de cazoletita de pan, que llenaremos con crema y frutas. Una vez preparadas, las pondremos a enfriar y quedarán deliciosas.

¿Lavo las manzanas?, le pregunté, husmeando en el refrigerador; ¡Podremos hacer unas tartaletas con ellas! ¡Y además, leí que ahora aplican en su cultivo muy buenas sustancias antiparasitarias!

Se nota que son tu fruta favorita, comentó ella, en tono divertido ¡Anda pues, haremos unas de manzana y otras de uva!

Dicho lo cual, ambas pusimos manos a la obra.

▷ 1   Pueden darse transcripciones con ligeras variantes:

[El Capitán Trueno] con un suspiro, sigue nadando...
—¡Valor, amigos! —dice a sus amigos, animándolos—. ¡Ya falta poco!
Algo después... [llegan a la isla.]
    —¡Uf! Por fortuna, estaba cercana —dice el Capitán—.
    —¡Brrr...! ¡Estoy helado! —se lamenta Goliat—. ¿Tienes idea de dónde estamos, Capitán?
    —La tempestad —contesta el héroe— no puede habernos arrastrado muy lejos. ¡Estaremos en alguna parte del Golfo de Bengala!
    [Adentrándose en la isla, el Capitán propone:]
    —Busquemos cobijo entre las rocas... ¡Encenderemos un buen fuego y pronto estaremos como nuevos!
    Nuestros amigos tienen la fortuna de encontrar una cueva y allí... [se disponen a encender fuego.]
    —¿A dónde vas, Cascanueces? —pregunta Crispín—.
    —Me parece que es inútil que le preguntes, Crispín —tercia el Capitán—.
    —¿De qué sirve un buen fuego, si no hay nada que asar en él...? —se pregunta Goliath—. En seguida vuelvo.

▷ 2   La solución al ejercicio es la siguiente:

    —Cállate —dijo Olegario, muy irritado—. Ya has hablado demasiado.
    —No pienso callarme —contesté sin perder la calma— hasta que tú no me digas toda la verdad sobre tus supuestas relaciones con Clara.
    —Clara es tu novia —replicó—, lo tengo muy claro, y todo eso no son más que infundios.

▷ 3   El resultado de la sustitución de la barra oblicua por el guión o la raya es el siguiente:

    —Cuenta, cuenta —dijo Daniel—. Quiero saberlo todo —añadió con malicia.
    —Verás —empezó Ernesto—. Aunque había pensado —continuó tras una larga pausa— que después de tantas lecciones teórico-prácticas —tan costosas, por cierto— como he estado recibiendo —siempre a cargo del presupuesto familiar, como sabes—, ya era hora de que escribiera a mis padres esa misma tarde para explicarles por qué no quiero continuar los estudios científico-técnicos, decidí —con el presentimiento de que me arrepentiría más tarde— telefonear a Julita y proponerle una merienda-cena donde a ella se le antojara...
    —Te entiendo perfectamente, Ernesto —cortó Daniel poniendo cara de complicidad—. En tu lugar yo hubiera hecho lo mismo.

4▷ Solución al ejercicio cuarto:

   a) F   (hay que poner raya)
   b) F   (se pondrá el inciso entre dos rayas)
   c) V
   d) F   (han de ir separadas por un guión)
   e) F   (deben llevar un espacio)
   f) V

5▷ Con rayas y guiones, el texto se lee así:

   —Le daremos una sorpresa a tu padre —dijo mi madre, mientras sacaba diversas cosas de la alacena— con un postre que seguro le va a encantar...

   —¡Pero mire —llamé su atención—, ya casi no quedan huevos ni azúcar!

   —Es lo de menos. Los primeros los supliremos con crema y la segunda con miel. De todos modos —agregó— es poca la cantidad de pan que necesitamos hornear.

   —¿Cómo —pregunté perpleja—, una tarta que no lleva pan?...

   —Se llaman tartaletas —me explicó— y consisten en una especie de cazoletita de pan, que llenaremos con crema y frutas. Una vez preparadas, las pondremos a enfriar y quedarán deliciosas.

   —¿Lavo las manzanas? —le pregunté, husmeando en el refrigerador—. ¡Podremos hacer unas tartaletas con ellas! ¡Y además, leí que ahora aplican en su cultivo muy buenas sustancias antiparasitarias!

   —Se nota que son tu fruta favorita —comentó ella, en tono divertido—. ¡Anda pues, haremos unas de manzana y otras de uva!

   Dicho lo cual, ambas pusimos manos a la obra.

Paréntesis [()], corchetes ([]) y llaves ({}) son signos ortográficos que tienen en común su función aislante, pues sirven para enmarcar dentro de un texto información complementaria o aclaratoria con respecto a la considerada principal. Los más usuales son los paréntesis curvos.

1 ▸ Se usan los paréntesis para introducir una aclaración más o menos incidental. (Se diferencian en este uso de otros signos aislantes como la coma y la raya en que pueden enmarcar interrupciones muy largas, puntuadas como textos autónomos):

En muchos países, para votar es necesario ser mayor de edad (mayor de dieciocho años).
Aristófanes atacó tanto a hombres célebres (Cleón, Sócrates) como a dioses (Dionisio, Heracles).
Ése es nuestro objetivo: divulgar nuestra tesis (que la esencia —la identidad de un ser— se opone a la existencia —el hecho mismo de ser).
Cervantes fue enterrado en el convento de las trinitarias descalzas de la calle Cantarranas (hoy Lope de Vega) de Madrid.

2 ▸ Se usan los paréntesis para enmarcar datos explicativos, detalles, significado de palabras extranjeras o de abreviaturas, autor y obra a que pertenece una cita, años de duración de un período, provincia, departamento o país de una localidad, etc.:

En algunos países se produjo un «slump» (hundimiento) de la economía.
Asia es el continente más poblado (60% de la humanidad).
Había nacido en Córdoba (Argentina).
El jansenismo fue ampliamente tolerado por Luis XIV (1669-1679).
Las señoritas de Aviñón (Picasso, 1907) es considerado el primer cuadro cubista.
«El día en que lo iban a matar, Santiago Nasar se levantó a las 5.30 de la mañana...» (GABRIEL GARCÍA MÁRQUEZ, *Crónica de una muerte anunciada*).

3 ▸ Se usan los paréntesis para diferenciar en las obras de teatro las acotaciones y los apartes:

DON ROSARIO.—Yo no podría dormir tranquilo si supiese que debajo de la cama hay una bota... Llamaré ahora mismo a una criada.

(Saca una campanilla del bolsillo y la hace sonar.)

DIONISIO.—No. No toque más. Yo iré por ella. *(Mete parte del cuerpo debajo de la cama.)* Ya está. Ya la he cogido. *(Sale con la bota.)* Pues es una bota muy bonita. Es de caballero...

MIGUEL MIHURA, *Tres sombreros de copa.*

4 ▶ Se usan los paréntesis en un diálogo introducido por guión (por ejemplo, en un texto narrativo) si hay que introducir una aclaración de la misma persona que habla:

—Estudiaré muy bien la propuesta que acaban de hacerme. Es muy probable que termine aceptándola (si me interesa, claro).

5 ▶ Se usan los paréntesis para reescribir, en la correspondencia comercial, una cantidad en número junto a su representación en letras:

Por la realización de la totalidad de trabajos, Cambra, S.A., abonará al colaborador la cantidad de setecientos cincuenta mil pesos. ($750 000).

6 ▶ Se emplea un solo paréntesis para aislar el número o la letra con que se enumeran los diferentes apartados de un trabajo, los elementos de un conjunto o una serie cualquiera:

El trabajo consta de las partes siguientes:

a) Introducción
b) Metodología
c) Desarrollo de la tesis
d) Conclusiones
e) Apéndice bibliográfico

7 ▶ Se usan los paréntesis rectangulares o corchetes —el signo más aislante de entre los parentéticos— para encerrar datos o aclaraciones que añade en un texto quien lo transcribe, para hacerlo más comprensible:

«Es cien por cien seguro
que el mortero [serbio] fue al-
canzado. Esta arma [el cañón
de 155 milímetros] es una
obra de arte. No falla, y debo
pensar que hubo bastante
daño alrededor [del blanco]»,
dijo el teniente coronel Chris
Vernon, portavoz militar de
la ONU en Sarajevo.

El País, 24-VIII-95.

8 ▶ Se usan los corchetes para incluir en un texto transcrito opiniones, observaciones: *sic*, para indicar literalidad, puntos de elisión para indicar que se omiten fragmentos, etc.:

«Me tratan con mucha diferencia» [quiso escribir *deferencia*], decía en su carta.
«Las órdenes del comandante fueron atacadas [*sic*, por *acatadas*] sin rechistar por todos los soldados.»

Se usan las llaves —a veces asimiladas a los corchetes— para encerrar esquemas, la enumeración de miembros de un conjunto, etc.:

$$
\text{Poetas de la Generación del 27}
\begin{cases}
\text{F. García Lorca} \\
\text{R. Alberti} \\
\text{Luis Cernuda} \\
\text{Jorge Guillén, etc.}
\end{cases}
$$

$$
\text{Líquidas}
\begin{cases}
\text{Laterales} & \begin{cases} \text{Alveolares} \\ \text{Palatales} \end{cases} \\
\text{Vibrantes} & \begin{cases} \text{Simple} \\ \text{Múltiple} \end{cases}
\end{cases}
$$

RECUERDE para el buen uso del paréntesis que esta modalidad permite delimitar incisos de cierta extensión de manera más clara que otros signos aislantes, y para el del corchete, que este signo se utiliza para inclusiones que tienen un carácter más ajeno al texto principal.

1 ▷ Diga qué regla de uso de paréntesis y corchetes se cumple en cada caso:

a) «Dije que hoy mismo daría una explicación [de por qué no quiso adelantar su viaje al extranjero], y ya ven que la estoy dando», declaró el Presidente.

b) —EL REY. *(Dolido, se aparta.)* Yo os he amado... Ahora veo que vos no me amasteis.

c) El programa deportivo se completó con una exhibición de *aizkolaris* (en vasco, 'cortadores de troncos').

d) Los 178 países miembros del FMI (Fondo Monetario Internacional) se reunieron esta semana en Madrid.

e) Calais (puerto francés) fue ocupado por los ingleses en 1347.

f) En *Ariel* (1900), Rodó exalta los valores culturales e históricos de la latinidad.

g) La isla de Murano (Venecia) es famosa por su cristalería.

h) Flash Multimedia, S.A. abonará a Mundifoto, S.A. la cantidad de ciento veinticinco mil pesos ($125 000).

i) «La naturaleza está constituida de tal manera que es experimentalmente imposible determinar sus movimientos absolutos» (Albert Einstein).

j) Todos los alumnos aprobaron el examen (todos menos uno, que no se presentó).

2 ▷ Escriba los signos de puntuación que faltan:

Miguel de Cervantes 1547-1616 nació en Alcalá de Henares Madrid.

El locutor recalcó que el Boca Jr. «infringió» *sic* por 'infligió' una severa derrota al Santos de Brasil ganó por 5-1.

Ignacio Pérez campeón de pesos pesados y Daniel Martos subcampeón se enfrentarán el próximo lunes 30 de noviembre en un combate de exhibición.

Presenté la TIP Tarjeta de Identificación Personal pero me dijeron que estaba caducada acabó su validez el mes pasado.

«Iré el martes por hoy al tribunal de incidencias a pedir revisión del examen de matemáticas» me dijo anteayer cuando nos despedíamos a la salida de clase.

Al ir Dionisio el protagonista masculino de *Tres sombreros de copa* nerviosamente hacia la puerta tira del auricular y rompe el cordón. Intenta arreglarlo. No puede. Se desconcierta aún más.

«Lo divino está en lo humano» José Martí.

Dijo la portera que no iba a lavar el pasillo porque tenía una "afectación" *sic*, por 'afección' en las "amíctalas" *sic*, por 'amígdalas' que le produjo fiebre.

La obra del pintor Jerónimo Bosch llamado El Bosco, 1450-1516; su apellido era Van Aeken o Aken, se distingue por un simbolismo extraño, producto de una gran imaginación.

El vendedor insistió, para mí que pensaba estafarme, en que ese florero era tan caro, porque lo importaron de Sumatra, pero ignoraba que yo había visto unos iguales, muy baratos, en el mercado de artesanías.

3▷ Escriba todos los ejemplos y las reglas de uso del paréntesis, corchete y llave que recuerde.

4▷ Sintetice el contenido esencial del texto siguiente, mediante el empleo de llaves:

Popularmente, suele llamarse *insecto* a cualquier bicho pequeño de más de cuatro patas. Pero conviene aclarar que no pertenecen a esta clase de invertebrados ni las arañas, ni los ciempiés, ni las cochinillas.

Un verdadero insecto posee características muy bien definidas, como: tres pares de patas, cuerpo dividido en tres regiones perfectamente delimitadas, que son cabeza, tórax y abdomen. En la cabeza están los ojos (que tienen la peculiaridad de ser facetados), un par de antenas (donde se alojan los órganos olfativos) y piezas bucales que, según su forma, son empleadas para aplastar, chupar o morder. En el área del tórax se acomodan los tres pares de patas y, en su caso, las alas. En vez de pulmones, utilizan para respirar una serie de tubitos o tráqueas que se ramifican por todo el cuerpo, aunque son más abundantes en el área del abdomen que también contiene otros órganos, como los digestivos y reproductivos.

Las reglas del uso del paréntesis y de los corchetes que se cumplen en cada caso son las siguientes:

a) la regla 7
b) la regla 3
c) la regla 2
d) la regla 2
e) la regla 2
f) la regla 2
g) la regla 2
h) la regla 5
i) la regla 2
j) la regla 1

 Una vez colocados los signos de puntuación las frases quedarían de la siguiente manera:

Miguel de Cervantes (1547-1616) nació en Alcalá de Henares (Madrid).

El locutor recalcó que el Boca Jr. «infringió» [*sic*, por 'infligió'] una severa derrota al Santos de Brasil [ganó por 5-1].

Ignacio Pérez (campeón de pesos pesados) y Daniel Martos (subcampeón) se enfrentarán el próximo lunes (30 de noviembre) en un combate de exhibición.

Presenté el TIP (Tarjeta de Identificación Personal) pero me dijeron que estaba caducado (acabó su validez el mes pasado).

«Iré el martes [por hoy] al tribunal de incidencias a pedir revisión del examen [de matemáticas]», me dijo anteayer cuando nos despedíamos a la salida de clase.

(Al ir Dionisio [el protagonista masculino de *Tres sombreros de copa*], nerviosamente, hacia la puerta, tira del auricular y rompe el cordón. Intenta arreglarlo. No puede. Se desconcierta aún más.)

«Lo divino está en lo humano» (José Martí).

Dijo la portera que no iba a lavar el pasillo porque tenía una «afectación» [*sic*, por 'afección'] en las «amíctalas» [*sic*, por 'amígdalas'] que le produjo fiebre.

La obra del pintor Jerónimo Bosch [llamado El Bosco, (1450-1516); su apellido era Van Aeken o Aken] se distingue por un simbolismo extraño, producto de una gran imaginación.

El vendedor insistió [para mí, que pensaba estafarme] en que ese florero era tan caro, porque lo importaron de Sumatra (pero ignoraba que yo había visto unos iguales, muy baratos, en el mercado de artesanías).

▷ Corrija este ejercicio repasando las nueve normas expuestas en las páginas 188, 189 y 190 sobre el uso de paréntesis, corchetes y llaves.

4▷ El contenido del texto, sintetizado usando llaves, queda como sigue:

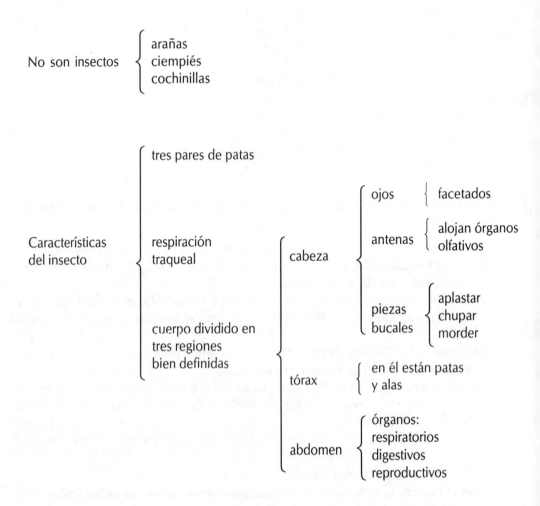

No son insectos
{
arañas
ciempiés
cochinillas
}

Características del insecto
{
tres pares de patas

respiración traqueal

cuerpo dividido en tres regiones bien definidas
{
cabeza
{
ojos { facetados

antenas { alojan órganos olfativos

piezas bucales { aplastar chupar morder
}

tórax { en él están patas y alas

abdomen { órganos: respiratorios digestivos reproductivos
}
}

Si en el habla se manifiestan las preguntas con una modalidad de entonación, en la escritura, para su representación, se recurre a un par de signos, uno inicial o de apertura (¿) y otro final o de cierre (?). Entre ambos signos se contiene aquello que es objeto de interrogación directa *(¿En qué estás pensando?)*. Si la misma pregunta se plantea indirectamente, los signos de interrogación desaparecen *(Me pregunto en qué estarás pensando...)*.

1 Los signos de interrogación sirven para marcar el principio y el final de una pregunta formulada en estilo directo:

> ¿Cómo se llama?
> ¿Te enteraste de lo que le pasó a Ramiro?

2 Si la pregunta afecta a una parte de la frase, los signos de interrogación se ponen donde empiece y termine lo preguntado:

> Juan, dime, ¿cómo te enteraste de lo de Ramiro? Porque yo, que soy su hermano, acabo de saberlo ahora mismo.
> Pero, ¿estás loco o qué?, ¡mira que pasar el semáforo en rojo...!

3 Si se formulan varias preguntas consecutivas, cada una tiene que llevar sus propios signos y empezar por mayúscula:

> ¿Qué dices? ¿Cuándo ha sido? ¿Quién te lo ha contado? ¿Lo sabe vuestro padre? ¿Y dónde está ahora?

4 Si son muy breves, las preguntas consecutivas pueden escribirse como en el ejemplo anterior —con mayúscula al principio de cada una— o bien separadas por comas o por puntos y comas y con minúscula:

> ¿Cómo vienes así?, ¿dónde has estado?, ¿con quién?, ¿qué habéis hecho?

5 Si una frase es a la vez interrogativa y exclamativa, se utilizan ambos signos, al principio y al final. Lo ideal es dar preponderancia al que rige la intención de la frase, aunque debe tenerse presente que la colocación de dichos signos, en la lengua escrita, puede variar significativamente el sentido de la misma:

> ¿¡Que se atrevió a negarlo!?
> ¿¡Qué!? ¿Se atrevió a negarlo?
> ¿Qué?... ¿¡Se atrevió a negarlo!?
> ¿¡Cómo te atreves!?

¿¡Cómo!? ¿Te atreves?
¿¡Te atreves!?... ¿Cómo?

6 ▸ Se usa un solo signo interrogativo (el de cierre) para expresar inseguridad o desconocimiento:

No estoy seguro, pero creo que dijo «perigeo» (?).
Gutierre de Cetina (Sevilla, 1520-México, ?)

RECUERDE que después del cierre de interrogación (?) no se escribe punto, que es incorrecto prescindir del signo de interrogación inicial y que no se escribe mayúscula después de la interrogación si lo que sigue es complementario.

 Todas estas frases contienen errores de puntuación. Localícelos y corríjalos.

> ¿A qué hora quedamos, me preguntó antes mi hermano?
> ¿Lo has consultado con el médico? y con el curandero?
> Dime: vienes o te quedas?.
> ¿Que te deje salir! Cómo te atreves a pedirme eso?
> Te has preguntado alguna vez quiénes somos, adónde vamos? ¿y de dónde venimos?.
> Mateo Alemán (Sevilla 1547-México ¿).
> ¿Qué tendrá ese niño Porqué llora ¿tanto?
> Respóndeme: lavaste las jaulas de los pájaros le diste de comer al perro? tiraste la basura... acaso ¿debo recordarte? tus deberes cada día...
> Supongo que la palabra que buscamos ¿es bioluminiscencia?, pero mejor verifica en el diccionario.
> ¿Esos vecinos? ruidosos padecerán sordera ¿o más bien tienen complejo de inferioridad.
> ¿Pero acaso no sabías que? esa planta es (?) urticante, Debes grabarte muy bien su aspecto y tener más cuidado la próxima vez.
> ¿Cómo puedo? abrir un coco sin que se derrame su agua.

 Convierta en interrogativos los siguientes enunciados:

> Eres joven, tienes trabajo, dinero, amigos... Y dices que no eres feliz y que te extraña que no te entienda.
> Te irás de casa dentro de unos años, dices.
> Olvidó lo que había aprendido.
> Otros lo hicieron antes. Tú no serás menos.
> Los almendros han florecido este invierno antes de tiempo.
> Te quejas de tu soledad pero... no te das cuenta de que tú misma la has propiciado.
> Alberto Durero fue pintor y grabador.
> Es mejor beber el vino blanco frío.
> Reiteró que esa película no le interesaba y a pesar de ello fue al cine.
> Puedes tomar bicarbonato para tu acidez.

 Convierta en directas las siguientes interrogaciones indirectas:

> Me pregunto cómo puedes pensar en abandonar a tu familia.
> Dime si vendrás a mi fiesta.

Me gustaría saber cómo te llamas.
No me has dicho todavía quién te lo contó.
Cuéntame cómo te ha ido por Mallorca.
Te he preguntado si estás enfermo o qué.
Dime cuántos y quiénes apoyarán tu propuesta sin ninguna objeción.
Quisiera que me explicara cómo cultivar tulipanes.
Pienso si lo que quieres es agotar mi paciencia.
Platícanos cómo te fue en tu primer día de trabajo.

▷ **4** En este fragmento de la epístola «A José María Palacio» se han suprimido los signos de interrogación iniciales. Escríbalos donde tienen que figurar:

> Palacio, buen amigo,
> está la primavera
> vistiendo ya las ramas de los chopos
> del río y los caminos? En la estepa
> 5 del alto Duero, Primavera tarda,
> ¡pero es tan bella y dulce cuando llega!...
> Tienen los viejos olmos
> algunas hojas nuevas?
> Aún las acacias estarán desnudas
> 10 y nevados los montes de las sierras.
> ¡Oh mole del Moncayo blanca y rosa,
> allá, en el cielo de Aragón, tan bella!
> Hay zarzas florecidas
> entre las grises peñas,
> 15 y blancas margaritas
> entre la fina hierba?
> Por esos campanarios
> ya habrán ido llegando las cigüeñas [...].

ANTONIO MACHADO, *Campos de Castilla.*

1 Las frases del ejercicio correctamente puntuadas son las siguientes:

¿A qué hora quedamos?, me preguntó antes mi hermano.

¿Lo has consultado con el médico? ¿Y con el curandero? (O también: ¿Lo has consultado con el médico y con el curandero?)

Dime: ¿vienes o te quedas?

¿Que te deje salir? (o: ¿¡Que te deje salir!?) ¿Cómo te atreves a pedirme eso?

¿Te has preguntado alguna vez quiénes somos, adónde vamos y de dónde venimos?

Mateo Alemán (Sevilla, 1547- México, ?).

¿Qué tendrá ese niño? ¿Por qué llora tanto?

Respóndeme: ¿Lavaste las jaulas de los pájaros? ¿Le diste de comer al perro? ¿Tiraste la basura?... ¡¡Acaso debo recordarte tus deberes cada día!?...

Supongo que la palabra que buscamos es bioluminiscencia (?), pero mejor verifica en el diccionario.

Esos vecinos ruidosos ¿padecerán sordera? ¿O más bien tienen complejo de inferioridad?

Pero ¿acaso no sabías que esa planta es urticante? Debes grabarte muy bien su aspecto y tener más cuidado la próxima vez.

¿Cómo puedo abrir un coco sin que se derrame su agua?

2 La solución al ejercicio es la siguiente:

¿Eres joven?, ¿tienes trabajo, dinero, amigos...? ¿Y dices que no eres feliz y que te extraña que no te entienda?

¿Te irás de casa dentro de unos años?, dices.

¿Olvidó lo que había aprendido?

¿Otros lo hicieron antes? ¿Tú no serás menos?

¿Han florecido los almendros este invierno antes de tiempo?

¿Te quejas de tu soledad? Pero... ¿no te das cuenta de que tú misma la has propiciado?

¿Fue Alberto Durero pintor y grabador?

¿Es mejor beber el vino blanco frío?

¿Reiteró que esa película no le interesaba? ¿Y a pesar de ello fue al cine?

¿Puedes tomar bicarbonato para tu acidez?

3 Las interrogaciones indirectas convertidas en directas, pueden quedar así:

¿Cómo puedes pensar en abandonar a tu familia?, me pregunto.

¿Vendrás a mi fiesta?

¿Cómo te llamas?

¿Quién te lo contó?

¿Cómo te ha ido por Mallorca?
¿Estás enfermo o qué?
¿Cuántos y quiénes apoyarán tu propuesta sin ninguna objeción?
¿Me explica cómo cultivar tulipanes?
¿Quieres agotar mi paciencia?
¿Cómo te fue en tu primer día de trabajo?

4 ▷ Debe ponerse interrogación en los versos:

2   («¿está...?»)
7   («¿Tienen...?»)
13   («¿Hay...?»)

Mientras que en el habla se puede manifestar sorpresa, asombro o cualquier otra emoción exaltada —o simplemente enfática— mediante una especial entonación de voz, en la escritura, para representar cualquier exclamación, se recurre a los signos de admiración, uno inicial o de apertura (¡) y otro final o de cierre (!). Entre ambos signos se contiene aquello que es objeto de exclamación.

1 ▶ Se ponen los signos de admiración al principio y al final de los enunciados exclamativos (aquellos que expresan un sentimiento o una emoción con intensidad):

> ¡Está nevando!
> ¡Qué desastre!
> ¡Qué demonio de hombre!
> ¡Corre, que te alcanzo!
> ¡Fuera de aquí!

2 ▶ Si la exclamación afecta a una parte de la frase, los signos de admiración se ponen donde empiece y termine la exclamación:

¡A las armas!, gritaron todos.
Íbamos tan tranquilos cuando —¡no veas la que se armó!— empezaron los de Gochinde a tirarnos piedras desde el puente.
Y ahora, ¡para que te enteres!, me voy de viaje con Julián, y a ti ¡que te parta un rayo!

3 ▶ Se suelen escribir entre signos de admiración las interjecciones (*¡ay!*, *¡oh!*), las apelaciones (*¡Oiga!*, *¡Eh, usted!*), ciertas invocaciones religiosas (*¡Dios mío, protégeme!*) y, en algunos casos, ciertas formas verbales imperativas y exhortativas:

> ¡Cállese!
> ¡Hazlo inmediatamente!
> ¡Sálvese quien pueda!
> ¡Huyamos!

4 ▶ Si se manifiestan varias exclamaciones seguidas, cada una tiene que llevar sus propios signos y empezar por mayúscula:

¡Ladrón! ¡Malas entrañas! ¡Ojalá te despidan del trabajo!
¡Sentaos! ¡Sentaos y callaos, por favor!
¡Socorro! ¡Auxilio! ¡Ayúdenme!
¡Corred! ¡Venid! ¡Mira qué bicho tan raro hay aquí debajo!

5 Si son muy largas las exclamaciones en serie pueden escribirse como en los ejemplos anteriores —con mayúscula al principio de cada enunciado— o separadas por comas o por puntos y comas y con minúscula:

> ¡Corre!, ¡que te agarro!
> ¡Ay, Dios mío!, ¡lo que tenemos que sufrir!
> ¡Qué desastre!, ¡qué ruina!, ¡cuánta basura!, ¡cuánta porquería junta!
> ¡Calla!, ¡luego me lo cuentas!

6 Si una frase es a la vez interrogativa y exclamativa, se utilizan ambos signos, al principio y al final. Lo ideal es dar preponderancia al que rige la intención de la frase, aunque debe tenerse presente que la colocación de dichos signos, en la lengua escrita, puede variar de manera significativa el sentido de la misma:

> ¡¿Que no te lo dio?!
> ¡¿Qué?! ¡¿No te lo dio?!
> ¡¿Que has visto un platillo volante?!
> ¡¿Qué?! ¡¿Has visto un platillo volante?!
> ¡¿Qué has visto?! ¡¿Un platillo volante?!

7 Se usa el signo de admiración de cierre, escrito entre paréntesis, para expresar el asombro que produce lo expresado por otro:

> Dijo de sí mismo que era un genio (!).
> Costaba cincuenta mil dólares (!).
> Imagínate que no tuvo reparos en ponerse a cantar (!), con la voz que tiene.
> Al llegar se excusó (!); era la primera vez que lo hacía por llegar tarde.

RECUERDE que después del cierre de admiración (!) no se escribe punto, que es incorrecto prescindir del signo de admiración inicial y que no se escribirá mayúscula después de la exclamación si lo que sigue es complementario.

 Todas estas frases contienen errores de puntuación. Localícelos y corríjalos. (En algunos casos pueden ser válidas diferentes soluciones, según la interpretación.)

Hay que ver cómo se ha puesto este niño!

«¡A ver si traes buenos frenos»!, y se tiró bajo el coche. (MAX AUB, *Crímenes ejemplares.*)

¡Estáte quieto de una vez!. Que no me dejas hacer nada.

Encontrará el camino ¡fácilmente: no tiene más que seguir en línea recta!

¡Un sobresaliente. Qué suerte!

El hombre miraba a la lejanía, ¡pero, qué extraño!, ¿por qué se tapaba un ojo a ratos?

¡Dile: «Sí, quiero!»

¡No hay nada más que hablar: eso es todo lo que quería decirte!

Que esperen, que para eso soy yo el director!

Ví al marinero! engullirse cuatro platos de bacalao.

Dijo que para no maltratar ¡ese sillón jamás! iba a sentarse en él y mira que lo ha cumplido, así de excéntricos son algunos!

Oh dioses –invocó el sacerdote– ¡Os pedimos! recibir con beneplácito esta ofrenda!.

 Ponga exclamaciones donde considere que tiene que haberlas:

Ah, qué cansada estoy. Voy a sentarme en este banco hasta que lleguen las demás.

Lo reconozco, fue divertido. Cómo nos reímos.

Oh, no. Allí todas las mujeres son muy altas.

Es tan encantador. ¿Cómo puedes decir que no te gusta?

Corre, ahora. Ha dejado de llover.

Avanzábamos muy lentamente y, pum, se oyó un disparo.

Dios mío, Dios mío, ¿y ahora qué voy a hacer?

 Imagine respuestas exclamativas para cada uno de estos enunciados:

Ha dejado de llover. Podemos salir al jardín.

¿No sabes que han ascendido a Juan?

Se me ha muerto mi gatito.

Mis padres se marchan el fin de semana, así que podemos estar juntos.

He resuelto el problema que me planteaste.

Le proponemos un juego de paráfrasis. Lea el texto que sigue y procure reescribir la misma anécdota empleando enunciados exclamativos:

> En el S, a una hora de tráfico. Un tipo de unos veintiséis años, sombrero de fieltro con cordón en lugar de cinta, cuello muy largo como si se lo hubiesen estirado. La gente baja. El tipo en cuestión se enfada con un vecino. Le reprocha que lo empuje cada vez que pasa alguien. Tono llorón que se las da de duro. Al ver un sitio libre, se precipita sobre él.

RAYMOND QUENEAU, «Notaciones»,
en *Ejercicios de estilo*.

▷ La solución a los errores de puntuación de este ejercicio es la siguiente:

¡Hay que ver!, ¡cómo se ha puesto este niño!

«¡A ver si traes buenos frenos!», y se tiró bajo el coche. (MAX AUB, *Crímenes ejemplares*).

¡Estáte quieto de una vez! ¡Que no me dejas hacer nada! (o también: ¡Estáte quieto de una vez! Que no me dejas hacer nada).

Encontrará el camino fácilmente: no tiene más que seguir en línea recta (o: ¡Encontrará el camino fácilmente! No tiene más que seguir en línea recta).

¡Un sobresaliente! ¡Qué suerte!

El hombre miraba a la lejanía, pero, ¡qué extraño!, ¿por qué se tapaba un ojo a ratos?

Dile: «¡Sí, quiero!».

¡No hay nada más que hablar! Eso es todo lo que quería decirte.

¡Que esperen!, que para eso soy yo el director.

Vi al marinero engullirse cuatro platos (!) de bacalao.

Dijo que para no maltratar ese sillón, jamás iba a sentarse en él ¡y mira que lo ha cumplido! ¡Así de excéntricos son algunos!

¡Oh dioses! —invocó el sacerdote— ¡Os pedimos recibir con beneplácito esta ofrenda!

▷ Se transcriben sólo los fragmentos que tienen que llevar signos de exclamación:

¡Ah, qué cansada estoy! Voy a...

Lo reconozco, fue divertido. ¡Cómo nos reímos!

¡Oh, no! Allí...

¡Es tan encantador! ¿Cómo puedes decir que no te gusta?

¡Corre!, ¡ahora! Ha dejado...

Avanzábamos muy lentamente y, ¡pum!, se oyó un disparo.

¡Dios mío, Dios mío!, ¿y ahora...?

▷ Las respuestas pueden variar, claro. Proponemos las siguientes a título indicativo:

¡Estupendo! ¡Qué bien!

¿Que le han ascendido? No me lo puedo creer. ¡Increíble!

¡Oh, qué pena! ¡Con lo cariñoso que era!

¡Bien por tus padres! ¡Qué bien lo vamos a pasar juntos!

¡Eureka! ¡Con lo difícil que era...! ¡Te felicito, muchacho!

▷ Le ofrecemos, a título ilustrativo, la solución que daría un personaje del mismo autor:

¡Ostras! ¡Las doce! ¡Hora de coger el autobús! ¡Cuánta gente! ¡Cuánta gente! ¡Cuánta gente! ¡Qué apreturas! ¡Qué gracia! ¡Ese pollo! ¡Qué jeta! ¡Y qué cuello! ¡Setenta y cinco centímetros! ¡Por lo menos! ¡Y el cordón! ¡Vaya cordón! ¡No lo había visto! ¡El cordón! ¡Es lo más gracioso! ¡Sí, eso! ¡El cordón! ¡En el sombrero! ¡Un cordón! ¡Gracioso! ¡Muy gracioso! ¡Y mira cómo se cabrea! ¡El del cordón! ¡Con un vecino! ¡Lo que le larga! ¡Mira el otro! ¡Que le ha pisoteado! ¡Se van a dar de tortas! ¡Seguro! ¡A que no! ¡A que sí! ¡Dale! ¡Dale! ¡Pártele la cara! ¡Venga! ¡Atízale! ¡Mecachis en la mar! ¡No! ¡Se arruga! ¡El tío! ¡Y qué cuello! ¡Y qué cordón! ¡Mira cómo vuela al asiento! ¡Allá va! ¡El tío!

RAYMOND QUENEAU,
«Exclamaciones», en *Ejercicios de estilo.*

Las mayúsculas

C OMO decíamos al principio, en la Introducción, los problemas ortográficos no afectan sólo a las letras y a la puntuación, también afectan a las palabras; lo hemos comprobado al tratar la acentuación. Vamos a ver ahora otro problema ortográfico que también afecta a la palabra: las mayúsculas.

Las letras mayúsculas se diferencian en el uso de las minúsculas por su empleo más restringido a ciertos casos, para destacar determinadas palabras. En otras épocas se ha abusado de las mayúsculas empleadas por su valor enfático para dar realce (contrasta este uso con el valor gramatical que pueden tener en otras lenguas como el alemán, donde, por ejemplo, los sustantivos se escriben con mayúscula); actualmente, en cambio, se tiende a limitar su empleo y a sustituirlas por minúsculas en los casos en que las reglas académicas no son muy precisas.

En general, no se escriben enteramente en mayúsculas textos extensos, palabras o frases completas, sino en determinadas ocasiones: anuncios publicitarios, siglas y acrónimos (ONU, INI, PRI, E.U.A., C.E.E.), inscripciones monumentales, datación en números romanos (XXVIII-XII-MDCCCLXXII), diálogos de las viñetas de cómics y tebeos, título y nombre del autor (la colección, la editorial) en la portada de libros (discos, casetes, vídeos), cabecera de diarios y revistas (EL PAÍS, LA VANGUARDIA, ABC, EL MUNDO), etc. De todos estos casos, en el de las siglas y en el de los números romanos tienen las mayúsculas carácter obligatorio; en los demás bastaría escribirlas sólo cuando lo exigen las reglas generales.

No faltan tampoco ejemplos, especialmente en literatura, en que las mayúsculas se emplean con valor expresivo, para sugerir intensidad o elevación de voz: «Tú lo has querido. ¡AHÍ VA! ¡AGÁRRATE!» (JOSÉ ÁNGEL MAÑAS, *Historias del Kronen*). Ni otros en que —como en parte de la prensa de Hispanoamérica— se escriben con letra inicial mayúscula las palabras más significativas de los titulares con el propósito de atraer la atención del lector. Lo más común, no obstante, es reservar el empleo de las mayúsculas para la letra inicial de palabras que tengan que llevarla por razón de su posición en el texto (primera palabra de un escrito y la que va después de punto), de su condición de nombre propio o en virtud de otras circunstancias que se reglamentan en las páginas siguientes. (Hay que advertir que como las reglas son muy heterogéneas y no siempre se aplican con unanimidad, las que son más orientativas que obligatorias se marcan con alguna fórmula del tipo «se suelen...» o «se tiende a...».)

Finalmente, debe recordarse que las mayúsculas como las minúsculas tienen que llevar tilde cuando así lo exijan las reglas de acentuación (*FERNÁNDEZ, SÁEZ*, etc.) y qué en las palabras que empiezan con una combinación de dos letras para representar un sonido —*ll, ch, gu, qu*—, si tuvieran que llevar mayúscula, sólo se escribirá como mayúscula la letra inicial: *Llosa, Chapí, Guerrero, Quijano.*

Los nombres propios son una clase de sustantivos que, sin necesidad de artículo ni de otros determinantes (posesivos, demostrativos, indefinidos, etc.), sirven para identificar a una persona, un lugar geográfico, un establecimiento o institución, etc. Los nombres propios se diferencian de los comunes en la escritura en que siempre llevan su letra inicial en mayúscula.

1 Se escriben con letra inicial mayúscula los nombres propios de persona, los de animales y los de lugar:

María	Babieca	Bogotá
Daniel	Platero	Polinesia
Pepa	Micifuz	Nilo
González	Copito de Nieve	Himalaya

2 En el caso de que un nombre de lugar lleve artículo, también éste se escribirá con mayúscula (*La Paz, El Salvador*); la preposición y el artículo de los apellidos se escriben con mayúsculas sólo cuando inician la denominación (*Hablé con Del Moral*, pero, en cambio, *Hablé con José del Moral*):

La Coruña	Vincent van Gogh
De la Fuente	Van Gogh
El Callao	Margarette von Trotta
Pedro de los Ríos	Von Trotta

3 Se escriben con mayúscula los atributos con que se designa a Dios o a la Virgen o a la divinidad en general, así como los diversos nombres con que se conoce a Jesucristo:

el Buen Pastor	el Creador	la Purísima
el Mesías	la Inmaculada	el Todopoderoso
el Redentor	Padre	Hijo
Espíritu Santo	Alá	Yahvé

4 Se escriben con mayúscula los sobrenombres o apodos con que se conoce a ciertas personas. Si el sobrenombre incluye habitualmente el artículo (no es el caso, por ejemplo, de *Ernesto Che Guevara* ni de *Dolores Ibárruri, Pasionaria*), éste suele escribirse también con mayúscula siempre que inicie la denominación:

Isabel la Católica	Juana la Loca
La Bella Otero	la Pasionaria
Jack el Destripador	El Lute
el Bosco	Alfonso el Sabio
El Cordobés	Billy el Niño
el Che	La Maña

5 ▶ Se escriben con mayúscula los nombres de los personajes de ficción, así como los de aquellos objetos que hayan sido singularizados por algún motivo (por ejemplo, las espadas del Cid: *Tizona, Colada*):

la espada Excalibur	el Buey Apis
el Santo Grial	Carpanta
Zipi y Zape	el Muro (de Berlín)
la mona Chita	la orca Ulises
el Capitán Trueno	la mula Francis
Polifemo	el petrolero Oasis

6 ▶ Se escriben con mayúscula los sustantivos y adjetivos que componen los nombres de instituciones, entidades, organismos, grupos musicales, partidos políticos, calles, establecimientos, etc. (Si alguno de esos nombres quedara reducido a sus iniciales, igualmente se conservarían las mayúsculas: *ONU, C.E.E*, etc.):

Real Academia de la Lengua
Instituto de Humanidades
Unión Deportiva Langreo
Dúo Dinámico
Museo de Arte Románico
Sociedad de Amigos del País
Amnistía Internacional

7 ▶ Se escriben con letra inicial mayúscula los nombres de las festividades:

Día de la Hispanidad	Día de la Mujer Trabajadora
Domingo de Ramos	Viernes Santo
Todos los Santos	Año Nuevo
Día de la Constitución	Día del Libro

8 ▶ Se escriben con letra inicial mayúscula los nombres de los grandes acontecimientos y los de los meses y días de la semana que nombran jornadas históricas, pero no los adjetivos que suelen acompañarlos:

Revolución francesa	Revolución rusa
Revolución mexicana	Revolución castrista
el 18 de Julio de 1936	el Lunes negro
el Día D	el 14 de Julio de 1789

9 ▶ Se escribe con mayúscula la primera palabra de los títulos de los libros, obras artísticas, discos, películas, etc.:

El espíritu de la colmena
La tía Julia y el escribidor

Los tranvías de Praga
Las señoritas de Aviñón
Invítame a pecar
El otoño del patriarca
El maquinista de la General
Tratado de física teórica

10 Se escriben con mayúscula cada letra inicial de los nombres de las revistas, diarios, etc., menos las partículas conectoras (preposiciones, conjunciones...):

El Mundo Deportivo   La Gaceta Mercantil
El Correo Español   Diario de la Tarde
El Urogallo   Diario del Puerto
Cuadernos de Cine   El Viejo Topo

11 Se escriben con mayúscula los nombres latinos empleados científicamente para designar géneros de animales y plantas:

Antirrhea philoctetes (especie de mariposa)
Phaeophilacris (grillo de cueva)
Phylum ginkgophyta (el árbol llamado ginkgo)
Dryopteris filix-mas (tipo de helecho)

12 Se suelen escribir con letra inicial mayúscula los nombres de las zonas geográficas *(Centroamérica)*, pero no los de los puntos cardinales empleados genéricamente (a no ser que vayan en abreviatura: N, S, E y O):

Oriente Medio
América del Sur
el Sudeste asiático
el Norte peninsular
dirección oeste
algo más al sur
al sudeste de Zagreb
al noroeste de Belgrado

13 Se escribe con mayúscula la numeración romana. Suele emplearse ésta para precisar el número con que se diferencian los siglos, reyes y papas del mismo nombre, determinados acontecimientos deportivos (olimpiadas), los capítulos de un libro, los volúmenes de una serie *(tomo II)*, etc.

Juan Pablo II
el siglo XX
XX Juegos de Invierno

capítulo VII
monumentos de la IV dinastía
el XVII Congreso Internacional de Aeronáutica

14 ▶ Se va generalizando el uso de la minúscula en la inicial de los nombres que designan períodos históricos, épocas, estilos y nombre de una generación o grupo artístico:

surrealismo	generación del 98
modernismo	el romanticismo
románico	generación del 27
barroco	grupo del 68
la prehistoria	

15 ▶ Se escriben con minúscula los nombres propios de persona o lugar usados como si fueran comunes *(ser un donjuán, tomar una copa de champaña)* y los nombres de los meses, estaciones del año y días de la semana cuando no designan hechos históricos:

Iré el primer lunes de octubre.
El 18 de julio de 1936 murió su padre.
Estuvo haciendo el babieca durante un buen rato.
Se bebió tres vasos de oporto.

16 ▶ Se suelen escribir con minúscula los nombres propios de marcas comerciales cuando se emplean como si fueran nombres comunes *(No te olvides de traerte la kódak)* y no para distinguir dos productos de diferente marca:

Por favor, póngame un dónut y un café con leche.
No tiene un reloj cualquiera; tiene un Rólex.
Se ha tomado tres danones azucarados.
Nuevo yogur Danone con azúcar.

17 ▶ Se tiende a escribir con minúscula el genérico que precede a ciertos nombres propios de lugar, geográficos, etc.

Por la calle de Alcalá.
Navegó por el golfo de México.
Entró en el cine Arcadia.
Anduvo por los montes Pirineos.
Trabaja en el museo Picasso.
Visitó el cañón del Colorado.
Estudia en el instituto Puig Castellar.
Recorrió la sierra de Gredos.

212

Se escriben con minúscula las palabras originariamente formadas por siglas que se han convertido con el uso en nombres comunes:

sonar	talgo	motel
cobol	ovni	láser
radar	pymes	sida
tebeo	elepé	napalm

RECUERDE que se escriben con mayúscula todos los nombres propios, es decir, todos los sustantivos que designan en particular a una persona, lugar, entidad, etc., diferenciándolo de los de su misma clase.

 Diga qué regla de uso de las mayúsculas o minúsculas se aplica en cada caso:

   a) A Ernesto el Terrorista lo detuvo la policía.
   b) Me senté en una terraza de la Plaza Mayor de Salamanca y bebí una cocacola.
   c) No pudimos entrar en la Galería de la Academia ni ver el David de Miguel Ángel.
   d) Es como una *gioconda*: misteriosa y sensual.
   e) En el Museo de Arte Contemporáneo no vimos ni un picasso.
   f) El 30 de diciembre de 1949 nació mi hermano Andrés.
   g) En algunas zonas del golfo de México se conservan las tortugas *Chysemys scripta*.
   h) Esta noche iremos al cine Arcadia a ver *La ley del deseo*.
   i) De todos los goyas del Prado el que más impresiona es *Saturno devorando a sus hijos*.
   j) Esta tarde pienso ir de compras a los almacenes El Japón Naciente.
   k) Tiene todos sus ahorros en el Banco del Crédito Agrícola.
   l) En cinco minutos preparo la maicena para el niño.

 Hágase dictar (o en su defecto, copie) las frases siguientes:

   El caballo de Alejandro Magno se llamaba Bucéfalo.
   Se cree que por llamarse Juan y ser algo ligón ya tienen que considerarlo un tenorio.
   Quizá hagan falta más quijotes en el mundo; no lo sé. Lo cierto es que todos tenemos algo de Sancho Panza.
   Entró a trabajar de funcionario en la Diputación provincial.
   Hoy iré a comprar a El Corte Inglés.
   El poblado ibérico Puig Castellar se encuentra en Santa Coloma, provincia de Barcelona.
   En la corrida torearon cinco miuras.
   Dice que conserva entre su colección de calzado las Botas de las Siete Leguas.
   Las naves surcaban el mar Egeo con dirección oeste.
   Se ha celebrado el XXX Campeonato Ciudad Meridional.
   Por especular en la Bolsa, el magnate perdió una fortuna.
   Estuvimos formados en la fila tres horas, pero valió la pena admirar esa colección de picassos.
   Cuando fuimos a visitarla nos ofreció pan con queso manchego y una copa de un excelente vino de Burdeos.

Los helechos del género *Blechnum* soportan muy bien el calor seco de las habitaciones; en cambio las camelias prefieren los sitios frescos y bien iluminados.

Quería comprar un habano en la tienda «Tabaco y Fuego», pero finalmente optó por unos cigarrillos.

3> Elija la fórmula que crea más correcta en cada caso de entre las que se ofrecen:

Cruzó todo el (Mar/mar) Mediterráneo en un velero.

Los países del (Golfo/golfo) atraviesan una crisis de identidad cultural.

Presume de haber participado en los acontecimientos de (Mayo/mayo) del 68.

Vive en la (avenida/Avenida) Primavera de Praga.

Aquí te presento a mi amigo (De la Viuda/de la Viuda).

No le gusta (Van/van) Gogh.

Conoce palmo a palmo las (Islas/islas) Canarias.

Le gustaría comprarse un (Miró/miró), pero no tiene ni para pipas.

Viajó durante todo el verano por (La/la) China.

▷ Entre paréntesis, a continuación de la palabra en cuestión, figura el número de la regla aplicada:

 a) Ernesto (1) el Terrorista (3)
 b) Plaza Mayor (6) de Salamanca (1), coca-cola (16)
 c) Galería de la Academia (6), David (9), Miguel Ángel (1)
 d) *gioconda* (15)
 e) Museo de Arte Contemporáneo (6), picasso (15)
 f) diciembre (15)
 g) golfo (16) de México (1), *Chysemys* (11)
 h) cine (17) Arcadia (6), *La ley del deseo* (9)
 i) goyas (15) del Prado (1), *Saturno devorando a sus hijos* (9)
 j) El Japón Naciente (6)
 k) Banco del Crédito Agrícola (6)
 l) maicena (16).

▷ Corrija las faltas de ortografía cometidas, procure decirse mentalmente cómo deben escribirse las palabras en que se ha equivocado y repase otra vez las reglas que no haya aplicado.

▷ En los casos en que no haya uniformidad en la aplicación de la regla se opta por la solución hacia la que se tiende mayoritariamente: *mar Mediterráneo*; *Golfo*; *Mayo del 68*; *avenida Primavera de Praga*; *De la Viuda*; *Van Gogh* (misma regla que en el ejemplo anterior); *islas*; *miró*; *la China* (o, simplemente, *China*).

Si para marcar el final de una oración se emplean los signos de puntuación (especialmente el punto), como ya se vio en su momento, para marcar el principio de una frase o de un párrafo se utilizan las mayúsculas.

1 Se escribe con letra inicial mayúscula la primera palabra de un escrito:

> Había empezado a leer la novela unos días antes. La abandonó por negocios urgentes, volvió a abrirla cuando regresaba en tren a la finca; se dejaba interesar lentamente por la trama, por el dibujo de los personajes.
>
> JULIO CORTÁZAR, «Continuidad de los parques»,
> en *Final del juego.*

2 Se escribe con letra inicial mayúscula la palabra que va detrás de punto:

> Fui a Los Ángeles para un año y me quedé diez. Llegué por la noche a la inmensa terminal de autocares Greyhound —que recorren el país de punta a punta—, después de cuatro días de viaje ininterrumpido desde Nueva York. Mi primer recorrido por la ciudad...
>
> MARÍA ROSA OBIOLS, *Los Ángeles.*

3 Se exceptúa de las reglas anteriores el caso de la palabra que sigue a una cifra inicial:

> 100 personas figuran como objetivos en una *lista negra* de los cabezas rapadas.
> 180 000 espectadores en diez días.
> 300 muertos en un atentado terrorista.

4 Se escribe con letra inicial mayúscula la palabra que va después de exclamación o interrogación si es otra oración:

> ¿Que quiénes lo harán? Lo haréis todos. Tú, por eso, no te preocupes.
> ¡Otra barbaridad! Como sigan diciendo barbaridades, van a acabar con nuestra paciencia.
> ¡Cuánta gente! ¡Ni que aquí regalaran dinero! Yo, por lo menos, no me quedo.

5 Se escribe con letra inicial mayúscula la palabra que va después de dos puntos si es la primera de una cita textual, un decreto, proclama, etc., o la que sigue al encabezamiento de una carta:

> Después de pensarlo mucho rato, contestó: «Ya veremos».
>
> Queridos padres:
> El viaje a Berlín transcurrió con toda normalidad; sólo hay que destacar un incidente con la policía.

Esta Consejería ha dispuesto:
Adjudicar las plazas según los méritos obtenidos por los concursantes.

6 ▶ Se escribe con letra inicial minúscula la palabra que va detrás de los dos puntos si es la primera de una enunciación explicativa, de una argumentación causal o de un elemento que mantiene una perceptible continuidad sintáctica con lo anterior:

Mira qué llevan en ese camión: ovejas y cabras.
Usted no podrá reconocerlo: le han hecho la cirugía estética.
Te lo repito: no me lo puedo creer.

7 ▶ Se escriben con minúscula los términos iniciales de una relación, serie, etc., así como la palabra que sigue a coma o a punto y coma:

En la solicitud deberán constar los siguientes datos:
—apellidos, nombre y domicilio del aspirante;
—plaza a la que aspira;
—méritos que alega para aspirar a la plaza; etc.

Ernestina colecciona sellos, discos y monedas; su amiga Silvia, en cambio, prefiere las postales, las fotografías antiguas y los minerales.

RECUERDE que, en general, se escribe con mayúscula la primera palabra de un escrito y la que sigue a un punto o, en determinados casos, a otros signos de puntuación.

 Escriba mayúscula en lugar de minúscula donde lo considere necesario:

> pese a haber marcado un gol, Meho está decepcionado. la alegría que compartió principalmente con Iván de la Peña y Roger, coautores de la jugada del 0-1, sirvió de poco. tiene la impresión de que «el sábado no tuvimos el control del balón. no hicimos tres pases. de esa forma, no se puede ganar. si no controlamos el balón, tenemos problemas atrás o delante. así, vamos mal».

> ALBERTO SANCHÍS, El Mundo Deportivo, 30-X-1995.

 Hágase dictar el siguiente texto:

> En América ocurre a veces que muchas especies diferentes de luciérnagas conviven en la misma región. Y como todas ellas están en celo en la misma estación del año, uno puede observar en las cálidas noches veraniegas hasta nueve tipos diferentes de luciérnagas en busca de pareja. En un terrible caos se suceden los destellos y centelleos en los arbustos, los árboles y el césped. Para el espectador es un misterio que no se produzcan, constantemente, confusiones entre luciérnagas de distinta especie y que, en la práctica, nunca se apareen y crucen especies distintas entre sí. ¿Cómo es esto posible? Muy sencillo, mediante los distintos modelos o patrones luminosos de su centelleante diálogo.

> EBERHARD WEISMANN, Los rituales amorosos.

 En cada una de estas frases aparecen errores en el empleo de las mayúsculas por puntuación. Corríjalos y diga qué regla no se ha cumplido en cada caso.

> Sabe mucho de fútbol y de atletismo; Pero, ¿qué sabe de mecánica? te lo diré: Nada.
>
> Distinguido Sr.: me dirijo a Ud., que no me conoce, con la intención de solicitarle un favor.
>
> ¿Cómo que no lo has entendido? bueno, te lo explicaré otra vez.
>
> ¡Qué se habrá creído...! no puedo creer que te haya gritado de esa manera.
>
> Te detallo qué notas han obtenido mis amigas:
>
> —En inglés, María, aprobado; Inés, notable, y Candela, insuficiente;
>
> —En historia, María, bien; Inés, sobresaliente, y Candela, notable;
>
> —Y en música, María, notable; Inés, aprobado, y Candela, bien.
>
> estamos de acuerdo en todo, menos en lo referente al precio, ¿Verdad?
>
> 30 Pasajeros de un tren averiado pasan la Nochevieja sobre el río Ebro.
>
> Otra vez. ha ganado otra vez. la tercera en un año.
>
> Compra: Ciruelas, melocotones, peras y albaricoques.

¡mesero! tráigame un café con leche, por favor. también quiero pan con mantequilla.

500 Policías vigilan el estadio. se espera sean suficientes.

muy convencida, afirmó: «mi novio es un chico lindo y trabajador».

Desde que cambió su alimentación, se ve mucho mejor. ha adelgazado, su cutis es más terso. ¿qué eliminó? fácil, Toda la comida chatarra. incluyendo, por supuesto, las gaseosas.

Compruebe si ha olvidado alguna mayúscula; he aquí el texto original:

> Pese a haber marcado un gol, Meho está decepcionado. La alegría que compartió principalmente con Iván de la Peña y Roger, coautores de la jugada del 0-1, sirvió de poco. Tiene la impresión de que «el sábado no tuvimos el control del balón. No hicimos tres pases. De esa forma, no se puede ganar. Si no controlamos el balón, tenemos problemas atrás o delante. Así, vamos mal».

> ALBERTO SANCHÍS, *El Mundo Deportivo*, 30-X-1995.

 Compruebe el texto original, corríjase los errores cometidos y repase la regla que no haya aplicado.

 A continuación de cada palabra corregida se añade entre paréntesis el número de la regla infringida:

> Sabe mucho de fútbol y de atletismo; pero (7), ¿qué sabe de mecánica? Te (4) lo diré: nada (6).
> Distinguido Sr.: Me (5) dirijo a Ud., que no me conoce, con la intención de solicitarle un favor.
> ¿Cómo que no lo has entendido? Bueno (4), te lo explicaré otra vez.
> ¡Qué se habrá creído...! No (4) puedo creer que te haya gritado de esa manera.
> Te detallo qué notas han obtenido mis amigas:
> —en (7) inglés, María, aprobado; Inés, notable; y Candela, insuficiente;
> —en (7) historia, María, bien; Inés, sobresaliente, y Candela, notable;
> —y (7) en música, María, notable; Inés, aprobado, y Candela, bien.
> Estamos (1) de acuerdo en todo, menos en lo referente al precio, ¿verdad? (7)
> 30 pasajeros (3) de un tren averiado pasan la Nochevieja sobre el río Ebro.
> Otra vez. Ha (2) ganado otra vez. La (2) tercera en un año.
> Compra: ciruelas (6), melocotones, peras y albaricoques.
> ¡Mesero! (1) Tráigame (4) un café con leche, por favor. También (2) quiero pan con mantequilla.
> 500 policías (3) vigilan el estadio. Se (2) espera sean suficientes.
> Muy (1) convencida, afirmó: «Mi (5) novio es un chico lindo y trabajador».
> Desde (1) que cambió su alimentación, se ve mucho mejor. Ha (2) adelgazado, su cutis es más terso. ¿Qué (2) eliminó? Fácil (3), toda (6) la comida chatarra. Incluyendo (2), por supuesto, las gaseosas.

Igual que hablamos de acento diacrítico en su momento, podría hablarse de mayúsculas diacríticas para diferenciar el sentido que una palabra tiene según el contexto: así, si hablamos de *la autoridad del papa*, esta última palabra, escrita en minúscula, se referirá a cualquier *papa*, pero si escribimos *la autoridad del Papa*, nos estaremos refiriendo a uno en particular (por ejemplo, a Juan XXIII).

1 Se escriben con mayúscula los títulos de autoridades y jerarquías si se atribuyen a una persona determinada y no preceden al nombre propio de quien ostenta esa dignidad (como *el Papa, el Rey* y *la Duquesa* si se refieren, por ejemplo, al *papa Juan Pablo II*, al *rey Juan Carlos I* o a *la duquesa de Alba*), pero no cuando se emplean genéricamente, que entonces se escriben con minúscula:

> El Jefe del Gobierno abrió el debate parlamentario.
> El anarquismo se levanta contra cualquier tipo de autoridad, sea la del papa, la del rey o la del gobierno.
> El Papa ofició la ceremonia.
> La reina Isabel, consternada.
> Sus Majestades veranean en Palma.

2 Se escriben con mayúscula los nombres de entidades si designan a una determinada:

> los estados democráticos / el Estado español
> el gobierno de los socialistas / el Gobierno socialista
> el estado de malestar /el Estado del bienestar
> un ejército obsoleto / el Ejército de Tierra

3 Se escriben con mayúscula los nombres genéricos usados por antonomasia:

> la Península (por *la península Ibérica*)
> las Islas (por *las islas Canarias* o *las islas Baleares*)
> el Estrecho (por *el estrecho de Gibraltar*)
> el Partido (por *el nombre de un partido* comunista)
> el Golfo (por *el golfo Pérsico*)

4 Se escriben con mayúscula las palabras de tratamiento si van escritas en abreviatura:

> Excmo. Sr. (por *excelentísimo señor*)
> Ud. (por *usted*)
> Sr. D. (por *señor don*)
> Ilmo. Sr. (por *ilustrísimo señor*)

5 ▶ Se suelen escribir con mayúscula —por su valor enfático— los nombres de determinadas disciplinas entre quienes se dedican a ellas:

> el Derecho
> la Pedagogía
> las Matemáticas
> la Biología
> la Química
> Geografía e Historia
> la Ley
> la Medicina
> la Astronáutica
> Lengua y Literatura
> la Filosofía
> Ciencias de la Naturaleza

6 ▶ Se suelen escribir con mayúscula para mostrar respeto o veneración, entre católicos, ciertos pronombres personales referidos a Dios o a la Virgen:

> Él   Tú
> Ella   a Ti
> Vos   Contigo

RECUERDE que determinadas palabras no se escriben obligatoriamente en cualquier circunstancia con mayúscula y que su ortografía depende del contexto.

1▷ Diga qué regla se ha seguido en cada caso:

A Ti que puedes ayudarme te lo pido con fervor.
El Ministro de Educación ha declarado que la Reforma sigue su curso.
El Centro no cerrará sus puertas aunque haya huelga de taxistas.
En el Cinturón la abstención en las elecciones fue más alta de lo esperado.
Este verano viajaré por el Golfo.
Habrá sesiones de cine club en el Instituto los miércoles por la tarde.

2▷ Tache la mayúscula o la minúscula según convenga:

Me cuesta mucho esfuerzo estudiar (M/m)atemáticas.
No quiero afiliarme a ningún (P/p)artido político.
Mire, (S/s)eñor, no quiero saber nada de lo que (Ud./ud.) me propone.
Ejerce de profesor de (F/f)ísica (T/t)eórica en la (F/f)acultad de la Complutense.
Dios (M/m)ío, no sabes cómo sufrí después de haber perdido a mis seres queridos.
Hace mucho tiempo que no voy a ninguna (I/i)glesia.

3▷ Escriba mayúscula o minúscula, según convenga, y justifique los motivos en cada caso:

a) La __scuela de __rquitectura está situada en la __alle de los __studios.
b) Llamamos __eografía a la __iencia que estudia la descripción de la __ierra.
c) La __ierra gira alrededor del __ol; la __una alrededor de la __ierra.
d) El __obierno está estudiando la posibilidad de subir las pensiones.
e) Al __octor Hernández el ejercicio de la __edicina no le satisface lo más mínimo.
f) En __éxico, a las mujeres del __stmo de __ehuantepec se les llama "__ehuanas".
g) El __efe del __rotocolo fue el encargado de organizar el __anquete ofrecido a los __ríncipes __isitantes.
h) Para dedicarte a la __stronáutica debes ser muy bueno en __ísica y __atemáticas, señaló en su carta el __rientador __ocacional Gómez.
i) Los __stados costeros deben ser preocupación del __stado.
j) A __i me encomiendo, __irgen de __uadalupe, en este trance.

Las reglas que se han seguido en cada caso para escribir con mayúscula las palabras del ejercicio 1 son:

> Ti (regla 6)
> Ministro de Educación (regla 1)
> Reforma (regla 3)
> Centro (regla 3)
> Cinturón (regla 3)
> Golfo (regla 3)
> Instituto (regla 2).

▷ Las palabras en cuestión se escribirán:

> matemáticas
> partido
> señor, Ud.
> Física Teórica, Facultad
> mío
> iglesia.

▷ La solución a este ejercicio es la siguiente:

a) Escuela de Arquitectura *(ambas palabras se escriben con mayúscula por ser el nombre completo de una institución)*, calle de los Estudios *(el primer nombre se escribe con minúscula por ser común; el segundo con mayúscula por ser propio)*;

b) geografía *(con minúscula, por ser nombre de una disciplina)*, ciencia *(nombre común)*, Tierra *(nombre propio de un planeta)*;

c) Tierra *(nombre propio)*, Sol *(nombre propio)*, Luna *(nombre propio)*;

d) Gobierno *(con mayúscula por referirse a un gobierno en particular)*;

e) doctor *(con minúscula por ser un título que acompaña a un nombre propio)*, medicina *(nombre de una profesión)*;

f) México, Istmo de Tehuantepec *(con mayúsculas por ser nombres de un país y una región respectivamente)*; tehuanas *(con minúscula, por ser nombre común)*;

g) Jefe de Protocolo *(mayúsculas, es un título de autoridad)*; banquete *(minúscula, es nombre común)* príncipes visitantes *(minúsculas, por ser nombre común y adjetivo)*;

h) Astronáutica, Física, Matemáticas *(mayúsculas; denominan disciplinas)*; orientador, vocacional *(minúsculas; aunque denominan un título, acompañan a un nombre propio)*;

i) estados *(minúscula, por ser nombre común)*; Estado *(se refiere a la entidad gubernamental)*;

j) Ti *(para mostrar veneración)*; Virgen de Guadalupe *(nombre de una imagen religiosa)*.

Los numerales

LAS series de los números se expresan normalmente en cifras arábigas (1, 2, 3,...). Hay distintas series con palabras propias de cada una. Éstas son las correspondientes a los números *cardinales, ordinales, partitivos* y *múltiplos*. También hay algunos nombres de números colectivos. En casos especiales se usa la numeración romana, como veremos.

El principal problema en la escritura de los números está en el uso adecuado, según el contexto y la dificultad, de los guarismos arábigos o de sus palabras correspondientes. No hay reglas explícitas al respecto pero el uso periodístico ha consagrado que se escriban con todas las letras los números cardinales del cero al nueve. Se exceptúan las relaciones en las que entran cifras menores y mayores de nueve; entonces, se escriben todas con guarismos. Así, se suele escribir: *4 camiones, 12 motos y 45 coches.* Las cifras redondas *(un millón de personas),* que a menudo expresan cantidades aproximadas, se escriben con todas las letras, o con una combinación de guarismos y letras si no son tan redondas *(132 millones).*

Hay, sin embargo, contextos en los que las reglas sobre la escritura de las cifras son claras, como pueden ser la numeración de los años, de los siglos, de los pisos de un edificio, etc. En todo caso, hay que conocer la escritura de los nombres de todas las cifras porque son palabras existentes en nuestra lengua y exigidas en algunos contextos, por ejemplo en los talonarios, la cantidad en pesos y el día del mes.

Los cardinales expresan exclusivamente números enteros sin tener en cuenta el orden, la proporción, etc. Esta serie es teóricamente infinita, lo cual conlleva problemas de composición de palabras. Los únicos números simples son los que van del cero al nueve. Esto no significa que éstas sean las únicas palabras simples. *Mil*, por ejemplo, es simple.

1 Se escriben en una sola palabra las cifras del 1 (uno) al 30 (treinta), y también las decenas, las centenas y mil:

cuatro	veinticinco
nueve	veintinueve
diez	treinta
quince	sesenta
dieciséis	ochenta
dieciocho	doscientos
veinte	seiscientos
veintitrés	mil

2 Se escriben en palabras separadas las cifras a partir del 31 (treinta y uno) en adelante, salvo las señaladas en la regla anterior. Las cifras más altas que tienen palabra propia en letras son los trillones (un millón de billones, que se expresa por la unidad seguida de dieciocho ceros):

treinta y ocho
setenta y siete
ciento cuarenta y cinco
trescientos veintidós
quinientos quince
ochocientos noventa
mil doscientas tres
dos mil quinientas dos
ocho mil tres
veinticinco mil
un millón
un billón
mil trillones

3 El cardinal *uno* y los terminados en *uno* tienen flexión de femenino (*una, veintiuna, treinta y una*) y pasan a ser *un/una* cuando preceden inmediatamente al sustantivo:

Tú has cogido siete manzanas; yo me he quedado con una.
Tú solamente tienes un coche; yo también tengo uno.

Ha muerto uno de los creadores de la novela contemporánea.
Fue un creador excepcional.
Había doscientos un presos en la cárcel; veintiuno de ellos en situación preventiva.
Veintiuna personas quedaron atrapadas en el piso veintiuno.

4 El nombre correspondiente a 100 es *ciento*, y cuando precede al sustantivo, *cien*:

Tiene cien cabezas de ganado.
Si pago al contado me hacen un descuento del diez por ciento.
Acudieron a la conferencia unas cien personas.
Había ciento y pico personas.
Mañana compraremos 840 (ochocientos cuarenta) sobres.

5 Las centenas tienen flexión de género a partir del doscientos/doscientas:

Unos novecientos edificios ocupaban doscientas hectáreas aproximadamente.
El abrigo de pieles costó alrededor de ochocientos mil pesos.
Andrés contó los 523 (¡quinientos veintitrés!) peldaños, uno a uno.

6 Las fechas que se refieren a días y años se escriben con guarismos arábigos y sin puntos, según el orden y las formas que se indican a continuación (se exceptúan los documentos que exigen la fecha del día y el mes en letras como los talonarios):

14 de noviembre de 1947
1, enero, 1996
21-8-1972

7 Se escriben siempre con guarismos arábigos la numeración de los edificios en las calles, los números que forman parte de un nombre propio *(Boeing 747)*, los números que identifican un texto legal, las cifras con decimales, los porcentajes (con su correspondiente signo matemático unido al último número):

Se abre una nueva sala de exposiciones en Hermanos Bécquer, 3.
Todavía existe algún club de amigos del Seat 600.
Nos remitimos al Decreto 9/83.
El ejemplar medía 6.50 centímetros de longitud.
Sólo hubo un 9% de abstenciones.

8 También se escriben con guarismos arábigos los números de unidades militares, los de puntos kilométricos, la numeración de las carreteras (salvo las nacionales radiales, que se escriben con números romanos), las fracciones de hora, los calibres de las armas, los grados de latitud o de longitud, los grados de temperatura, los de intensidad de los terremotos, los tantos de las competiciones deportivas y las cifras de los problemas matemáticos o de pasatiempos:

Escribe a: Regimiento de Infantería de Zaragoza número 8.

Los accidentes ocurrieron en la N-126 y en la N-IV.

El banquete se iniciará a las 2.30 h.

Había tres fusiles del 9 largo.

La población está a 7 grados de latitud norte y, en este momento, a 25° de temperatura.

El partido entre el Iguala y el Mérida acabó con el resultado de 2 a 3.

RECUERDE que las dificultades más frecuentes en la escritura de los números cardinales consisten en la forma de juntarse o separarse en palabras las cifras compuestas y la flexión de femenino que presentan algunos números.

▷ Escriba con letras los siguientes números: 2, 3, 13, 16, 22, 23, 39, 50, 106, 674, 4 208, 1 249 301, 0.

▷ Escriba con letras o en guarismos, según las normas más corrientes, las cifras cardinales que aparecen entre paréntesis:
1) Para hacer los pasteles, consumieron (4) peras y (423) manzanas.
2) Blanca se probó (4) trajes de lana y (1) de algodón.
3) Un total de (21) mujeres y (1) hombre presentaron la solicitud.
4) Los (51) pasajeros del tren averiado fueron evacuados.
5) En resumen: (534) personas tuvieron que ser hospitalizadas.
6) Al funeral asistieron unas (2 000) personas.
7) Hubo unas (250 000) bajas.

▷ Ahora escriba con todas sus letras las frases 1, 3, 4, 5 y 7 del ejercicio anterior, tal y como deben ser pronunciadas las cifras que se indican.

▷ Escriba las cifras resultantes de leer horizontal y verticalmente la siguiente figura:

		3	2
		8	7
1	1	6	
5	2	1	
9	2	5	4

▷ Algunas de las expresiones en letras son incorrectas; señálelas y escríbalas correctamente:
1) Se presentaron ciento aspirantes al puesto.
2) Ya tiene diez y nueve barquitos en su colección.
3) Vendió su dibujo en trecientos pesos; en cambio por el mío pagaron cuatro-cientos.
4) El tren saldrá en venticinco minutos.
5) A los ochentaicuatro años decidió tomar clases de baile.
6) En esa granja hay seis cientos patos, trentiún pavorreales, cincuenta y cua-tro faisanes y docientos gansos.
7) Sesenta y un enfermeras aprobaron el curso de capacitación.
8) El abrigo cuesta ochoscientos diez pesos.

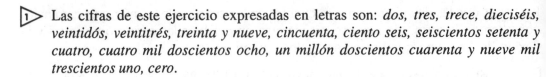

▷ Las cifras de este ejercicio expresadas en letras son: *dos, tres, trece, dieciséis, veintidós, veintitrés, treinta y nueve, cincuenta, ciento seis, seiscientos setenta y cuatro, cuatro mil doscientos ocho, un millón doscientos cuarenta y nueve mil trescientos uno, cero.*

▷ Las frases de este ejercicio son:

1) Para hacer los pasteles, consumieron 4 peras y 423 manzanas.
3) Blanca se probó cuatro trajes de lana y uno de algodón.
4) Un total de 21 mujeres y 1 hombre presentaron la solicitud.
5) Los 51 pasajeros del tren averiado fueron evacuados.
6) En resumen: 534 personas tuvieron que ser hospitalizadas.
7) Al funeral asistieron unas dos mil personas.
8) Hubo unas 250 mil bajas.

▷ Las frases de este ejercicio escribiendo sus cifras con todas las letras, tal y como se pronuncian, son las siguientes:

1) Para hacer los pasteles, consumieron cuatro peras y cuatrocientas veintitrés manzanas.
3) Un total de veintiuna mujeres y un hombre presentaron la solicitud.
4) Los cincuenta y un pasajeros del tren averiado fueron evacuados.
5) En resumen: quinientas treinta y cuatro personas tuvieron que ser hospitalizadas.
7) Hubo unas doscientas cincuenta mil bajas.

▷ Las cifras resultantes de la figura del ejercicio 4, expresadas en letras son: *Treinta y dos, Ochenta y siete, Ciento dieciséis, Quinientos veintiuno, Nueve mil doscientos cincuenta y cuatro, Nueve, Ciento cincuenta y dos, Treinta y ocho mil ciento veinticinco, Veintisiete mil seiscientos catorce.*

▷ La manera correcta de escribir los cardinales de este ejercicio es:

1) Se presentaron cien aspirantes al puesto.
2) Ya tiene diecinueve barquitos en su colección.
3) Vendió su dibujo en trescientos pesos; en cambio por el mío pagaron cuatrocientos.
4) El tren saldrá en veinticinco minutos.
5) A los ochenta y cuatro años decidió tomar clases de baile.
6) En esa granja hay seiscientos patos, treinta y un pavorreales, cincuenta y cuatro faisanes y doscientos gansos.
7) Sesenta y una enfermeras aprobaron el curso de capacitación.
8) El abrigo cuesta ochocientos diez pesos.

Los ordinales son los números que sirven para señalar el orden en una serie de personas, animales o cosas. Esta numeración suele usarse sólo en cifras bajas, pero existen en nuestra lengua palabras para nombrar los ordinales hasta cifras muy elevadas.

1 Los ordinales tienen todos flexión de género: *primero/a, segundo/a, tercero/a, cuarto/a, quinto/a, sexto/a, séptimo/a* o *sétimo/a, octavo/a, noveno/a* o *nono/a, décimo/a* o *deceno/a,* etc., pero en los números de varias cifras sólo concuerda en género la última, las demás van en masculino:

> Vive en el segundo piso.
> Siga hasta la tercera calle y al llegar a ella gire a mano derecha.
> Es la quinta vez que le oigo decir lo mismo.
> El sexto de la fila se quedó dormido.
> La fila vigésimo quinta está completa y la octava casi vacía.

2 *Primero* y *tercero* se convierten en *primer* y *tercer* delante de sustantivo:

> El primer papa de la historia de la Iglesia fue San Pedro.
> El tercer vagón está muy lleno.
> Ella llegó primero.
> Es el tercero de los hijos del rey.

3 Los ordinales del 11º al 19º se escriben sin separar los compuestos que forman la palabra:

> undécimo u onceno
> duodécimo o doceno
> decimotercero
> decimocuarto
> decimoquinto
> decimosexto
> decimoséptimo
> decimoctavo
> decimonoveno/nono

4 A partir del 20 (*vigésimo*) se escriben las decenas separadas de las unidades:

> vigésimo primero
> octogésimo noveno
> sexagésimo tercero
> cuadragésimo segundo
> nonagésimo sexto
> quincuagésimo quinto
> trigésimo cuarto

nonagésimo
septuagésimo

5 ▶ Cada una de las centenas se escribe en una palabra, a la que pueden seguir la palabra que designa las decenas y la que designa las unidades:

centésimo (100º)
duocentésimo cuarto (204º)
tricentésimo undécimo (311º)
cuadringentésimo vigésimo octavo (428º)
quingentésimo nonagésimo tercero (593º)
sexcentésimo (600º)
septingentésimo (700º)
octingentésimo (800º)
noningentésimo (900º)
noningentésimo sexto (906º)

6 ▶ Los milésimos o los millonésimos se expresan en cardinales que los preceden por separado a partir del *milésimo* (1 000º) y del *millonésimo* (1 000 000º):

dos milésimo (2 000º)
tres milésimo quingentésimo vigésimo tercero (3 523º)
cien milésimo séptimo (100 007º)
cuatrocientos millonésimo (400 000 000º)

7 ▶ Por fortuna, debido a su complejidad, sólo se suele usar la forma ordinal hasta el 20º y a partir del 10º, se pueden, y se suelen, usar los cardinales en lugar de los ordinales:

Enrique VIII (octavo) hizo matar a su esposa Ana Bolena, madre de Isabel I (primera) de Inglaterra.
Subimos andando al piso 24º (veinticuatro o vigésimo cuarto).
Juan XXIII (veintitrés) fue un papa muy atento a los problemas sociales.
En septiembre se celebrará la 15ª (la decimoquinta o la quince) Feria del Vino.
La etapa histórica que va del siglo V (quinto) al siglo XV (quince) se llama Edad Media.

8 ▶ Se usan números romanos para nombrar el orden de los siglos y de algunos nombres propios como son los de los papas, los reyes y, excepcionalmente, personajes de linajes muy elevados desde el punto de vista social. El adjetivo numeral en cifras romanas suele ir por lo general siguiendo al nombre pero no precediéndolo:

Alfonso XII (doce) era nieto de Fernando VII (séptimo).
El Imperio Romano de Occidente cayó en el siglo V (quinto); el Imperio Romano de Oriente, en el siglo XV (quince).
El papa León XIII (trece) escribió la encíclica *Rerum novarum*.

9 ▶ También se usan números romanos para nombrar las carreteras nacionales radiales y las regiones militares. Se pueden aplicar asimismo a genealogías de personajes de ficción, a la numeración de los capítulos, a actos de una obra teatral, a tomos o volúmenes, etc.:

> Hubo un accidente mortal en el km 8 de la N-IV (nacional cuatro).
>
> El desenlace de la obra empieza en el acto III (tercero).
>
> En la novela no aparece el protagonista hasta el capítulo II (segundo).
>
> La película de más recaudación este mes ha sido *Rocky III* (debería decirse *tercero,* pero por influencia del inglés se dice tres).

RECUERDE que los ordinales pueden nombrarse como cardinales a partir del 11º. A pesar de ello, hay que conocer los ordinales superiores puesto que son palabras que existen en la lengua española. Estas palabras pueden llegar a un grado de complicación enojoso.

1 ▷ Exprese los ordinales de los números:

162
201
998
1 002
845
16
29
2 374 856

2 ▷ Escriba con letras los ordinales de las siguientes frases de las dos formas correctas:

Mañana se inaugurará la 18ª edición de los campeonatos.
Tenemos entradas para el teatro en la 23ª fila.
El libro ocupa el 12º lugar en el estante.
En las oposiciones obtuvo la 13ª plaza.
El 80º escalón al campanario está desnivelado.
Mañana iniciarán los festejos por el 604º aniversario de la fundación de la ciudad.
La escritura de su propiedad está en el volumen 78º, fojas 44, del folio real.
Llegó en el 900º lugar del maratón, pero dice que el mérito no es ganar, sino competir.
La mejor parte de esa novela está en el capítulo VI.
En muchos países, los jóvenes, cuando llegan a su 18º cumpleaños, se convierten en ciudadanos.

3 ▷ Ponga entre paréntesis o corchetes la palabra adecuada para nombrar cada una de las cifras romanas del texto y diga a qué siglo corresponde cada una de las fechas expresadas en años:

Los Borbones de España. Carlos II (_____) de España, muerto sin herederos directos, designó su sucesor a Felipe, duque de Anjou (rama Borbón-Anjou), que accedió al trono en 1700 *(siglo* _____) (Felipe V) (_____), lo que provocó la guerra de Sucesión española. Los Borbones iniciaron en el s. XVIII (_____) la centralización de la administración española, en contraste con la descentralización de los reinos de los Austrias, y sentaron las bases del estado moderno (Felipe V [_____], Luis I [_____], Fernando VI [_____], Carlos III [_____], Carlos IV [_____]). Fernando VII (_____) no sintonizó con el cambio social del s. XIX (_____), y reprimió todo intento de liberalismo y constitucionalismo. Su hija Isabel II (_____) tuvo que apoyarse en los liberales, mientras que los absolutistas que habían apoyado a Fernando se vincularon al pretendiente Carlos María Isidro, iniciando un pleito dinástico que se perpetuó hasta prácticamente la actualidad. Tras el destronamiento de Isabel II (_____) (1868) *(siglo _____)*, el corto reinado de Amadeo I (_____) de Saboya y la primera república, fue restaurado en el trono el hijo de Isabel, Alfonso XII (_____) (1874) *(siglo _____)*. El hijo de éste, Alfonso XIII (_____), no se contentó con el papel de rey constitucional, lo que le costó la corona (1931) *(siglo _____)*. En el destierro, abdicó en favor de su hijo Juan de Borbón Battenberg (1941) *(siglo _____)*, que intentó resolver la disputa dinástica con los carlistas, sin éxito. El hijo de Juan, Juan Carlos, fue proclamado rey en 1975 *(siglo _____)*, tras la muerte de Franco. Su hijo Felipe es el príncipe heredero.

Los números ordinales correspondientes son:

> centésimo sexagésimo segundo
> duocentésimo primero
> noningentésimo nonagésimo octavo
> milésimo segundo
> octingentésimo cuadragésimo quinto
> decimosexto
> vigésimo noveno (o nono)
> dos millonésimo trescientos setenta y cuatro milésimo octingentésimo quincuagésimo sexto

 Las formas correctas de los ordinales del ejercicio con letras son:

> Mañana se inaugurará la decimoctava edición (o la dieciocho edición) de los campeonatos.
> Tenemos entradas para el teatro en la vigésimo tercera fila (o la fila veintitrés).
> El libro ocupa el duodécimo lugar (o doceno lugar) en el estante.
> En las oposiciones sacó la decimotercera plaza (o la plaza trece).
> El octagésimo escalón (o escalón ochenta) al campanario está desnivelado.
> Mañana iniciarán los festejos por el sexcentésimo cuarto aniversario (o el aniversario seiscientos cuatro) de la fundación de la ciudad.
> La escritura de su propiedad está en el volumen septuagésimo octavo (o setenta y ocho), fojas 44, del folio real.
> Llegó en el noningentésimo lugar (o en el lugar novecientos) del maratón, pero dice que el mérito no es ganar, sino competir.
> La mejor parte de esa novela está en el capítulo sexto (o capítulo seis).
> En muchos países, los jóvenes, cuando llegan a su decimoctavo cumpleaños (o cumpleaños dieciocho), se convierten en ciudadanos.

 El nombre de cada una de las cifras romanas del texto y el siglo al que corresponde cada una de las fechas son los siguientes:

> **Los Borbones de España**. Carlos II *(segundo)* de España, muerto sin herederos directos, designó su sucesor a Felipe, duque de Anjou (rama Borbón-Anjou), que accedió al trono en 1700 *(siglo XVIII)* (Felipe V) *(quinto)*, lo que provocó la guerra de Sucesión española. Los Borbones iniciaron en el s. XVIII *(dieciocho)* la centralización de la administración española, en contraste con la descentralización de los reinos de los Austrias, y sentaron las bases del estado moderno (Felipe V *[quinto]*, Luis I *[primero]*, Fernando VI *[sexto]*, Carlos III *[tercero]*, Carlos IV *[cuarto]*). Fernando VII *(séptimo)* no sintonizó con el cambio social del s. XIX *(diecinueve)*, y reprimió todo intento de liberalismo y constitucionalismo. Su hija Isabel II *(segunda)* tuvo que apoyarse en los liberales, mientras que los absolutistas que

habían apoyado a Fernando se vincularon al pretendiente Carlos María Isidro, iniciando un pleito dinástico que se perpetuó hasta prácticamente la actualidad. Tras el destronamiento de Isabel II *(segunda)* (1868) *(siglo XIX)*, el corto reinado de Amadeo I *(primero)* de Saboya y la primera república, fue restaurado en el trono el hijo de Isabel, Alfonso XII *(doce)* (1874) *(siglo XIX)*. El hijo de éste, Alfonso XIII *(trece)*, no se contentó con el papel de rey constitucional, lo que le costó la corona (1931) *(siglo XX)*. En el destierro, abdicó en favor de su hijo Juan de Borbón Battenberg (1941) *(siglo XX)*, que intentó resolver la disputa dinástica con los carlistas, sin éxito. El hijo de Juan, Juan Carlos, fue proclamado rey en 1975 *(siglo XX)*, tras la muerte de Franco. Su hijo Felipe es el príncipe heredero.

Los *múltiplos* son los numerales que sirven para contar el número de veces que es contenida una cantidad determinada, los *partitivos* son los adjetivos que sirven para contar el número de partes en que se divide algo y los *colectivos* son los que nombran el número de componentes de un conjunto.

1▶ Los múltiplos se forman con los sufijos *-ble* o *-plex* y *-ple* o *-plo, -pla*. Sólo existen las siguientes palabras específicas y, en todo caso, siempre se puede usar la forma perifrástica *dos veces más, veinticuatro veces más, cien veces más*, etc.:

doble o dúplex	séxtuple/o/a	undécuple/o/a
triple o triplo/a	séptuple/o/a	duodécuple/o/a
cuádruple/o/a	óctuple/o/a	céntuple/o/a
quíntuple/o/a	décuple/o/a	

2▶ Los partitivos se forman con las palabras *mitad* o *medio/a, un tercio*, o con las perífrasis a partir de los ordinales (*la tercera parte, la cuarta parte* o *un cuarto, la quinta parte* o *un quinto*, etc., hasta *la décima parte* o *un décimo*) y con el sufijo *-avo/a* a partir del *onceavo/a* (*doceavo, treceavo, catorceavo*, etc.). También se admiten las formas *onzavo, dozavo, trezavo, catorzavo, quinzavo* y *dieciochavo*.

Me dio un tercio del pastel (o la tercera parte del pastel).
Compraron la mitad de la casa (o media casa).
Los impuestos sobre la herencia son de una cuarta parte sobre el valor hereda-
   do (o un cuarto del valor heredado).
Hace veinte años, el alquiler de este piso valía la décima parte (o un décimo)
   de lo que vale ahora.
La casa ocupa la veintiunava parte del terreno de la propiedad.
Dame un treinta y dosavo del total.

3▶ Los colectivos son *par* o *pareja* y, especialmente usados para designar conjuntos musicales, *dúo, trío, cuarteto, quinteto, sexteto, septeto* y *octeto*. También se usan los pronombres numerales colectivos que se exponen en la regla cuatro y los adjetivos numerales colectivos de la regla cinco:

Miguel y Luis son un par de crápulas.
La muerte y la doncella es uno de los cuartetos más famosos de Schubert.
Los quintetos de Mozart son una maravilla.
En la partida de póquer sólo me salieron parejas y tríos.

4▶ También se usan los pronombres numerales colectivos: *decena* (10), *docena* (12), *quincena* (15), y los colectivos que indican, además de un conjunto, un valor aproximativo, *veintena, treintena, cuarentena, cincuentena, sesentena, setentena, ochentena, noventena, centena, centenares* y *millares*:

Los huevos se venden por docenas.
Las decenas y las centenas son los conjuntos de diez y de cien respectivamente.
Unas informaciones hablan de centenares de personas, otras de millares.
Muchos jóvenes empiezan a trabajar tarde ahora, cuando se acercan a la treintena.

5 ▶ Los adjetivos numerales colectivos siguientes califican aproximadamente la edad de personas, animales o cosas. Se consideran jóvenes las personas *quinceañeras, veinteañeras* y *treintañeras.* Se consideran maduras las personas *cuarentonas, cincuentonas* y *sesentonas*, y ancianas, las *septuagenarias, octogenarias, nonagenarias.* Para los cien y mil años se dice *centenario* y *milenario*:

Al olmo *centenario* dedicó algunos versos Antonio Machado.
Las quinceañeras hablan y ríen a gritos cuando se reúnen.
Era un hombre cuarentón, con bastantes canas.
Tenían en casa a la abuelita nonagenaria, que apenas se movía de su sillón.
El milenario de la iglesia románica de San Miguel se celebra el año que viene.

RECUERDE que la principal dificultad que presentan estos números es la confusión frecuente entre los partitivos superiores a diez y los ordinales correspondientes. Así se dice erróneamente *estaba sentada en la doceava fila* en vez de lo correcto: *estaba sentada en la duodécima fila (o la fila doce)*.

1▷ Corrija los errores que encuentre en las siguientes frases:

Este año se celebra la fiesta del barrio por dieciseisava vez.
El coche se encuentra en la veintiochoava plaza del garaje.
Cada cual se llevó exactamente una diecinuevava parte del total.
Andrés vive en un doceavo piso.
La población ha crecido el cuátruple desde el último siglo.
Adquirió una casa doblex en la terceava parte de su valor.
Ella prefiere los huevos empacados por dozena.
El dosavo mes del año es diciembre.
Un milímetro es la milava parte de un metro.
Centurias de aficionados se quedaron sin boleto para asistir a ese partido.

2▷ Escriba frases con los numerales múltiplos que correspondan a los números: *2, 3, 6, 8, 10, 34, 100.*

3▷ Escriba frases con los partitivos que correspondan a los números: *2, 3, 5, 9, 14, 62.*

4▷ Escriba frases con los numerales colectivos que correspondan a los números: *2, 3, 8, 10, 12, 15, 40, 100 y 1 000.*

5▷ Escriba el adjetivo numeral colectivo que indica la edad aproximada en las siguientes frases, sustituyendo las palabras en cursiva (modifique o introduzca las palabras necesarias):

Estas chicas tienen *unos quince años.*
La abuela tiene *aproximadamente ochenta años.*
El padre del bebé es bastante mayor, debe *tener algo más de cincuenta años.*
La ladera sur está llena de robles *que tienen cien años*, e incluso, *mil.*

Las frases corregidas son las siguientes:

Este año se celebra la fiesta del barrio por decimosexta vez.
El coche se encuentra en la vigésimo octava plaza del garaje.
Cada cual se llevó exactamente una diecinueveava parte del total.
Andrés vive en un duodécimo piso.
La población ha crecido el cuádruple desde el último siglo.
Adquirió una casa dúplex en la tercera parte de su valor.
Ella prefiere los huevos empacados por docena.
El doceavo (o dozavo) mes del año es diciembre.
Un milímetro es la milésima parte de un metro.
Centenares de aficionados se quedaron sin boleto para asistir a ese partido.

 Las frases de este ejercicio deben incluir las palabras: *doble, triple, séxtuplo, óctuplo, décuplo, treinta y cuatro veces más, céntuplo.*

 Las frases de este ejercicio deben incluir las siguientes palabras:

la mitad (o medio)
un tercio (o la tercera parte)
un quinto (o la quinta parte)
un noveno (o la novena parte)
un catorceavo (o la catorceava parte)
la sesenta y dosava parte

 Las frases de este ejercicio deben contener las siguientes palabras: *pareja (o dúo, o par), trío, octeto, decena, docena, quincena, cuarentena, un centenar, un millar.*

 Las frases correspondientes al ejercicio 5, con el adjetivo numeral colectivo que indica la edad aproximada, son las siguientes:

Estas chicas son quinceañeras.
La abuela es octogenaria.
El padre del bebé es bastante mayor, debe ser cincuentón.
La ladera sur está llena de robles centenarios e, incluso, milenarios.

Temas complementarios

Los problemas ortográficos no se limitan al uso correcto de determinadas letras ni a la colocación adecuada del acento o de los signos de puntuación. Afectan, como hemos visto, a la escritura de mayúsculas y minúsculas, al modo apropiado de escribir los numerales, etc. Hay asimismo otras cuestiones ortográficas que, aunque han sido mencionadas por guardar relación con temas anteriores, pueden ser estudiadas ahora de manera más detallada. Veamos los casos de mayor interés.

Diéresis. Este signo ortográfico (¨) se escribe sobre la *u* de las sílabas -*güe*- y -*güi*- para indicar que la *u* debe pronunciarse, como en *agüero* y *lingüístico*. Si no se pusiera este signo en las palabras que tienen que llevarlo, la *u* sería muda, como en *guerra* o en *guijarro*.

Palabras unidas o separadas. Ciertos conjuntos de palabras que expresan conceptos unitarios pueden escribirse unas veces formando una sola palabra *(hispanoamericano)* y, otras, separadas por un guión *(teórico-práctico)*. En el apartado correspondiente se establece qué grupos se escriben de manera conjunta formando palabras compuestas y cuáles se escriben por separado.

Partición de palabras. Al escribir la última palabra de una línea, si no cabe entera, no puede partirse de cualquier manera, tiene que respetarse su composición silábica. Si tuviéramos que separar en dos líneas la palabra *partitura*, sólo podríamos hacerlo según su división silábica: *par-ti-tu-ra*.

Palabras que se pronuncian igual. De los términos que se pronuncian igual aunque sean distintos por su origen, por su categoría gramatical o por su significado, se dice que son *homónimos* u *homófonos* entre sí. Por ejemplo: *encima* ('sobre') y *enzima* ('molécula formada por proteínas').

Palabras parecidas. Si dos palabras suenan de manera parecida se dice que son parónimas. Por ejemplo, *infringir* e *infligir*.

Palabras que pueden inducir a error. Un problema cercano al que pueden representar los parónimos lo constituyen aquellas palabras que, sin ser exactamente parónimas, pueden escribirse erróneamente por analogía o parentesco con otras. Por ejemplo, *cirugía* y *cirujano*, *investir* y *embestir*, etc.

Palabras con dos grafías. Denominamos heterógrafas o palabras con dos grafías a aquellas que admiten —indistintamente, sin que varíe su significación— dos formas escritas: *quiosco* y *kiosco*, *carnet* y *carné*, etc.

Abreviaturas. Una *abreviatura* es una forma de representar en la escritura palabras con sólo una o algunas de sus letras. Por ejemplo, *Sr. (señor)* o *etc. (etcétera).*

Acrónimos y siglas. Los *acrónimos* son palabras formadas a partir de las iniciales o de las primeras sílabas de enunciados muy amplios. Se leen como palabras normales, sin deletrear; por ejemplo, *pymes* (—pequeñas y medianas empresas—). Las *siglas* son iniciales que representan palabras con gran presencia en la vida pública y cuya frecuencia de uso ha consolidado esta forma de abreviatura. Se leen deletreando; por ejemplo, *U.G.T.* (Unión General de Trabajadores).

Adaptación de palabras extranjeras. Las palabras que se incorporan al español procedentes de otras lenguas tienden a adaptar su pronunciación y su escritura a las de nuestra lengua. Así, *smoking* se convierte en *esmoquin*, *stress* en *estrés*, etc.

Se llama diéresis o crema al signo ortográfico (¨) que se coloca preceptivamente sobre la *u* de las sílabas *gue*, *gui* para indicar que debe ser pronunciada y que forma los diptongos *ue*, *ui*: *cigüeña, pingüino*. Si no se pusiera en esos casos diéresis, la *u* sería muda, como en *guerra, guiso*, etc.

1 ▶ Se escribe diéresis sobre la *u* para indicar que se pronuncia en las sílabas *gue*, *gui*:

vergüenza	piragüismo
nicaragüense	pedigüeño
ungüento	ambigüedad
argüir	cigüeñal
agüero	halagüeño
lingüístico	pingüe
agüista	desagüe
antigüedad	bilingüe
exangüe	pingüino

2 ▶ En poesía acostumbraba a ponerse diéresis sobre la vocal débil de un diptongo para indicar su ruptura por necesidades métricas. El verso «En el cárdeno cielo vïoleta» (Antonio Machado) tiene originariamente diez sílabas, pero al colocarse la diéresis sobre la *i* de *violeta*, el diptongo se deshace, se produce una sílaba más y el verso se convierte en endecasílabo (11 sílabas):

aïre	(a-ï-re)
rïela	(rï-e-la)
ruïdo	(ru-ï-do)
cubïerto	(cu-bï-er-to)
nïebla	(nï-e-bla)
süave	(sü-a-ve)
fïel	(fï-el)
envidïosa	(en-vi-dï-o-sa)
ardimïento	(ar-di-mï-en-to)
païsaje	(pa-ï-sa-je)
cuïdado	(cu-ï-da-do)
abïerto	(a-bï-er-to)
hüeso	(hü-e-so)

RECUERDE que la diéresis es un signo ortográfico necesario sobre la *u* en las sílabas *gue, gui*, para marcar su sonoridad.

1 ▷ Coloque diéresis en las palabras que deban llevarla:

guerrero	aguijón
cigueñal	aguado
ambiguo	pedigueño
trilingue	lengueta
guijarro	gueto
guira	guirlache
guiñol	guindilla
aguero	halagueño
repliegue	nicaraguense
merengue	amochiguar
yeguada	averigué
piragua	guadaña
guanaco	aguita
gorguera	despliegue
linguística	paraguero

2 ▷ Hágase dictar las siguientes palabras:

vergüenza	argüir
antiguo	lingüística
pingüe	averigüéis
exangüe	desagüe
plurilingüe	enjuague
curiquingue	despliegue
enjagüe	potingue
azogue	desembrague
pechelingue	bilingüe
güisqui	chigüí
changüí	borceguí
paraguayo	santigüéis
apacigüé	espiguilla

3 ▷ Cuente las sílabas de estos versos comprobando el efecto de la diéresis sobre el número de sílabas:

a) ...en la crüel batalla... (ANTONIO MACHADO)

b) ...con sed insacïable... (LUIS DE LEÓN)

c) ...con agrio rüido abrióse la puerta... (ANTONIO MACHADO)

d) ...con un manso rüido... (LUIS DE LEÓN)

e) ...de tiniebla crüel... (LUIS DE GÓNGORA)

1 ▷ Las palabras que tienen que llevar diéresis son:

cigüeñal	lengüeta
trilingüe	halagüeño
güira	nicaragüense
agüero	averigüé
lingüística	agüita
pedigüeño	paragüero

2 ▷ Corrija el ejercicio comprobando qué palabras llevan diéresis. Escriba corregidas las palabras en que haya cometido falta y procure asimilar su correcta escritura.

3 ▷ La solución al ejercicio tercero es la siguiente:

a) El primer verso de Antonio Machado tendría seis sílabas si no fuera por la diéresis *(crü-el)*; gracias a este recurso el verso tiene siete sílabas (heptasílabo).

b) El primer verso de Luis de León también tiene siete sílabas por efecto de la diéresis *(in-sa-cï-a-ble)*.

c) El segundo verso de Antonio Machado tiene doce sílabas *(rü-i-do)*.

d) El segundo verso de Luis de León es heptasílabo *(rü-i-do)*.

e) El verso de Luis de Góngora es hexasílabo (seis sílabas) por efecto de la diéresis *(crü-el)*.

En este caso es impropio hablar de *reglas* puesto que no las hay. La Real Academia Española ha determinado, basándose en la costumbre, qué conjuntos de palabras se escriben de forma compacta formando palabras compuestas o derivadas y qué conjuntos se escriben por separado. Se trata de conjuntos de palabras que forman conceptos unitarios.

▶ Se escriben *por separado* las siguientes palabras que forman un conjunto especialmente compacto (generalmente se trata de locuciones preposicionales, adverbiales y conjuntivas; precisamente por el hecho de ser locuciones asociamos sus componentes de forma estrecha):

a bordo	en balde
a cuestas	en cambio
a destiempo	en derredor
alta mar	en donde
a menudo	en efecto
ante todo	en fin
a pesar	en medio
a propósito	en tanto
a través	no obstante
a veces	o sea
de balde	por fin
de bruces	por supuesto
de donde	por tanto
de marras	sin duda
de parte	sin embargo
de pronto	sobre todo
de repente	tos ferina

▶ Se admiten escritos por separado o formando una sola palabra los conjuntos siguientes:

adentro	a dentro
aguanieve	agua nieve
alrededor	al rededor
a machamartillo	a macha martillo
apenas	a penas
aposta	a posta
aprisa	a prisa
a rajatabla	a raja tabla
a tocateja	a toca teja
a troche moche	a troche y moche

bocabajo	boca abajo
camposanto	campo santo
caradura	cara dura
cortocircuito	corto circuito
deprisa	de prisa
enfrente	en frente
en horabuena	en hora buena
enseguida	en seguida
entretanto	entre tanto
hierbabuena	hierba buena
infraganti	in fraganti
malhumor	mal humor
padrenuestro	padre nuestro
quintaesencia	quinta esencia
sobremanera	sobre manera
tiquismiquis	tiquis miquis

3 Palabras que deben escribirse unidas formando compuestos:

abajo	antemano
cualquiera	pasamano
acaso	anteojo
cualesquiera	pasatiempo
acerca	antesala
debajo	pisapapel
adelante	aparte
dondequiera	quehacer
además	apenas
enfrente	quienesquiera
adentro	aprisa
entreacto	quienquiera
adonde	atrás
entresuelo	sacacorchos
adrede	bajamar
entretanto	sinnúmero
afuera	bienestar
entretiempo	sinvergüenza
ahora	bienhechor
limpiabotas	sobrehumano
altavoz	conmigo
malcriado	sobrenatural
anoche	contraorden

malgastar   sobrevivir
anteayer   contrapeso
mediodía   también
antebrazo   contratiempo
pararrayos   todavía
bienvenida   cortaúñas

4 Se escriben con guión determinados compuestos que no tienen un valor estable sino que se unen sólo en ciertos contextos:

estudio teórico-práctico
problemática socio-política
relaciones este-oeste
complejo industrial-militar
relaciones norte-sur
código espacio-temporal
dialecto astur-leonés
contencioso jurídico-administrativo
dialecto navarro-aragonés
colaboración hispano-francesa
espíritu ascético-místico
frontera germano-belga
oposición amor-odio
pregunta filosófico-teológica
máquina-herramienta
tensión Oriente-Occidente

5 Para la escritura de los números, consúltese el tema *Los numerales*.

RECUERDE que la principal dificultad que presentan los compuestos de varias palabras es la inexistencia de reglas claras sobre su escritura. Estos compuestos responden a conceptos que percibimos como unitarios pero formados por distintas palabras preexistentes.

 Señale la forma incorrecta de las dos del paréntesis (si las dos son correctas, no tache ninguna):

La secretaria habla tan (deprisa/de prisa) que casi no se le entiende.

Conviene lavar la ropa blanca (a parte/aparte).

Me han servido 300 g (de más/demás).

Clasifique los libros de la segunda estantería, los (de más/demás) los clasificaremos mañana.

Hoy, él va (a donde/adonde) va todos los días.

La disciplina del colegio era severa: se castigaban las faltas más leves de aseo, de conducta, de aplicación y, (sobretodo/sobre todo), de puntualidad.

Este es un niño muy (malcriado/mal criado), no obedece nunca.

La parte de (afuera/a fuera) de la ventana tiene que ser pintada todos los años.

Los cetáceos son mamíferos acuáticos, (osea/o sea) viven en el agua.

Un inoportuno (corto circuito/cortocircuito) le impidió continuar con su trabajo.

El majestuoso buque bogaba por (altamar/alta mar).

A veces se preocupa (sobre manera/sobremanera) por cosas que no valen la pena.

En algunos lugares, todavía se llama (ultramarinos/ultra marinos) a los abarrotes de importación.

La torre de aquel templo tiene un vistoso (para rayos/pararrayos) en forma de pelícano.

Su loro es un descarado; (en frente/enfrente) de las visitas comenzó a gritar una sarta de majaderías.

Extrañaremos estas vacaciones, (sobretodo/sobre todo) la cabaña en medio del bosque, donde nos refugiábamos del (agua nieve/aguanieve).

Señale los compuestos escritos incorrectamente:

Este (pisa-papeles/pisapapeles) es un estorbo más que otra cosa.

Sus esfuerzos eran (sobre-humanos/sobrehumanos).

Un estudio (socio-político/sociopolítico) determinó que el sistema democrático es el de más amplia aceptación.

La frontera (hispano-francesa/hispanofrancesa) estuvo cerrada durante dos horas.

Es imprescindible tener en cuenta las coordenadas (espaciotemporales/espacio-temporales) para entender estos fenómenos.

Mi primo intenta (sobrevivir/sobre-vivir) comprando y vendiendo objetos de segunda mano.

Acabará teniendo un gran almacén de (compra-venta/compraventa).

Aquel joven conoce bien la lengua (tupiguaraní/tupí-guaraní).

La glotonería puede provocar serios problemas (gastro-intestinales/gastrointestinales).

Esa (contra-orden/contraorden) nunca llegó, así que la mercancía que debía enviarse permaneció almacenada.

Las formas correctas son las siguientes:

La secretaria habla tan *deprisa* (*o* de prisa) que casi no se le entiende.

Conviene lavar la ropa blanca *aparte*.

Me han servido 300 g *de más*.

Clasifique los libros de la segunda estantería, los *demás* los clasificaremos mañana.

Hoy, él va *adonde* va todos los días.

La disciplina en el colegio era severa: se castigaban las faltas más leves de aseo, de conducta, de aplicación y, *sobre todo*, de puntualidad.

Este es un niño muy *malcriado*, no obedece nunca.

La parte de *afuera* de la ventana tiene que ser pintada todos los años.

Los cetáceos son mamíferos acuáticos, *o sea*, viven en el agua.

Un inoportuno *corto circuito* (*o* cortocircuito) le impidió continuar con su trabajo.

A veces se preocupa *sobre manera* (*o* sobremanera) por cosas que no valen la pena.

En algunos lugares todavía se llama *ultramarinos* a los abarrotes de importación.

La torre de aquel templo tiene un vistoso *pararrayos* en forma de pelícano.

Su loro es un descarado; *enfrente* de las visitas comenzó a gritar una sarta de majaderías.

Extrañaremos estas vacaciones, *sobre todo* la cabaña en medio del bosque, donde nos refugiábamos del *aguanieve* (*o* agua nieve).

 Las formas compuestas correctas son las siguientes:

Este pisapapeles es un estorbo más que otra cosa.

Sus esfuerzos eran sobrehumanos.

Un estudio socio-político determina que el sistema democrático es el de más amplia aceptación.

La frontera hispano-francesa estuvo cerrada durante dos horas.

Es imprescindible tener en cuenta las coordenadas espacio-temporales para entender estos fenómenos.

Intenta sobrevivir comprando y vendiendo objetos de segunda mano.

Acabará teniendo un gran almacén de compra-venta.

Aquel joven conoce bien el dialecto tupi-guaraní.

La glotonería puede provocar serios problemas gastrointestinales.

Esa contraorden nunca llegó, así que la mercancía que debía enviarse permaneció almacenada.

En la escritura, la última palabra de un renglón, si no cabe entera, no puede dividirse arbitrariamente. Se ha de respetar su composición silábica y se ha de marcar su división mediante un guión. Si tuviéramos que repartir en dos líneas las palabras *pron-ti-tud*, *ser-vi-cio*, *sal-va-ción*, habría que hacerlo según esa división silábica, es decir, por donde señalan los guiones, no de otra manera. A esta regla general se le añaden diversos matices.

1 Las palabras se dividen por sílabas; una sílaba nunca debe dividirse:

ce- pi- llo	(*no* cep- illo *ni* cepil- lo)
ar- gen- ti- no	(*no* arg- ent- ino)
te- le- vi- sión	(*no* te- lev- isi- ón)
cau- te- la	(*no* ca- u- te- la)

2 Las vocales contiguas no pueden separarse en líneas distintas si van formando diptongo (*te-néis*) o triptongo (*es-tu-diéis*), ni siquiera si llevan una *h* intercalada:

can- téis	parti- réis
va- ciáis	averi- guáis
ahu- mado	cohi- bido
rehu- só	ahu- yenta

3 Las vocales contiguas en hiato (*ma- re- a- do*) no pueden separarse en líneas distintas a no ser que entre ellas se intercale una *h*:

va- hí- do	bú- ho
océa- no	caó- ti- co
al- co- hol	ta- húr
can- ta- ríais	eté- reo

4 Las palabras compuestas por dos elementos reconocibles como palabras usuales, o si uno de estos es un prefijo, podrán separarse silábicamente o por sus dos componentes (aunque esta división no coincida con la silábica):

desa- hogo	des- ahogo
extraor- dinario	extra- ordinario
hispanoa- lemán	hispano- alemán
ina- preciable	in- apreciable

5 Si la primera o la última sílaba de una palabra estuviera formada por una sola vocal, no deberá escribirse ésta separada del resto a no ser que vaya precedida de una *h*:

aper- tura	(*sería incorrecto escribir*: a-pertura)
te- nía	(*sería incorrecto escribir*: tení- a)
aba-há	(*sería incorrecto escribir*: abah-á)

▶ **6** Si la sílaba que debe ser separada contiene una *h* a continuación de una consonante, ésta se escribe al final de un renglón y la *h* al principio del siguiente:

des- humanizado	ex- hibir
clor- hídrico	des- hidratar
al- haraca	desin- hibición

▶ **7** Los grupos consonánticos han de respetarse como componentes de una misma sílaba:

trans- porte (*no* tran- sporte)
abs- ceso (*no* ab-sceso)
apá- tri- da (*no* apát- rida)

▶ **8** Si dos consonantes consecutivas no forman parte del mismo grupo silábico, cada una de ellas se escribirá unida a la vocal con la que forma sílaba:

ac- ceso	prác- tica
colum- na	con- nivencia
defec- to	ac- ción
im- perio	car- tilla

▶ **9** Si dos letras van unidas para formar un sonido (*ch, ll, rr, gu, qu*) no pueden separarse en ningún caso:

acha- tar	gui- ja- rro
alla- nar	aca- rrear
aque- ja-do	agu- sa- na- do

▶ **10** Las palabras que contienen el grupo *tl* pueden dividirse según la pronunciación del español europeo (*at-le-ta*) o según la pronunciación del español americano (*pentá-tlon*):

trasa- tlántico	trasat- lántico
pentá- tlon	pentát- lon
decá- tlon	decát- lon

▶ **11** Las palabras que contienen *x* seguida de vocal pueden dividirse —si no es posible eludir la partición por ese punto— de modo que la *x* quede unida a la vocal siguiente:

má- ximo (*o* máxi- mo)
ta- xista (*o* taxis- ta)
conve- xidad (*o* convexi- dad)

12 ▶ Si una palabra está formada por siglas no deberá separarse en ningún caso:

       UNESCO (*no* UNES- CO)   INTELSAT (*no* INTEL- SAT)
       INRI (*no* IN- RI)   NAFTA (*no* NAF- TA)

13 ▶ Las palabras extranjeras se dividirán según las reglas anteriores aunque en su lengua originaria se sigan normas diferentes:

                  sué- ter   af- faire/affai- re
                  cow- boy   auto- estop/autoes- top

14 ▶ Se recomienda evitar las particiones que originan combinaciones de las llamadas malsonantes, como podría ocurrir con estas palabras:

                  espectáculo   sacerdote
                  esteta   tubérculo
                  Chicago   arameo
                  diputado   penetrar

RECUERDE que la división de palabras se ha de ajustar a su composición silábica y que una sílaba nunca puede dividirse sino en contadas ocasiones (palabras compuestas o *h* después de consonante).

▷ 1 Si separamos al final de un renglón estas palabras como aquí figuran, ¿qué regla de las estudiadas hemos aplicado en cada caso?

toa- lla	sols- ticio
desahu- cio	cons- tancia
clep- sidra	des- igual
acha- có	des- hidratar
marea- do	des- echo
almo- hada	eclip- se
co- hecho	vo- sotros

▷ 2 Imagine que encuentra estas palabras al final de una línea, ¿de cuántas maneras podría separarlas según las reglas estudiadas?

prohíbe	desoír
descuido	Feijoo
desobedecer	correoso
enhorabuena	desinhibirse
eneolítico	hubiéramos
fiduciario	malhadado
cohíbe	exabrupto
huida	fideicomiso
malestar	diorama
aumento	zanahoria
apatía	denuesto
sulfhídrico	transportista
abstencionismo	exudación
santuario	occipucio
pensaríais	obstaculización

▷ 3 En todos los casos siguientes se ha cometido un error en la separación de palabras, explique por qué y corríjalo.

obs- ervar	aére- o
sele- cción	rele- er
clorh- idrato	a -cto
perí- odo	sar- ro
dis- puta	per- al
a- celga	habí- a

de- struido	UNI- CEF
comp-utadora	tit-ánico
desh-ojado	OP-EP
e-popeya	fel-ices
trans-eúnte	porté-is

▷ 1 Las reglas aplicadas (aparte de la regla 1) son: *toa- lla* (3), *desahu-cio* (2), *clep-sidra* (8), *acha- có* (9), *marea- do* (3), *almo- hada* (3), *co- hecho* (3), *sols- ticio* (7), *cons- tancia* (7), *des- igual* (4), *des- hidratar* (4, 6), *des- echo* (4), *eclip- se* (8), *vosotros* (4).

▷ 2 Podrían dividirse: *pro- híbe, prohí- be; des- cuido, descui- do; de- sobedecer, desobedecer, desobe- decer, desobede- cer; en- horabuena, enho- rabuena, enhorabuena, enhorabue- na; eneo- lítico, eneolí- tico, eneolíti- co; fi- duciario, fidu- ciario, fiducia- rio; co- híbe, cohí- be; hui- da; mal- estar, males- tar; au-mento, aumen-to; apa-tía; sulf-hídrico, sulfhí-drico; abs-tencionismo, absten-cionismo; san-tuario, santua-rio; pen-saríais, pensa-ríais; de- soír, des- oír; Fei- joo; co- rreoso, correoso; de- sinhibirse, desin- hibirse, desinhi- birse, desinhibir- se; hu- biéramos, hubiéramos, hubiéra- mos; mal- hadado, malha- dado, malhada- do; ex -abrupto, exabrupto, exabrup- to; fi- deicomiso, fidei- comiso, fideicomi- so; dio- rama, diorama, zana-horia, zanaho-ria; de-nuesto, denues-to; trans-portista, transpor-tista; exu-dación, exuda-ción; oc-cipucio, occi-pucio; obs-taculización, obstacu-lización.*

▷ 3 Cada palabra va seguida de las reglas infringidas: *ob- servar* (1, 8), *selec- ción* (1, 8), *clor- hidrato* (6), *perío- do* (3), *disputa* (14), *acel- ga* (5), *des- truido* (1, 8), *com- putadora* (1), *des- hojado* (6, 5), *epo- peya* (5), *tran- seúnte* (excepción de la regla 7), *aéreo* (3, 5), *re- leer* (3), *ac- to* (1, 5, 8), *sa- rro* (1, 9), *pe- ral* (1), *ha- bía* (3, 5), *UNICEF* (12), *ti- tánico* (1, 14), *OPEP* (12), *fe- lices* (1), *por- téis* (2).

Algunas palabras tienen significados diferentes según se escriban, por ejemplo, con *v* o con *b*, con *h* o sin ella: son *homónimas* u *homófonas*. Otros ejemplos de homonimia se producen como consecuencia de determinadas formas de pronunciación (*yeísmo*, *seseo* y *ceceo*). Para todos los casos de confusión de homónimos, la única regla posible consiste en diferenciar claramente los significados respectivos y en poner especial atención a las exigencias del contexto.

 Palabras homófonas que se diferencian en la escritura por escribirse con *b* o con *v*:

abalar: 'mover de sitio'
avalar: 'garantizar'

abiar: 'manzanilla'
aviar: 'preparar la comida'

abocar: 'verter por la boca'
avocar: 'atraerse un juez una causa'

acerbo: 'amargo'
acervo: 'montón de cosas menudas'

albino: 'blanquecino'
alvino: 'referente al bajo vientre'

baca: 'armazón que sirve de portaequipajes'
vaca: 'animal'

bacía: 'jofaina'
vacía: 'desocupada'

bacilar: 'referente a los bacilos'
vacilar: 'oscilar'

bacilo: 'bacteria'
vacilo: del v. *vacilar*

bajilla: 'dim. de *baja*'
vajilla: 'conjunto de platos y vasos'

bale: del v. *balar*
vale: del v. *valer*; boleto

balido: 'voz de algunos animales'
valido: 'protegido del rey'

balón: 'pelota'
valón: 'de Valonia'

bao: 'barrote para sostener techos'
vaho: 'vapor'

baqueta: 'varilla'
vaqueta: 'cuero curtido'

bario: 'elemento químico'
vario: 'diverso'

barón: 'título nobiliario'
varón: 'persona de sexo masculino'

basar: 'sustentar'
vasar: 'estante para vasos'

basca: 'náusea'
vasca: 'del País Vasco'

bascular: 'balancear'
vascular: 'de los vasos sanguíneos'

base: 'fundamento'
vase: 'se va', v. *ir* + se

basto: 'tosco'; 'palo de la baraja'
vasto: 'extenso'

bate: del v. *batir*; 'palo del béisbol'
vate: 'poeta'

baya: 'fruto carnoso'; 'yegua amarillenta'
vaya: del v. *ir*

bello: 'hermoso'
vello: 'pelo corto y fino'

beta: 'letra griega'
veta: 'filón'; del v. *vetar*; 'prohibir'

bidente: 'de dos dientes'
vidente: 'adivino'

bienes: 'propiedades'
vienes: del v. *venir*

bolada: 'ganga, oportunidad'
volada: 'vuelo corto'

bolado: 'negocio, asunto'
volado: 'que sobresale de un soporte'

bolear: 'cazar animales con boleadoras'
volear: 'golpear en el aire'

bota: 'calzado'; 'recipiente de cuero'
vota: del v. *votar*

botar: 'dar saltos'; 'echar un barco al agua'
votar: 'dar el voto'

bote: 'salto'; 'embarcación'
vote: del v. *votar*

boto: 'bota alta'
voto: 'decisión electoral'

cabe: 'junto a'; del v. *caber*
cave: del v. *cavar*

cabila: 'tribu bereber'
cavila: del v. *cavilar*

combino: del v. *combinar*
convino: del v. *convenir*

corbeta: 'barco ligero'
corveta: 'pirueta del caballo'

grabar: 'labrar, esculpir'
gravar: 'imponer una carga'

hierba: 'planta de tallo tierno'
hierva: del v. *hervir*

nabal: 'referido a nabos'
naval: 'referido a naves'

rebelar(se): 'levantarse contra la autoridad'
revelar: 'descubrir'

recabar: 'pedir'
recavar: 'volver a cavar'

ribera: 'orilla'
rivera: 'riachuelo'

sabia: 'la que sabe mucho'
savia: 'jugo de las plantas'

silba: del v. *silbar*
silva: 'combinación de versos'

tubo: 'cilindro'
tuvo: del v. *tener*

Palabras homófonas que se diferencian en la escritura por escribirse con *h* o sin ella:

a: preposición
ha: del v. *haber*

ablando: del v. *ablandar*
hablando: del v. *hablar*

abría: del v. *abrir*
habría: del v. *haber*

acedera: 'planta comestible'
hacedera: 'la que hace algo'

ahí: 'en ese lugar'
hay: del v. *haber*

ala: 'extremidad de las aves'
¡hala!: interjección

alagar: 'llenar de charcos'
halagar: 'adular'

alar: 'alero'
halar: 'tirar de un cabo'

aprender: 'llegar a saber con el estudio'
aprehender: 'capturar'

aprensión: 'recelo'
aprehensión: 'acto de aprehender'

arte: 'habilidad'
harte: del v. *hartar*

as: 'campeón'
has: del v. *haber*

asta: 'cuerno de un animal'
hasta: preposición

atajo: 'senda por donde se acorta camino'
hatajo: 'rebaño'

ato: del v. *atar*
hato: 'envoltorio de ropa'

¡ay!: interjección que denota dolor
hay: del v. *haber*

aya: 'la que cuida a los niños'
haya: 'tipo de árbol'; del v. *haber*

azar: 'suerte'
azahar: 'flor del naranjo'

desecho: 'lo que se rechaza'
deshecho: 'desarreglado'

deshojar: 'quitar hojas'
desojar: 'mirar con mucho esfuerzo'

echo: del v. *echar*
hecho: del v. *hacer*

errar: 'equivocarse'
herrar: 'poner herraduras'

ético: 'referente a la moral'
hético: 'tuberculoso'

¡ah!: interjección que denota asombro
ha: del v. *haber*

habano: 'natural de La Habana'
abano: 'abanico'

habitar: 'ocupar'
abitar: 'amarrar un cabo'

haré: del v. *hacer*
aré: del v. *arar*

haya: 'tipo de árbol'; forma del v. *haber*
halla: del v. *hallar*

he: del v. *haber*
¡eh!: interjección para llamar

hice: del v. *hacer*
ice: del v. *izar*

hierro: 'metal'
yerro: 'equivocación'

hizo: del v. *hacer*
izo: del v. *izar*

hojear: 'pasar hojas de un libro'
ojear: 'echar un vistazo'

¡hola!: interjección de saludo
ola: 'movimiento del agua del mar'

honda: 'profunda'
onda: 'movimiento del agua'

hora: 'fracción de sesenta minutos'
ora: del v. *orar*

horca: 'patíbulo'
orca: 'tipo de cetáceo'

huso: 'objeto cilíndrico que sirve para hilar'
uso: 'utilización'

¡oh!: interjección que expresa sorpresa
o: conjunción

olla: 'recipiente'
hoya: 'llanura rodeada de montañas'

ollar: 'orificio nasal de las caballerías'
hollar: 'pisar'

rehusar: 'rechazar'
reusar: 'emplear de nuevo'

yendo: del v. *ir*
hiendo: del v. *hendir*

3 ▶ Palabras que resultan homófonas por efecto del yeísmo, pero que se diferencian en la escritura por escribirse con *ll* o con *y*:

abollar: 'llenar de abolladuras'
aboyar: 'poner boyas'

arrollar: 'atropellar'
arroyar: 'formar arroyos'

arrollo: del v. *arrollar*
arroyo: 'corriente escasa de agua'

ayes: 'lamentaciones'
halles: del v. *hallar*

ayo: 'el que cuida a los niños'
hallo: del v. *hallar*

bolla: 'bola de harina cocida'
boya: 'cuerpo flotante'

callado: 'silencioso'
cayado: 'bastón'

callo: del v. *callar*; 'dureza'
cayo: 'isla arenosa'

calló: del v. *callar*
cayó: del v. *caer*

falla: 'defecto'; 'hoguera'; del v. *fallar*
faya: 'tejido';'peñasco'

gallo: 'macho de la gallina'
gayo: 'alegre'

halla: del v. *hallar*
haya: 'tipo de árbol'

haya: 'tipo de árbol'
aya: 'la que cuida a los niños'

hulla: 'carbón'
huya: del v. *huir*

malla: 'redecilla'
maya: 'pueblo amerindio'

mallar: 'hacer malla'
mayar: 'maullar'

olla: 'recipiente'
hoya: 'llanura rodeada de montañas'

pollo: 'cría de ave'
poyo: 'repisa'

pulla: 'burla'
puya: 'pica'

rallador: 'raspador'
rayador: 'ave marina'

rallar: 'desmenuzar'
rayar: 'hacer rayas'

rallo: 'desmenuzador'; del v. *rallar*
rayo: 'chispa eléctrica'

rollo: 'cilindro'
royo: 'rojo'

valla: 'cerca de madera'
vaya: del v. *ir*

4 ▶ Palabras homónimas que se diferencian en la escritura por escribirse con *g* o con *j*:

gira: 'viaje por diferentes lugares'
jira: 'merienda campestre'

ingerir: 'tragar'
injerir: 'entrometerse'

ingerencia: 'ingestión'
injerencia: 'intromisión'

5 ▶ Palabras homófonas que se diferencian en la escritura por escribirse con *s* o con *x*:

contesto: del v. *contestar*
contexto: 'el entorno de un texto'

esotérico: 'oculto'
exotérico: 'vulgar'

espiar: 'acechar'
expiar: 'pagar una culpa'

espirar: 'echar el aire fuera al respirar'
expirar: 'morir'

estático: 'quieto'
extático: 'en éxtasis'

estirpe: 'linaje'
extirpe: del v. *extirpar*

lasitud: 'cansancio'
laxitud: 'relajamiento'

laso: 'cansado'
laxo: 'blando'

seso: 'cerebro'
sexo: 'constitución fisiológica que distingue al macho de la hembra'

6 ▶ Palabras que resultan homófonas para los hablantes seseantes por llevar *c* o *s*:

acechanza: 'acecho'
asechanza: 'trampa'

acecinar: 'secar las carnes'
asesinar: 'matar a alguien'

bracero: 'jornalero'
brasero: 'recipiente para calentar'

cebo: 'trampa'
sebo: 'grasa'

cede: del v. *ceder*
sede: 'residencia'

cegar: 'deslumbrar'
segar: 'cortar'

cenador: 'en los jardines, espacio cercado'
senador: 'que pertenece al senado'

cera: 'sustancia para hacer velas'
sera: 'capacho de esparto'

cerrar: 'clausurar'
serrar: 'cortar con una sierra'

cesión: 'entrega'
sesión: 'reunión'

ciervo: 'tipo de rumiante'
siervo: 'servidor'

cima: 'la parte más alta de una montaña'
sima: 'cavidad profunda'

cidra: 'fruto parecido al limón'
sidra: 'zumo de las manzanas'

cien: 'diez veces diez'
sien: 'parte lateral de la cabeza'

cierra: del v. *cerrar*
sierra: 'instrumento para cortar'

cocer: 'hervir'
coser: 'unir con hilo'

cocido: 'tipo de guiso'
cosido: 'unido con hilo'

concejo: 'ayuntamiento'
consejo: 'sugerencia'

heces: 'restos'
eses: 'plural de la *ese*'

vocear: 'dar voces'
vosear: 'emplear el pronombre *vos*'

7 ▶ Palabras que resultan homófonas para los hablantes seseantes por llevar *z* o *s*:

abrazar: 'coger entre los brazos'
abrasar: 'quemar'

as: 'campeón'
has: del v. *haber*

asía: del v. *asir*
hacía: del v. *hacer*

asiendo: del v. *asir*
haciendo: del v. *hacer*

azada: 'herramienta para cavar'
asada: 'pasada por el fuego'

bazar: 'tienda'
basar: 'fundamentar'

braza: 'unidad de longitud'
brasa: 'ascua'

bazo: 'víscera de los vertebrados'
vaso: 'recipiente para beber líquidos'

bezo: 'labio grueso'
beso: 'acción de tocar con los labios'

caza: 'acción de cazar'
casa: 'vivienda'

cazo: 'recipiente con mango'
caso: 'asunto'

has: del v. *haber*
haz: 'conjunto de cosas'; del v. *hacer*

hozar: 'remover la tierra con el hocico'
osar: 'atreverse'

loza: 'barro cocido y barnizado'
losa: 'baldosa'

maza: 'utensilio con mango para golpear'
masa: 'mezcla blanda'; 'multitud'

pozo: 'hoyo profundo para sacar agua'
poso: 'residuo'

rebozar: 'untar en huevo o harina'
rebosar: 'derramarse'

rezuma: del v. *rezumar*
resuma: del v. *resumir*

saga: 'leyenda'
zaga: 'parte posterior de una cosa'

vez: 'cada realización de un suceso'
ves: del v. *ver*

zeta: 'última letra del alfabeto'
seta: 'tipo de hongo'

zumo: 'jugo'
sumo: 'muy grande'; del v. *sumar*

zueco: 'calzado de madera'
sueco: 'de Suecia'

8 ▶ Palabras que varían de significación según se escriban juntas o separadas (homónimos sintácticos):

abajo: *Lo puso abajo.*
a bajo: *A bajo precio.*

abulto: *Con esta ropa abulto mucho.*
a bulto: *Lo eligió a bulto.*

acerca: *Acerca de su hermano lo ignora todo.*
a cerca: *Llegó a cerca del Paraná.*

adonde: *Irá al lugar adonde le digas.*
a donde: ('a la casa de') *Va a donde Pedro.*

adondequiera: ('a cualquier parte') *Me lo encuentro adondequiera que vaya.*
adonde quiera: *El país adonde quiera irme, lo sabrás a su debido tiempo.*

aparte: *Deja aparte esa cuestión.*
a parte: *No lleva a parte alguna.*

apenas: *Apenas lo veo.*
a penas: *A penas y a fatigas no hay quien lo gane.*

asimismo: ('también') *Juan lo hizo asimismo.*
así mismo: ('del mismo modo') *Así mismo que Pedro.*
a sí mismo: ('a él mismo') *Lo mandó aunque se perjudicaba a sí mismo.*

conque: *Sabes que no me gusta, conque procura no traerlo mucho por casa.*
con que: *El dinero con que pago.*
con qué: *No sé con qué dinero piensa pagar.*

debajo: *La maleta está debajo de la cama.*
de bajo: *Es de bajo nivel.*

demás: *A los demas no les importa.*
de más: *Está de más decirlo.*

dondequiera: *Te querré dondequiera que estés.*
donde quiera: *Tendrá plaza donde quiera estudiar.*

haber: *De haber sabido que vendrías no me hubiera marchado.*
a ver: *A ver si me atrapas.*

malentendido: *Hubo un malentendido entre ellos.*
mal entendido: *Ha sido mal entendido lo que ha dicho.*

malpensado: *No seas malpensado.*
mal pensado: *Eso que dices no está mal pensado.*

medianoche: *Ya es medianoche y todavía no ha vuelto.*
media noche: *Se pasó media noche buscándolo.*

mediodía: *Comeremos juntos a mediodía.*
medio día: *Trabajó medio día nada más.*

porvenir: *Nadie conoce el porvenir.*
por venir: *Por venir temprano tuvieron premio.*

porque: *No estás contento porque no quieres.*
por que: *Abogó por que no insistieran en su demanda.*
porqué: *Tendrá su porqué, no digo que no.*
por qué: *¿Por qué no me avisaste?*

quienquiera: *Quienquiera que sea, que pase.*
quien quiera: *Mi padre se lo dará a quien quiera.*

sinfín: *Dijo un sinfín de mentiras.*
sin fin: *Dijo mentiras sin fin.*

sinrazón: *Esto es un abuso y una sinrazón.*
sin razón: *Me insultó sin razón aparente.*

sinsabor: *Tus palabras son un amargo sinsabor para mí.*
sin sabor: *Éste es un plato sin sabor.*

sinvergüenza: *El sinvergüenza de tu primo.*
sin vergüenza: *Habla sin vergüenza alguna.*

sinnúmero: *Tiene un sinnúmero de mariposas disecadas.*
sin número: *Andas sin número de matrícula.*

sobretodo: *Se puso el sobretodo verde.*
sobre todo: *Sobre todo ten mucho cuidado.*

también: *También matan a los corderos en el matadero.*
tan bien: *Canta tan bien que es difícil no emocionarse escuchándolo.*

tampoco: *Hoy tampoco ha venido.*
tan poco: *¡Ha llovido tan poco...!*

sino: *No lo hizo el padre sino el hijo.*
si no: *Si no lo hizo el padre, lo haría el hijo.*

RECUERDE que la confusión que pueden plantear dos términos homófonos puede resolverse si se distinguen claramente los significados respectivos.

1. De los términos que se ofrecen entre paréntesis escoja el que considere adecuado en cada caso:

El pastor condujo el (hatajo/atajo) de ovejas por un (atajo/hatajo).

Ernesto no quiere (botar/votar) tampoco en estas elecciones.

Juan es muy aficionado a los juegos de (azahar/azar).

Los dos son belgas: ella, flamenca; su marido, (valón/balón).

Él quería ir al trote, pero su caballo se empeñó en hacer (corbetas/corvetas).

Siempre trata de (ingerirse/injerirse) en los asuntos de los demás.

Estela actúa con una compañía de baile; ahora anda de (gira/jira) por diferentes países asiáticos.

Si no es imprescindible no (recabaré/recavaré) la ayuda de nadie.

Cortó una rama muy (vasta/basta) con el propósito de pulirla.

Aunque (cavila/cabila) sin parar, los resultados de su esfuerzo apenas se notan.

Deja que el guiso (hierba/hierva) a fuego lento durante diez minutos.

El nuevo depilatorio es muy eficaz contra el (bello/vello).

María (grababa/gravaba) su nombre sobre la corteza del árbol.

La (baca/vaca) del autobús iba repleta de trastos.

¡(Haber/A ver) si adivinas quién ha venido a verte!

No fui a Mallorca este verano (porque/por que) quería trabajar.

Nunca sabrás (porqué/por qué) se fue de casa.

No estudiará en casa (sino/si no) en la biblioteca.

(A penas/apenas) se marchó, empezamos a recrearnos en nuestro pequeño (sinsabor/sin sabor).

Han abierto aquí cerca una tienda de libros de magia y productos (exotéricos/esotéricos).

Hasta las once y media no empieza la (sesión/cesión) infantil.

Mientras fregaba los platos, rompió una vasija de (losa/loza).

Andorra (graba/grava) con un millón de pesetas al año a los extranjeros con residencia fiscal.

2. Forme frases con estas palabras, procurando que se distinga la diferencia de significado entre los dos términos de cada pareja:

bello/vello	cazo/caso
rehusar/reusar	aparte/a parte
estático/extático	aya/haya
acerca/ a cerca	hulla/huya
bota/vota	zumo/sumo
hice/ice	demás/de más

Explique las diferencias de significado entre las palabras que conforman cada una de estas parejas de homófonas:

ingerir/injerir	gallo/gayo
seso/sexo	sinfín/sin fin
rallar/rayar	baca/vaca
desecho/deshecho	arte/harte
jira/gira	olla/hoya
horca/orca	pozo/poso
cegar/segar	azada/asada
halles/ayes	sesión/cesión
bolear/volear	acervo/acerbo
jira/gira	seta/zeta
senador/cenador	osar/hozar

 Señale las letras escritas entre paréntesis que no correspondan:

Tengo que a(b/v)iar la comida.

Ana está des(ho/o)jando la margarita.

Hoy he (he/e)chado la carta al buzón.

Le gusta fumar (ha/a)banos parsimoniosamente.

El viejo oficio de (he/e)rrar caballos está perdiéndose casi por completo.

El ca(b/v)o no tiene consideración con los reclutas.

Tienes el rey de (b/v)astos.

Por favor, coloca también esas tazas en el (b/v)asar.

Durante todo el viaje sintió (b/v)ascas en el estómago.

Ojalá (b/v)aya también Elisa a coger (b/v)ayas silvestres.

Si no fa(ll/y)a nada, emprenderemos el vuelo a las cinco.

La (c/s)esión de los (s/c)enadores se prolongó demasiado.

Había tantos pescados que a(c/s)e(s/c)inamos la mitad para comerla después.

Gracias a su ca(y/ll)ado, el pastor evitó caer en esa po(s/z)a.

Batió tanto los huevos para rebo (s/z)ar, que éstos rebo(s/z)aron el recipiente.

El sonido de las estudiantinas es muy ga(y/ll)o.

Teniente de cor(b/v)eta es un grado militar na(b/v)al.

Ya te dije: para que la tisana sea efectiva, debes dejar que hier(v/b)a esa hier(v/ b)a durante diez minutos.

▷1 Las palabras escogidas tendrían que haber sido: *hatajo, atajo; votar; azar; valón; corvetas; injerirse; gira; recabaré; basta; cavila; hierva; vello; grababa; baca; a ver; porque; por qué; sino; apenas; sinsabor; esotéricos; sesión; loza; grava.*

▷2 He aquí un ejemplo posible: *Aunque tiene mucho vello, su rostro resulta extraordinariamente bello.*

▷3 Corrija este ejercicio consultando los significados que se aportan de estas palabras en la página de las reglas.

▷4 Las frases correctamente escritas son:

Tengo que *aviar* la comida.
Ana está *deshojando* la margarita.
Hoy he *echado* la carta al buzón.
Le gusta fumar *habanos* parsimoniosamente.
El viejo oficio de *herrar* caballos está perdiéndose casi por completo.
El *cabo* no tiene consideración con los reclutas.
Tienes el rey de *bastos.*
Por favor, coloca también esas tazas en el *vasar.*
Durante todo el viaje sintió *bascas* en el estómago.
Ojalá *vaya* también Elisa a coger *bayas* silvestres.
Si no *falla* nada, emprenderemos el vuelo a las cinco.
La *sesión* de los *senadores* se prolongó demasiado.
Había tantos pescados, que *acecinamos* la mitad para comerla después.
Gracias a su *cayado,* el pastor evitó caer en esa *poza.*
Batió tanto los huevos para *rebozar,* que éstos *rebosaron* el recipiente.
El sonido de las estudiantinas es muy *gayo.*
Teniente de *corbeta* es un grado militar *naval.*
Ya te dije: para que la tisana sea efectiva, debes dejar que *hierva* esa *hierba* durante diez minutos.

Llamamos *parónimas* a aquellas palabras que guardan un cierto parecido fonético entre sí (por ejemplo, *exotérico* y *esotérico*), por lo que a veces pueden confundirse en la escritura o servir erróneamente de modelo ortográfico para la escritura de otros términos de parecida sonoridad.

 Algunas parejas y tríos de palabras parónimas que deben conocerse para evitar su confusión:

abad: 'superior de un monasterio'
abate: 'clérigo de órdenes menores'

abertura: 'orificio de entrada'
apertura: 'comienzo'

absceso: 'acumulación de pus'
acceso: 'paso'

absolver: 'exculpar'
absorber: 'tragar'

abyección: 'degradación'
deyección: 'deposición'

accesible: 'que se llega fácilmente'
asequible: 'que se puede adquirir'

accidente: 'percance'
incidente: 'pequeño suceso'

actitud: 'manera de comportarse'
aptitud: 'habilidad'

adoptar: 'prohijar'
adaptar: 'ajustar'

adicción: 'dependencia'
adición: 'suma'

afección: 'enfermedad'
afectación: 'engreimiento'

afectividad: 'emotividad'
efectividad: 'operatividad'

afectivo: 'cariñoso'
efectivo: 'que da resultado'

afecto: 'cariño'
efecto: 'consecuencia'

agostar: 'secarse las plantas por el calor'
agotar: 'cansar'

alocución: 'discurso'
elocución: 'manera de hablar'

alternancia: 'sucesión de variaciones'
alternativa: 'opción'

alud: 'avalancha'
talud: 'inclinación de un terreno'

aludir: 'citar'
eludir: 'evitar'

alusión: 'mención'
elusión: 'omisión'

apacible: 'tranquilo'
impasible: 'que no se inmuta'

apertura: 'comienzo'
obertura: 'parte instrumental con que se inicia una ópera'

apócrifo: 'falsificado'
hipócrita: 'fingidor'

apóstrofe: 'invocación'
apóstrofo: 'signo gráfico de omisión'

aprender: 'llegar a conocer'
aprehender: 'capturar'

artificial: 'lo hecho por el hombre'
artificioso: 'poco espontáneo'

ascético: 'que lleva una vida de renuncia'
aséptico: 'desinfectado'

auspicio: 'protección'
hospicio: 'orfelinato'

bula: 'dispensa'
gula: 'vicio de comer en exceso'

casual: 'azaroso'
causal: 'lo que se refiere a la causa'

cesión: 'donación'
sesión: 'cada reunión de una serie'

erupción: 'expulsión violenta'
irrupción: 'entrada brusca'

esotérico: 'secreto'
exotérico: 'asequible a todos'

especie: 'categoría, clase'
especia: 'sustancia para condimentar'

espiar: 'vigilar'
expiar: 'pagar culpas'

estático: 'sin movimiento'
extático: 'en éxtasis'

expedir: 'enviar'
expender: 'vender'

evocar: 'recordar'
invocar: 'llamar'

infestar: 'llenar'
infectar: 'contagiar'

infligir: 'imponer'
infringir: 'no respetar una norma'

intercesión: 'mediación'
intersección: 'cruce'

intimar: 'congeniar'
intimidar: 'impresionar'

lasitud: 'debilidad'
laxitud: 'relajación'

mistificación o mixtificación: 'falsificación'
mitificación: 'idealización'

paráfrasis: 'interpretación de un texto'
perífrasis: 'rodeo expresivo'

perjuicio: 'daño'
prejuicio: 'idea preconcebida'

prescribir: 'recetar'
proscribir: 'prohibir'

proveer: 'suministrar'
prever: 'ver con antelación, intuir'

Palabras parecidas

relevar: 'sustituir'
revelar: 'descubrir'

retracción: 'aislamiento'
retractación: 'negación de lo dicho'

sensual: 'relativo a las sensaciones'
sexual: 'referente al sexo'

súbdito: 'sometido a la autoridad de otro'
súbito: 'repentino'

sugestión: 'influencia'
sujeción: 'acción de sujetar'

RECUERDE que la confusión entre términos parónimos se produce por no distinguir con claridad los significados respectivos. Procure, por consiguiente, asimilar bien la diferencia tanto ortográfica como semántica.

▷ 1 Sustituya los huecos por uno de los dos parónimos que se ofrecen entre paréntesis, efectuando los cambios gramaticales que sean necesarios:

Al admirar tanta belleza su mirada quedó _____ (extático/estática).

Como no tienen hijos, tratan de _____ (adoptar/adaptar) alguno.

Aunque no te lo creas, tengo mucho _____ (afecto/efecto) por ti.

Ernesto _____ (infligir/infringir) continuamente las normas de tránsito; le gusta especialmente pasar los semáforos en rojo.

Por muchos _____ (perjuicio/prejuicio) que te haya causado, deberías (absolver/absorber/adsorber) _____ lo.

Cuando cocina utiliza siempre _____ (especies/especias).

Para este fin de semana se _____ (proveer/prever) mal tiempo.

En esa papelería se _____ (expedir/expenden) impresos para la declaración de renta.

Tiene una voz suave y _____ (sensual/sexual).

Los supersticiosos aseguran que _____ (evocar/invocar) a los muertos equivale a _____ (evocarlos/invocarlos).

Los lobos y los linces son _____ (especies/especias) en peligro de extinción, por lo cual no debemos _____ (infligir/infringir) las normas establecidas para su conservación.

Si tu novia se porta indiferente contigo, pórtate más _____ (afectivo/efectivo); es un _____ (afectivo/efectivo) remedio.

La ilusión de ese detective es lograr _____ (aprender/aprehender) a algún delincuente famoso.

Bajo el _____ (auspicio/hospicio) del nuevo patronato, el _____ (auspicio/hospicio) de la ciudad ha mejorado notablemente sus servicios.

Pidió a la alcaldesa su _____ (intersección/intercesión) a fin de lograr la resolución de su problema.

▷ 2 Tache los términos que no correspondan a la definición adjunta:

Mixtificación/mitificación: 'idealización'.

Inmigrar/emigrar: 'abandonar el lugar de origen para establecerse en otro'.

Invocación/evocación: 'ruego dirigido a la divinidad para pedir algo'.

Condonar/condenar: 'perdonar una deuda'.

Endémica/epidémica/epidérmica: 'se dice de la enfermedad que está muy extendida en una zona'.

Cesión/sección/sesión: 'cada una de las partes en que se divide un conjunto'.

Desposar/esposar: 'unir en matrimonio a una pareja'.
Exhaustivo/exhausto: 'agotado, consumido'.
Eminente/inmanente/inminente: 'lo que está a punto de ocurrir'.
Apóstrofe/apóstrofo: 'interpelación'.

3 ▷ Busque en el diccionario los significados de las siguientes parejas de parónimos que no diferencie con seguridad:

consumación	consumición
denuedo	denuesto
oblicuo	ubicuo
urbanidad	urbanización
continuidad	continuación
atención	intención
patrón	patrono
óbice	óbito
calidad	cualidad
prolífico	prolijo
superficial	superfluo
elección	selección
enjuagar	enjugar
fundar	fundir

▷ Los términos correctos son:

> extática
> adoptar
> afecto
> infringe
> perjuicios
> absolverlo
> especias
> prevé
> expenden
> sensual
> evocar
> invocarlos
> especies
> infringir
> afectivo
> efectivo
> aprehender
> auspicio
> hospicio
> intercesión

▷ Los términos correctos y su definición son los siguientes:

Mitificación: 'idealización'.
Emigrar: 'abandonar el lugar de origen para establecerse en otro'.
Invocación: 'ruego dirigido a la divinidad para pedir algo'.
Condonar: 'perdonar una deuda'.
Endémica: 'se dice de la enfermedad que está muy extendida en una zona'.
Sección: 'cada una de las partes en que se divide un conjunto'.
Desposar: 'unir en matrimonio a una pareja'.
Exhausto: 'agotado, consumido'.
Inminente: 'lo que está a punto de ocurrir'.
Apóstrofe: 'interpelación'.

▷ Repase las definiciones que no diferenciaba hasta tener la seguridad de haberlas asimilado.

Muchas de las faltas de ortografía que se suelen cometer son debidas a tomar, al escribir ciertas palabras, como punto de referencia o modelo ortográfico otras de escritura diferente con las que, sin embargo, mantienen algún grado de analogía o de parentesco. Por ejemplo, *cirugía* con respecto a *cirujano*, *elijo* con respecto a *eligió*, etcétera.

1 ▶ Algunas palabras analógicas con *v/b*:

> abeja/avispa
> abogado/advocación
> avilense/abulense
> abalanzarse/avalancha
> absorber/absolver/observar/resolver
> carabela/calavera
> cavidad/cabida
> precaver/caber
> sílaba/saliva
> trivial/tribal

2 ▶ Algunas palabras analógicas con *g/j* o *j/g*:

cirugía/cirujano
coger: cogió, cojo, coges, coja, *etc.*
decir: digo, dije, dijo, *etc.*
corregir: corrijo, corrige, corrigió, *etc.*
exigir: exijo, exige, exigió, *etc.*
tejer/escoger, recoger, converger, *etc.*
crujir/fingir, compungir, sumergir, *etc.*
paradójico/filológico, fisiológico, *etc.*

3 ▶ Algunas palabras analógicas con *h* o sin ella:

> acción/hacer
> oquedad/hueco
> orfandad/huérfano/orfanato
> óseo/hueso/osamenta
> rehusar/usar
> umbral/húmedo
> invierno/hibernación/hibernar
> exuberante/exhaustivo
> hilo/ilación/hilar
> hincar/izar

ortodoxo/heterodoxo
hombro/omóplato

4 ▸ Algunas palabras analógicas con *s* o *x*:

escéptico/excepto
espectador/expectación
extremo/estreno
estrato/extracto
distorsión/extorsión
exquisito/esquivo/esqueje

5 ▸ Algunas palabras analógicas con *z/c*:

alcanzar: alcance, alcanzo, *etc.*
vencer: venzo, vence, *etc.*
cabeza/cabecera
hechizo/hechicero
lápiz: lápices
hoz: hoces
hacer: hace, hizo, hicimos, *etc.*
trasluz/traslúcido

6 ▸ Algunas palabras analógicas con *trans-/tras-*. (Las de la primera columna pueden escribirse también con la forma simplificada *tras-*; las de la segunda columna, en cambio, sólo admiten una forma.)

transbordo	trasfondo
transcontinental	trasladar
transcribir	trasnochar
transcurso	traspaso
transferencia	traspié
transmisor	trastorno
transportar	trastocar
transparencia	trasto
transpirar	trasquilar
transgresión	trastrocar
transformación	trasmano
transvasar	trashumancia
trascendencia	trasluz
traslación	trasplantar

RECUERDE que estamos ante casos de palabras en que puede cometerse falta ortográfica por tomar falsos modelos. Asegúrese, por consiguiente, de cuál es la ortografía idónea en cada caso.

▷1 Escriba la letra que falta sobre la raya de las siguientes frases:

Se a__alanzó sobre el bandido.

Había desprendimientos de nieve; me libré de una a__alancha de puro milagro.

No sé si ha sido una a__ispa o una a__eja, pero sé que me ha picado un bicho.

El conferenciante se excusó diciendo que había perdido el __ilo, pero lo cierto es que su discurso carecía de __ilación.

Reco__e todo lo que hay desperdigado sobre la mesa.

Yo esco__o ésta, la amarilla; tú esco__e la que quieras.

Aunque inicialmente había mucha e__pectación, el e__pectáculo fue un verdadero desastre.

Se tra__ladaron sin dificultad de orilla a orilla en el tra__bordador.

Su padre es chori__ero, quiero decir que fabrica chori__os.

A todos los de su e__tirpe les han tenido que e__tirpar la vesícula biliar.

▷2 Busque alguna palabra que pudiera inducir a escribir erróneamente las que aparecen en las siguientes columnas:

banal	esternón
breva	zape
ambages	higo
espúreo	libido
cacería	vándalo
cogollo	umbrío
envasar	extrañar
servir	orfanato
halagar	viejo
trasluz	azadón
converger	troyano
seccionar	error
tisana	apoyar
oveja	obispo
silvícola	trauma

Las frases del ejercicio 1 con la palabra correcta son las siguientes:

Se *abalanzó* sobre el bandido.

Había desprendimientos de nieve; me libré de una *avalancha* de puro milagro.

No sé si ha sido una *avispa* o una *abeja*, pero sé que me ha picado un bicho.

El conferenciante se excusó diciendo que había perdido el *hilo*, pero lo cierto es que su discurso carecía de *ilación*.

Recoge todo lo que hay desperdigado sobre la mesa.

Yo *escojo* ésta, la amarilla; tú *escoge* la que quieras.

Aunque inicialmente había mucha *expectación*, el *espectáculo* fue un verdadero desastre.

Se *trasladaron* sin dificultad de orilla a orilla en el *transbordador*.

Su padre es *choricero*, quiero decir que fabrica *chorizos*.

A todos los de su *estirpe* les han tenido que *extirpar* la vesícula biliar.

 Si las palabras que usted ha buscado no coinciden con las que se presentan en esta solución, no importa. Las que aquí se aportan entre paréntesis no son en ningún caso las únicas posibles; se señalan sólo a título de ejemplo orientativo:

banal (vano)	esternón (externo)
breva (brebaje)	zape (cepa)
ambages (vendaje)	higo (hijo)
espúreo (expurgar)	libido (lívido)
cacería (caza, cazador)	vándalo (bárbaro)
cogollo (cojo)	umbrío (humedad)
envasar (basar)	extrañar (estrenar)
servir (escribir)	orfanato (huérfano)
halagar (alegar)	viejo (ciego)
trasluz (traslucir)	azadón (asador)
converger (comején)	troyano (rellano)
seccionar (sesionar)	error (herrero)
tisana (tiza)	apoyar (desollar)
oveja (abeja)	obispo (avispa)
silvícola (silbido)	trauma (ahúma)

Llamamos heterógrafas a aquellas palabras que, bien por razón de su origen (por ejemplo, extranjerismos adaptados al español), bien por presentar inicialmente una grafía poco común en nuestra lengua (por ejemplo, algunos cultismos), han llegado a simplificar su escritura y pueden actualmente escribirse de dos formas (la originaria y la simplificada) sin que ello afecte a su significado.

1 ► Algunas palabras (heterógrafas) pueden escribirse indistintamente con *h* o sin ella:

¡ala!/¡hala!
arpillera/harpillera
harmonía/armonía
harpa/arpa
arriero/harriero
desarrapado/desharrapado
barahúnda/baraúnda
arpía/harpía
hiedra/yedra
harria/arria
hierba/yerba
sabihondo/sabiondo

2 ► Palabras heterógrafas con *w/v*. La primera forma es la preferible por ser más coherente con la pronunciación española:

valón/walón
velintonia/wellingtonia
váter/wáter
valquiria/walkiria
vodca/vodka/wodka
volframio/wolframio
vatio/watio

3 ► Palabras heterógrafas por su terminación:

reloj/reló
harén/harem
coñac/coñá
bungaló/bungalow
chalé/chalet
debut/debú

bistec/bisté
chevió/cheviot
carnet/carné
vermú/vermut
querub/querube
yidis/yídish

▶ Palabras heterógrafas por escribirse con *k/qu*. (Se pone primero la forma más adecuada a la tradición ortográfica española.)

quilógramo/kilogramo	quiosco/kiosco
quéfir/kéfir	búnquer/búnker
quepis/kepis	quilopondio/kilopondio
faquir/fakir	quimono/kimono

▶ Palabras heterógrafas por escribirse con *z/c*:

ácimo/ázimo	acimut/azimut
ceda/ceta/zeda	celandés/zelandés
ceugma/zeugma	cicigia/zizigia
cinc/zinc	zenit/cenit

▶ Palabras heterógrafas por escribirse con *tras-* o *trans-*. (La forma preferible es la primera.)

transalpino/trasalpino
transandino/trasandino
transatlántico/trasatlántico
transcripción/trascripción
transbordar/trasbordar
transcurso/trascurso
transferencia/trasferencia
transformar/trasformar
transmediterráneo/trasmediterráneo
transmisión/trasmisión
transposición/trasposición
transportar/trasportar
trascendencia/transcendencia
traslación/translación
transversal/trasversal
tránsfuga/trásfuga

▶ Palabras heterógrafas por escribirse con *subs-/sus-*. (La forma preferible es la primera.)

sustancia/substancia	sustitución/substitución
sustrato/substrato	sustantivo/substantivo
sustraer/substraer	suscribir/subscribir
sustracción/substracción	suscriptor/subscriptor

8 Palabras heterógrafas por empezar con *ps-/s-*. (En el uso escrito se prefiere la primera fórmula.)

> psicología/sicología
> seudónimo/pseudónimo
> psiquiatra/siquiatra
> seudópodo/pseudópodo
> psicosis/sicosis
> seudoprofeta/pseudoprofeta
> psicoanálisis/sicoanálisis
> psicoterapia/sícoterapia

9 Palabras heterógrafas por empezar con *gn-/n-*. (En el uso escrito se prefiere la primera fórmula.)

> gneis/neis
> gnomo/nomo
> gnoseología/noseología
> gnosticismo/nosticismo

> gnómico/nómico
> gnomon/nomon
> gnosis/nosis
> gnomónica/nomónica

10 Palabras heterógrafas por empezar con *mn-/n-*. (La primera fórmula es la preferible.)

> mnemotecnia/nemotecnia
> mnemónica/nemónica
> mnemotécnico/nemotécnico
> mnemónico/nemónico

11 Otros heterógrafos con grupos consonánticos completos y simplificados. (La primera fórmula es la preferible.)

> oscuro/obscuro
> adscrito/adscripto
> septiembre/setiembre
> constiparse/costiparse
> séptimo/sétimo

> oscurecer/obscurecer
> construir/costruir
> constreñir/costreñir
> infrascrito/infrascripto
> neumático/pneumático

12 De las palabras que empiezan por el grupo *pt-* (todas ellas cultismos) son muy pocas las que presentan doble escritura:

> pterodáctilo
> pteridofita
> pteróclido
> pterigión

> ptolemaico/tolemaico
> ptomaína/tomaína
> ptialina/tialina
> ptialismo/tialismo

13 ▶ Palabras que pueden escribirse juntas o separadas sin que cambie el significado:

> deprisa/de prisa
> entretanto/entre tanto
> eccehomo/ecce homo
> en seguida/enseguida
> aguanieve/agua nieve
> caradura/cara dura
> quintaesencia/quinta esencia
> tiquismiquis/tiquis miquis

14 ▶ En un grupo muy reducido de palabras se escriben por tradición las grafías *x* o *j* para representar el mismo sonido, el de la *j*. En todos estos casos la *x* debe pronunciarse como *j*, nunca como *x*:

> México/Méjico   mexicano/mejicano
> Texas/Tejas   texano/tejano
> Oaxaca/Oajaca   oaxaqueño/oajaqueño
> Jerez/Xerez   jerezano/xerezano

15 ▶ Palabras con el prefijo *pos-/post-*. Este prefijo de origen latino significa 'detrás o después de'. Aunque es preferible la forma *pos-*, sobre todo ante consonante, unas pocas palabras pueden escribirse de una u otra manera indistintamente:

> posdata/postdata
> posfijo/postfijo
> pospalatal/postpalatal
> posmeridiano/postmeridiano
> posguerra/postguerra
> poscomunión/postcomunión

RECUERDE que no todas las palabras que presentan grupos consonánticos poco habituales han simplificado su escritura y que en algunos (como los que llevan los grupos *cons-* o *ps-*) la fórmula preferida en la escritura puede ser la más compleja.

1 ▷ Diga cuáles de los siguientes términos pueden considerarse heterógrafos:

harapo
abstraído
constelación
anorak
consciencia
trasquilar
vodka
ácimo
infrascrito
gnomo
vivac
carnet
transmisión
in fraganti
quéfir
pterodáctilo
káiser
frac
armónica
transitorio
quásar
hiedra
sabihondo
darwinismo
neumólogo
valquiria
némesis
trascabo
sicomotor
transformismo

2 ▷ Busque en el diccionario las palabras de la siguiente lista cuyo significado desconozca:

gnomon   ortóptero
ptialina   pterigión

psicoquinesis	mnemotecnia
psoriasis	gnoseología
trasaltar	pteridófita
psicosis	neumotórax
pterobranquio	coleóptero

▷ **3** Anote diez palabras que empiecen por *tras-* y que no sean heterógrafas (que no admitan ser escritas como *trans-*).

▷ Pueden considerarse heterógrafos: *constelación (costelación), anorak (anorac), consciencia (conciencia), vodka (vodca), ácimo (ázimo), infrascrito (infrascripto), gnomo (nomo), vivac (vivaque), carnet (carné), transmisión (trasmisión), in fraganti (infraganti), quéfir (kéfir), frac (fraque), armónica (harmónica), quásar (cuásar), hiedra (yedra); sabihondo (sabiondo); darwinismo (darvinismo); valquiria (walquiria); sicomotor (psicomotor).*

▷ Al lado de cada palabra se anota una de sus acepciones:

gnomon: 'varilla que indica las horas en los relojes solares'.

ptialina: 'fermento contenido en la saliva y en el páncreas'.

psicoquinesis: 'capacidad mental para mover objetos físicos'.

psoriasis: 'enfermedad de la piel caracterizada por enrojecimientos y descamaciones'.

trasaltar: 'espacio situado detrás del altar en las iglesias'.

psicosis: 'cualquier desorden grave de la mente'.

pterobranquio: 'relativo a una clase de animales acuáticos que viven fijos y en colonias, próximos a los antepasados de los vertebrados'.

ortóptero: 'orden de insectos al que pertenecen los saltamontes y los grillos'.

pterigión: 'tejido que crece de manera anómala en la conjuntiva del ojo'.

mnemotecnia: 'método para favorecer la memorización'.

gnoseología: 'rama de la filosofía que se ocupa de teorizar acerca del conocimiento, sus posibilidades y sus fundamentos'.

pteridófita: 'relativo a una subdivisión de plantas que comprende los helechos y plantas próximas'.

neumotórax: 'presencia de aire o gas en la cavidad pleural'.

coleóptero: 'orden de insectos provistos de piezas bucales masticatorias y alas posteriores plegables protegidas por un par de élitros córneos, como el abejorro o la mariquita'.

▷ Por ejemplo: *trasegar, trasgo, traslado, trasnochar, traspasar, trasplante, trastienda, trasto, trasunto, trasverter.*

Una abreviatura es una forma de representar en la escritura palabras con sólo una o algunas de sus letras. La abreviatura, para ser eficaz, tiene que permitir la deducción de su significado fácilmente.

Como la posibilidad de emplear abreviaturas depende de lo que sea usual en cada contexto, es muy difícil establecer listas con todas ellas, por lo que en diccionarios, catálogos, referencias bibliográficas, etc., suele facilitarse una tabla con las empleadas en cada caso.

Respecto a la ortografía de las abreviaturas deben tenerse presentes las siguientes normas.

1 Las abreviaturas irán escritas en minúscula y seguidas de su correspondiente punto (lo que no impide que pueda escribirse a continuación coma, punto y coma, paréntesis o cualquier otro signo de puntuación):

adv. (adverbio)
admón. (administración)
Ud., que sabe bien de qué estoy hablando, me entenderá mejor que nadie.
Sr.: Le escribo para contarle lo que ha pasado con su coche.

2 Se exceptúan de la primera parte de la regla 1 las abreviaturas de nombres propios y tratamientos, que irán siempre en mayúscula.

a. de C. (antes de Cristo)
Ud. (usted)
Sr. D. (señor don)

3 Se exceptúan de la segunda parte de la regla 1 los símbolos, esto es, las abreviaturas utilizadas internacionalmente para representar unidades de peso, medida, monedas, fórmulas químicas, etc., que no irán seguidos de punto.

l (litro)	m (metro)
a (área)	cl (centilitro)
Hl (hectolitro)	Hm (hectómetro)

4 Lista de las abreviaturas más frecuentes:

a	área
(a)	alias
AA. VV.	autores varios
a. de C.	antes de Cristo
admón.	administración
afmo.	afectísimo
a. m.	*ante merídiem*
	(antes del mediodía)

a. n. e.	antes de nuestra era
art.	artículo
át.	ático
avda. (o ave., más usual en México) y av.	avenida
C. (o C/.)	calle
c/c.	cuenta corriente
c.c.	centímetros cúbicos
cap.	capítulo
cf. o cfr.	*cónfer* (véase)
cg	centigramo
Cía. o cía.	compañía
cl	centilitro
cm	centímetro
D.	don
Da.	doña
dcha. (o der., más usual)	derecha
d. de C.	después de Cristo
dg	decigramo
dl	decilitro
dm	decímetro
Dr.	doctor
Dra.	doctora
E	este (punto cardinal)
entlo.	entresuelo
etc.	etcétera
Excmo., Excma.	Excelentísimo, Excelentísima
Fr.	fray
g	gramo
gén.	género
ha	hectárea
ib., ibíd.	ibídem (en el mismo lugar)
íd.	ídem (lo mismo)
Ilmo., Ilma.	ilustrísimo, ilustrísima
ít.	ítem (del mismo modo)
izqda. (o izq., más usual)	izquierda
kg	kilogramo
km	kilómetro
l	litro
Lic., Lcdo.	licenciado
loc. cit.	*loco citato* (en el lugar citado)

m	metro
mg	miligramo
Mm	miriámetro
mm	milímetro
ms.	manuscrito
mss.	manuscritos
N	norte
Not.	notable (calificación escolar)
N. B.	*Nota bene* (nótese bien)
no., nº o núm.	número
ntro.	nuestro
Ntra. Sra.	Nuestra Señora
O	oeste
O. M.	Orden Ministerial
p. a.	por autorización
p., pág., pp., págs.	página, páginas
pbro.	presbítero
pdo.	pasado
p. ej.	por ejemplo
p. m.	*post merídiem* (después del mediodía)
p. o.	por orden
pral.	principal
prof.	profesor
prov.	provincia
P.S. *o* P.D.	post scriptum (posdata)
ptas. *o* pts.	pesetas
q.e.p.d.	que en paz descanse
Rev.	reverendo
R.I.P.	*requiescat in pace* (descanse en paz)
S. (*o* Sn., más usual en México)	san, santo
S	sur
S.ª, Sra.	señora
S. A.	sociedad anónima
S. A. R.	Su Alteza Real
S. L.	sociedad limitada
sig., sigs.	siguiente, siguientes
S. M.	Su Majestad
Sr.	señor

Sra.	señora
Srta.	señorita
S.S.	Su Santidad
s.s.s.	su seguro servidor
SS.AA.	Sus Altezas
Tm	tonelada métrica
t.	tomo
Ud., Vd.	usted
Uds., Vds.	ustedes
v.	véase, verso, verbo
vdo., vda.	viudo, viuda
V. E.	vuecencia
v. gr.	verbigracia
vid.	*vide* (véase)
V.º B.º y también Vo. Bo.	visto bueno
vol., vols.	volumen, volúmenes
V. O.	versión original
V. O. S. E.	versión original subtitulada en español

RECUERDE que no conviene abusar de las abreviaturas, aunque esta práctica puede ser habitual en las cartas comerciales y en textos técnicos.

 Anote el significado de las siguientes abreviaturas:

adj.
col.
J.C.
h.
v.
doc.
art.
cta.
k
núm.
t.
dto.
cía.
dcha.
hl
gén.
Qm
p.p.
(a)
E
íd.
pbro.
vol.
cf.

2 Escriba la abreviatura que corresponde a cada una de estas palabras:

administración
don
cuenta corriente
ustedes
decímetro
páginas
etcétera
postdata
centímetro
izquierda

avenida
viuda
oeste
provincia
kilómetro
reverendo
señores
milímetro
verbigracia
doctora
artículo
norte
post merídiem
miriámetro

3 Conocer las abreviaturas que se emplean usualmente facilita la lectura y la mejor comprensión de muchos documentos y textos. Anote el significado de las que aquí se enlistan:

it.
pág.
Vo. Bo.
etc.
ha
R. I. P.
Uds.
ntro.
(a)
cl
O
p. ej.
a. de C.
S. A.
prof.
admón.
P. D.
vda.
s. s. s.
adv.
cm
Fr.

1 ▷ Los significados correspondientes a las abreviaturas del ejercicio 1 son:

adj.: adjetivo
col.: colección, columna
J.C.: Jesucristo
h.: hora
v.: véase, verso, verbo
doc.: documento
art.: artículo
cta.: cuenta
k: kilo
núm.: número
t.: tomo
dto.: descuento
cía.: compañía
dcha.: derecha
hl: hectolitro
gén.: género
Qm: quintal métrico
p.p.: por poder
(a): alias
E: Este (punto cardinal)
íd.: ídem
pbro.: presbítero
vol.: volumen
cf.: *cónfer* (es decir: véase)

2 ▷ Las abreviaturas que corresponden a las palabras del ejercicio 2 son:

admón. (administración)
D. (don)
c/c. (cuenta corriente)
Uds., Vds. (ustedes)
dm (decímetro)
pp. *o* págs. (páginas)
etc. (etcétera)
P.S. *o* P.D. (postdata)
cm (centímetro)
izqda. (izquierda)
av. *o* avda. (avenida)
vda. (viuda)
O (oeste)

prov. (provincia)
km (kilómetro)
Rev. (reverendo)
Sres. (señores)
mm (milímetro)
v. gr. (verbigracia)
Dra. (doctora)
art. (artículo)
N (norte)
p.m. (*post merídiem*)
Mm (miriámetro)

▷ El significado de las abreviaturas enlistadas en este ejercicio es el siguiente:

it.: ítem (del mismo modo)
pág.: página
Vo. Bo.: visto bueno
etc.: etcétera
ha: hectárea
R. I. P.: *requiescat in pace* (descanse en paz)
Uds.: ustedes
ntro.: nuestro
(a): alias
cl: centilitro
O: oeste
p. ej.: por ejemplo
a. de C.: antes de Cristo
S. A.: sociedad anónima
prof.: profesor
admón.: administración
P. D.: posdata
vda.: viuda
s. s. s.: su seguro servidor
adv.: adverbio
cm: centímetro
Fr.: fray

Los acrónimos son palabras formadas a partir de las iniciales o de las primeras sílabas de enunciados más amplios. Se leen como palabras normales, sin deletrear. Las siglas son iniciales que representan palabras con gran presencia en la vida pública y cuya frecuencia de uso ha consolidado esta forma de abreviatura. Se leen deletreando. La actividad comercial o la asociativa ha propiciado su uso como queda patente en las siglas ya tradicionales de S.A. *(Sociedad Anónima)* o en las de partidos y sindicatos *(I.U., P.P., U.G.T.,* etc.).

1 En la formación de los acrónimos se procura incorporar vocales para que la palabra sea fácil de pronunciar. Así sucede en *RENFE (Red Nacional de Ferrocarriles Españoles)* o en la de origen inglés *radar (radio detection and ranging).* Otros acrónimos son, por ejemplo:

BUP   (Bachillerato Unificado Polivalente)
COU   (Curso de Orientación Universitaria)
AVE   (Alta Velocidad Española)
APA   (Asociación de Padres de Alumnos)

2 La escritura de los acrónimos suele hacerse con mayúsculas, sin conservar los puntos de las iniciales y sin acentos. Algunos acrónimos, en cambio, se escriben como palabras normales, con minúsculas y acentos, si los requieren, sin delatar su origen:

ESO   (Educación Secundaria Obligatoria)
CEPYME   (Confederación Española de la Pequeña y Mediana Empresa)
sonar   (sound navigation ranging)
láser   (light amplification by stimulating emission of radiation)

3 El plural de los acrónimos es problemático. La práctica ha consolidado que los que se escriben con mayúsculas no tienen flexión de plural en la escritura, aunque el plural se manifieste en la pronunciación, y los que se escriben con minúscula sí la tienen puesto que son como palabras normales:

Las APA han pedido la gestión de la venta de los libros escolares.
Las UVI estaban a pleno rendimiento a raíz de la catástrofe.
Los radares no detectaron ninguna presencia extraña.

4 La formación de las siglas es fiel a las iniciales del enunciado, sin incluir vocales para formar sílabas a no ser que sean iniciales, y sin pretender representar la pronunciación completa del término resultante:

Hermanos Pérez, S.L. *(se lee* Hermanos Pérez, sociedad limitada *o* ese ele).
I.B. Menéndez Pidal *(se lee* ibe *o* Instituto de Bachillerato Menéndez Pidal).
A.T.S. *(se lee* a te ese *o* Ayudante Técnico Sanitario).

▶ 5 La escritura de las siglas se hace siempre con mayúsculas, generalmente con puntos (aunque cuanto más frecuentes son las siglas más aparecen sin ellos), y sin dejar espacio entre las distintas iniciales:

> U.G.T. (Unión General de Trabajadores)
> I.R.P.F. (Impuesto sobre la Renta Personal y Familiar)
> DDT (Diclorodifeniltricloroetano)
> OCDE (Organización para la Cooperación y el Desarrollo Económico)

▶ 6 El plural de las siglas se suele manifestar doblando las iniciales. La duplicación se da en los enunciados de dos palabras, pero no en los de tres o más. Al doblarse las siglas pueden escribirse con punto después de cada pareja y sin separación entre ellas o sin puntos y con una separación:

> EE.UU. (Estados Unidos) o EE UU*
> CC.OO. (Comisiones Obreras) o CC OO
> VV.AA. (Varios autores) o VV AA
> AA.VV. (Asociaciones de vecinos) o AA VV
> E.A.U. (Emiratos Árabes Unidos)

*El uso de estas siglas en el español se hace cada vez menos frecuente. Han venido sustituyéndose por E.U.A., Estados Unidos de América.

Los acrónimos y las siglas tienen una presencia cada vez mayor en los escritos. Hay que incorporar, pues, las formas que la práctica diaria, fundamentalmente la periodística, ha establecido como regla.

▷1 Anote la palabra *acrónimo* o *sigla* entre paréntesis según corresponda en cada frase:

El Gobierno ha decidido ampliar las competencias del MOPU (_____).
La sede de la empresa de taxis se identifica por el letrero: Taxis S.P. (_____)
El insecticida DDT (_____) ha dejado secuelas muy negativas para la ecología.
Esta cadena de la televisión funciona únicamente con UHF (_____).
En el BOE (_____) de hoy ha aparecido el nombramiento del nuevo ministro.
Los responsables de farmacias, por regla general, deben ser Q.F.B. (_____)
Nuevamente hay tironeos en la OPEP (_____) por los precios del petróleo.
Uno de los requisitos que piden para el puesto en la granja experimental, es tener diploma de M.V.Z. (_____)
La asamblea general de la OTAN (_____) comenzará la próxima semana.
En inglés, SIDA (_____) se dice AIDS (_____).

▷2 Explique las razones por las que ha distinguido las siglas de los acrónimos en el ejercicio anterior.

▷3 Realice el siguiente crucigrama:

HORIZONTALES: 1 Organización en la que están representadas casi todas las naciones del mundo. Consonante muy típica para encabezar nombres de formaciones políticas. 2 Al revés, enfermedad. 3 Ésta y la siguiente forman las letras de una matrícula provincial española. 4 Una de las organizaciones más importantes para el desarrollo de Europa.

VERTICALES: 1 Cero. 2 Organización militar europea y americana leída en inglés o, al revés, en español. 3 Partido catalán en coalición con Convergència Democràtica. Cien. 4 Partido político español.

Exprese con acrónimos o siglas las palabras de las frases siguientes que lo permitan:

Estas organizaciones no gubernamentales participaron en el abastecimiento de los desterrados.

Las fuerzas armadas de un país nunca se basan en un solo cuerpo.

Las asociaciones de padres de alumnos se reunieron para hacer un comunicado.

Las asociaciones de vecinos fueron perdiendo protagonismo conforme el poder se mostraba menos autoritario.

▷ Son siglas o acrónimos las siguientes palabras:

MOPU (acrónimo)
S.P. (sigla)
DDT (sigla)
UHF (sigla)
BOE (acrónimo)
Q.F.B. (sigla)
OTAN (acrónimo)
OPEP (acrónimo)
SIDA (acrónimo)
M.V.Z.(sigla)
AIDS (acrónimo)

▷ La explicación sobre los acrónimos y las siglas es la siguiente:

Los acrónimos forman palabras pronunciables tal y como están escritas, en cambio, las siglas se pronuncian deletreando cada una de sus letras.

▷ El crucigrama solucionado es:

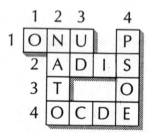

▷ Las frases propuestas se suelen escribir con las siguientes siglas y acrónimos:

Estas ONG participaron en el abastecimiento de los desterrados.
Las FF.AA. de un país nunca se basan en un solo cuerpo.
Las APA se reunieron para hacer un comunicado.
Las AA.VV. fueron perdiendo protagonismo conforme el poder se mostraba menos autoritario.

Las palabras que se incorporan al español procedentes de otras lenguas tienden en mayor o menor medida a adaptar su pronunciación y su escritura a las de nuestra lengua. Aunque sea difícil establecer reglas en este proceso de adaptación por la gran variedad de casos, he aquí algunas tendencias.

1 ▶ Algunas palabras que originariamente llevaban las letras *k* y *w* —ajenas en principio a nuestro abecedario— se han españolizado y otras admiten, al menos, la doble escritura:

> valón/walón
> quilómetro/kilómetro
> velintonia/wellingtonia
> quilolitro/kilolitro
> güisqui/whisky
> quilogramo/kilogramo
> volframio/wólfram/wolframio
> coque/cok
> quilo/kilo
> quiosco/kiosco
> biquini/bikini
> cabila/kabila
> críquet (*no* cricket)
> esmoquin (*no* smoking)
> folclor (*no* folklore)
> disquete (*no* diskette)
> haraquiri/harakiri
> yóquey (*no* jockey)
> baraca/baraka
> gincana (*no* gymkhana)
> vatio/watio
> sángüiche/sándwich
> sánscrito (*no* sánskrito)
> suajili (*no* swahili)
> suéter (*no* sweater)
> póquer (*no* póker)

2 ▶ Cuando una palabra de procedencia extranjera termina en una consonante extraña entre las terminaciones españolas, se tiende a su simplificación:

> ayatolá (*no* ayatollah)
> coñá (*también vale* coñac)
> bidé (*no* bidet)

bloc (*no* block)
bulevar (*no* boulevard)
bufé (*no* buffet)
bumerán (*no* boomerang)
vikingo (*no* viking)
chalé/chalet
cabaré/cabaret
dandi/dandy
compló/complot
fiordo (*no* fiord)
debú/debut
bungaló/bungalow
bisté/bistec
béisbol (*no* baseball)
boicoteo/boicot
gongo/gong
flas (*no* flash)
poni/póney
telefilme (*no* telefilm)

3 Una excepción a la regla anterior la ofrecen las palabras latinas, que sólo tienden a adaptar su terminación en los nombres que admiten variación del singular al plural:

ultimátum/ultimátums/ultimatos
álbum/álbumes
fórum/foro/foros
plácet/plácet
superávit/superávit
déficit/déficit
accésit/accésit
quórum/quórum
currículum/currículo/currículos
memorándum/memorandos
desiderándum/desiderata/desideratas
tedéum/tedéum
referéndum/referendo/referendos
recésit/recésit

4 Reducción de los grupos vocálicos y consonánticos internos:

buqué/buquet (*mejor que* bouquet)
confeti (*no* confetti)
espagueti (*no* spaghetti)

crupier (*no* croupier)
cuché (*no* couché)
turné (*no* tourné)
alegro (*no* allegro)
casete (*no* cassette)
cóctel (*no* cocktail)
cruasán (*no* croissant)
gueto (*no* ghetto)
dríblin (*no* dribbling)
yidis/yídish (*no* yiddish)
yogur (*no* yoghourt)

5 ▸ Asimilación de los sonidos consonánticos iniciales a la escritura española:

escáner (*no* scanner)
esplín (*no* spleen)
escúter (*no* scooter)
estadio (*no* stádium)
eslalon (*no* slalon)
estraperlo (*no* straperlo)
esmoquin (*no* smoking)
esnifar (*no* snifar)
espaguetis (*no* spaghetti)
estándar (*no* standard)
estrés (*no* stress)
estéreo (*no* stereo)

6 ▸ Algunas palabras de origen extranjero que deben acentuarse según las reglas de la acentuación española (→ el apartado *Acentuación de palabras extranjeras*):

dóberman	masái
moái	samurái
bonsái	líder
híper	súper
gángster	máster
kárate	cóctel
suéter	búnquer/búnker
dúplex	télex

7 ▸ Otros casos de adaptación a la pronunciación y a la ortografía españolas:

besamel (*no* bechamel)
beis (*no* beige)

bricolaje (*no* bricolage)
cartel (*no* cártel)
champán/champaña (*no* champagne)
nailon (*no* nylon)
cliché (*no* clisé)
champú (*no* shampoo)

8▶ Plural de los nombres cuya terminación no es habitual en español:

club/clube	clubes
brandy	brandies
anorak	anoraks
ballet	ballets
esnob	esnobs
fax	fax
pub	pubs
rally	rallies
récord	récords
yupy	yupies
télex	télex
gag	gags

RECUERDE que la lengua española tiende a simplificar los sonidos y la escritura de las palabras procedentes de otras lenguas, especialmente si llevan *k, w* o si terminan en consonante inusual en nuestras terminaciones.

1▷ Anote la regla que justifica la escritura de las siguientes palabras:

casete
alma máter
álter ego
clube
coñá
autoestop
sángüiche
ayatolá
eslogan
baraca
escúter
claque
géiser
clipe
yoquei
cóctel
clon
cabaré
esplín
yogurt
esmog
haraquiri
complot

2▷ Escriba al lado de cada uno de estos barbarismos la palabra en español que deba decirse en su lugar:

baby sitter
baffle
básket
barman
biscuit
blue jeans
boom
cóctel
boutique

búnker
business
caché
kermés
chance
chárter
chef
container
chip
cowboy
claxon
crawl
hobby
hot dog
confort
spónsor
marketing
disc jockey
parking
Kindergarten
lonch
panty
tuna
derriere
grogui
nuguet
clarant
look
sexy

3▷ Escriba al lado de cada palabra la forma como se ha adaptado al español:

clisé
bechamel
shampoo
watio
kermés
clac
couché
tourné
bouquet

wáter
wodka
baraka
graffiti
spaghetti
yoghourt
baseball
croupier
croissant

▷ Estas son las palabras seguidas de la regla que se aplica en cada caso: *casete* (3), *alma máter* (6), *álter ego* (6), *clube* (2; también vale *club*), *coñá* (2), *autoestop* (5, de *stop*), *sángüiche* (1), *ayatolá* (2), *eslogan* (5), *baraca* (1), *escúter* (5), *claque* (de *clac*, 2), *géiser* (6), *clipe* (2; mejor *sujetapapeles*), *yoquei* (1), *cóctel* (3), *clon* (1; de *clown*, pero mejor *payaso*), *cabaré* (2), *esplín* (5), *yogurt* (4; es excepción de la (2), pues en la mayoría de los países latinoamericanos, se conserva la *t* final), *esmog* (5), *haraquiri* (1), *complot* (aunque entra en la (2), es más frecuente que conserve la *t* final a que se suprima).

▷ Se escribe entre paréntesis la palabra española que habría que usar en lugar de la extranjera: *baby sitter (niñera), baffle (altavoz), básket (baloncesto), barman (camarero de un bar), biscuit (bizcocho), blue jeans (pantalones vaqueros), boom (trueno), cóctel (bebida combinada), boutique (tienda), búnker (fuerte pequeño), business (negocio), caché (precio), kermés (fiesta pública), chance (suerte), chárter (vuelo alquilado), chef (jefe de cocina), container (contenedor), chip (microprocesador), cowboy (vaquero), claxon (bocina), crawl (crol o, mejor, libre, estilo de natación), hobby (ocupación favorita), hot dog (bocadillo de salchicha), confort (comodidad), spónsor (patrocinador), marketing (mercadotecnia), disc jockey (pinchadiscos), parking (aparcamiento), Kindergarten (jardín de infancia, guardería), lonch (almuerzo), panty (braga, pantaleta), tuna (atún, cuando se refiere a este pescado), derriere (trasero —de persona—), grogui (mareado), nuguet (croqueta), clarant (aclarante o aclarador), look (apariencia, aspecto), sexy (atractivo, llamativo).*

▷ Al lado de cada palabra se escribe su correspondiente adaptación: *clisé (cliché), bechamel (besamel, besamela), shampoo (champú), watio (vatio), kermés (quermés), clac (claque), couché (cuché, papel satinado), tourné (turné), bouquet (buqué), wáter (váter), wodka (vodka), baraka (baraca), graffiti (grafito, pintada), spaghetti (espaguetis), yoghourt (yogur), baseball (béisbol), croupier (crupier), croissant (cruasán).*

Esta obra se terminó de Imprimir y encuadernar
en Marzo del 2006 en Gráficas Monte Albán,
S.A. de C.V. Fraccionamiento Agroindustrial
La Cruz, 76240. Querétaro, Qro.